河北省社会科学基金项目
"京津冀金融协同发展研究"（HB15YJ045）研究成果

京津冀金融协同发展研究

陈建华　等著

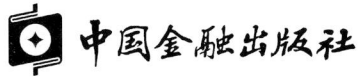
中国金融出版社

责任编辑：陈　翎　刘红卫
责任校对：孙　蕊
责任印制：程　颖

图书在版编目（CIP）数据

京津冀金融协同发展研究（Jingjinji Jinrong Xietong Fazhan Yanjiu）/陈建华等著．—北京：中国金融出版社，2015.12

ISBN 978-7-5049-8238-4

Ⅰ．①京…　Ⅱ．①陈…　Ⅲ．①地方金融事业—协调发展—研究—华北地区　Ⅳ．①F832.72

中国版本图书馆 CIP 数据核字（2015）第 286459 号

出版发行　中国金融出版社
社址　北京市丰台区益泽路 2 号
市场开发部　（010）63266347，63805472，63439533（传真）
网 上 书 店　http://www.chinafph.com
　　　　　　（010）63286832，63365686（传真）
读者服务部　（010）66070833，62568380
邮编　100071
经销　新华书店
印刷　北京市松源印刷有限公司
装订　平阳装订厂
尺寸　169 毫米 × 239 毫米
插页　2
印张　23.5
字数　305 千
版次　2015 年 12 月第 1 版
印次　2015 年 12 月第 1 次印刷
定价　55.00 元
ISBN 978-7-5049-8238-4/F.7798
如出现印装错误本社负责调换　联系电话（010）63263947

河北省社会科学基金项目
"京津冀金融协同发展研究"(HB15YJ045)研究成果

写作小组成员

组　　长：陈建华
副组长：卢　钦　文洪武　李晶玲
总　　纂：贾怀德　张双英　赵天奕
组　　员(按章节顺序排序)：

　　谢瑞芬　赵天奕　李文娟　贾稚云　门　超
　　温振华　孙刚强　高东胜　胡艳芳　刘　圣
　　王　峰　吴　强　吴　洋　王治宇　郭彦峰
　　应　明　黄艳霞　王　超　魏　伟

序

2014年2月26日，习近平总书记在北京主持召开座谈会，专题听取京津冀协同发展工作汇报并作重要讲话，明确指出实现京津冀优势互补、促进环渤海经济区发展、带动北方腹地发展是一项重大国家战略。以此为标志，京津冀协同发展正式上升为国家战略。2015年4月30日，中共中央政治局审议通过了《京津冀协同发展规划纲要》，标志着京津冀协同发展的顶层设计基本完成，推动实施这一战略的总体方针已经明确。

中国人民银行石家庄中心支行党委紧紧抓住这一主线，整合系统资源，成立了金融支持京津冀协同发展工作小组和研究小组，在深入实地进行考察调研的同时，结合省情、域情、国情，就京津冀金融协同发展问题展开理论研究，《京津冀金融协同发展研究》就是研究的重要成果。全书在现有金融发展理论的基础上，构建了包括金融政策、金融组织结构、金融市场和金融生态环境建设在内的金融协同发展框架，为实现京津冀区域产业结构优化升级、经济社会可持续发展提供了可行路径。本书为金融支持京津冀协同发展提供了创新的思路和方法，不失为京津冀金融协同发展研究的一部力作。

希望中国人民银行石家庄中心支行再接再厉，认真落实中国人民银行党委提出的"学习型、研究型、专家型、务实型和开拓型"干部队伍建设目标，加强金融服务实体经济发展的理论和实务研究，进一步提升金融服务水平，为经济金融健康发展提供更好的决策参考和智力支持。

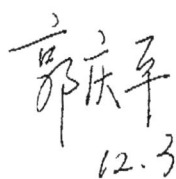

郭庆平

12.3

目 录

第一章 导论 1

第一节 选题背景及研究意义 1
　　一、选题背景 1
　　二、研究意义 3
第二节 核心概念界定与辨析 5
　　一、区域、区域金融 6
　　二、协同、协同发展 7
　　三、区域金融协同发展概念的内涵与特征 8
　　四、与其他相关概念的联系与区别 11
第三节 研究方法及主要内容 13
　　一、研究方法 13
　　二、主要研究内容 15
第四节 研究框架及创新之处 17
　　一、研究框架 17
　　二、创新之处 20

第二章 理论回顾与文献综述 22

第一节 协同学相关理论回顾 22
　　一、协同学的主要内容 22
　　二、协同学与区域经济理论的融合——区域经济协同发展 24

第二节　金融发展相关理论回顾 …………………………………… 28
　　一、金融发展理论主要学说内容及其评价 ……………………… 28
　　二、金融发展与经济增长的最新研究成果回顾 ………………… 32
第三节　区域金融发展理论研究综述 ……………………………… 36
　　一、货币政策与区域金融发展 …………………………………… 36
　　二、区域金融市场与区域金融发展 ……………………………… 38
　　三、区域金融组织与区域金融发展 ……………………………… 39
　　四、区域金融生态环境与区域金融发展 ………………………… 40
第四节　国内区域金融协同发展的文献综述 ……………………… 41
　　一、区域金融发展的差异性 ……………………………………… 41
　　二、影响区域金融协同发展的因素 ……………………………… 43
　　三、区域金融协同发展与经济增长的关系 ……………………… 44
　　四、京津冀区域金融协同发展相关研究 ………………………… 46

第三章　区域金融协同发展的国内外经验借鉴 ………………… 49

第一节　欧盟经济金融一体化对京津冀金融协同发展的
　　　　经验借鉴 …………………………………………………… 49
　　一、欧盟区域金融政策的发展演进 ……………………………… 49
　　二、欧盟区域金融政策的效果分析 ……………………………… 53
　　三、欧盟经济金融一体化对京津冀协同发展的启示 …………… 56
第二节　长三角区域金融合作模式及主要经验 …………………… 60
　　一、长三角经济金融发展情况 …………………………………… 60
　　二、长三角金融合作的主要经验 ………………………………… 65
第三节　珠三角区域金融合作模式及主要经验 …………………… 68
　　一、珠三角经济金融发展状况 …………………………………… 68
　　二、珠三角金融合作的主要经验 ………………………………… 73
第四节　长三角、珠三角经济金融合作对京津冀协同发展的
　　　　经验借鉴 …………………………………………………… 75

一、明确发展定位 ……………………………………………… 75
二、建立合作机制 ……………………………………………… 76
三、营造良好政策环境 ………………………………………… 77
四、推动金融服务一体化 ……………………………………… 78
五、改善金融生态环境 ………………………………………… 78

第四章　京津冀区域金融发展现状及存在的问题 …………………… 82

第一节　京津冀区域经济发展情况 ………………………………… 82
一、经济发展水平 ……………………………………………… 82
二、产业结构 …………………………………………………… 89

第二节　京津冀区域金融发展水平 ………………………………… 91
一、总量分析 …………………………………………………… 91
二、增速分析 …………………………………………………… 92
三、结构分析 …………………………………………………… 93

第三节　京津冀区域金融资源分布 ………………………………… 93
一、金融机构组织规模 ………………………………………… 93
二、金融机构经营规模 ………………………………………… 95

第四节　金融运行效率 ……………………………………………… 102
一、银行机构运行效率 ………………………………………… 102
二、证券市场运行效率 ………………………………………… 103
三、保险市场运行效率 ………………………………………… 104

第五节　京津冀区域金融协同发展中存在的问题 ………………… 105
一、区域经济一体化程度低 …………………………………… 105
二、金融发展程度不平衡 ……………………………………… 107
三、金融竞争大于金融合作 …………………………………… 110
四、金融资源配置存在壁垒 …………………………………… 111
五、金融市场一体化程度偏低 ………………………………… 111
六、金融监管缺乏合作 ………………………………………… 112

第六节　河北省金融业发展中存在的问题 …………………… 112
　一、金融资源相对匮乏 ………………………………………… 112
　二、金融资源配置效率低 ……………………………………… 113
　三、金融结构不合理 …………………………………………… 114
　四、金融创新不足 ……………………………………………… 115
　五、金融产业缺乏特色 ………………………………………… 116

第五章　京津冀区域金融协同发展机理分析 …………………… 117

第一节　区域金融协同发展是区域金融发展的内在需求与
　　　　动力机制 ……………………………………………… 117
　一、区域金融发展的内在要求 ………………………………… 117
　二、区域金融系统的功能概述 ………………………………… 122
　三、区域金融协同发展促进区域金融发展的作用机制 ……… 124
第二节　京津冀区域金融协同发展程度分析 …………………… 129
　一、京津冀区域金融一体化程度的度量 ……………………… 129
　二、京津冀区域金融发展水平差异度量 ……………………… 135
　三、结论分析 …………………………………………………… 138
第三节　区域金融发展对区域经济增长的作用 ………………… 139
　一、区域经济增长的动因 ……………………………………… 139
　二、区域金融发展促进区域经济增长的一般性机制 ………… 143
　三、区域金融发展促进经济增长的区域性机制 ……………… 148
第四节　京津冀区域金融发展与经济增长关系的实证分析 …… 152
　一、指标设置 …………………………………………………… 152
　二、模型检验 …………………………………………………… 153
　三、结论分析 …………………………………………………… 155

第六章 金融协同支持京津冀区域经济发展路径
——金融政策的区域化调整 ………… 157

- 第一节 政府行为对区域金融发展的作用机理 ………… 157
  - 一、金融发展的内生机制和外生机制 ………… 157
  - 二、我国区域金融发展差异的内生性与外生性 ………… 159
- 第二节 中央政府在区域金融差异中的作用 ………… 161
  - 一、区域开发政策 ………… 161
  - 二、金融政策倾斜效应 ………… 164
- 第三节 地方政府行为与区域金融协同 ………… 166
  - 一、地方政府介入金融的制度诱因及主要形式 ………… 166
  - 二、地方政府介入金融的效应分析 ………… 169
  - 三、简要结论 ………… 171
- 第四节 京津金融政策对比与借鉴 ………… 174
  - 一、北京中关村国家自主创新示范区科技金融政策 ………… 174
  - 二、天津自由贸易试验区金融政策 ………… 180
  - 三、河北省区域金融政策借鉴 ………… 183
- 第五节 推进金融政策区域化调整的政策建议 ………… 186
  - 一、实施差异化的货币政策，支持金融机构加大投放 ………… 187
  - 二、实施差异化的信贷政策，支持河北转型升级 ………… 187
  - 三、转变地方政府职能，厘清政府与市场边界 ………… 188
  - 四、优化区域经济结构，培育金融发展内生机制 ………… 188
  - 五、加强金融创新，拓展金融供给渠道 ………… 189
  - 六、统筹规划，制定区域性的金融优惠政策 ………… 189
  - 七、围绕"功能疏导"，设立特色金融区域 ………… 190
  - 八、搭乘"京津快车"，享受"政策高地"便利 ………… 190

第七章　金融协同支持京津冀区域经济发展路径
——金融组织结构的区域优化 ········ 194

第一节　金融组织结构区域优化的内涵 ········ 194
一、金融组织结构的定义 ········ 194
二、金融组织结构的理论基础 ········ 195
三、金融组织结构区域优化的内涵 ········ 198

第二节　完善支持京津冀协同发展的金融组织体系 ········ 199
一、促进区域金融机构多元化 ········ 199
二、促进区域金融企业制度现代化 ········ 202
三、促进区域金融监管协调化 ········ 203

第三节　推进区域金融机构协同发展 ········ 204
一、促进区域银行业金融机构协同发展 ········ 205
二、促进区域证券业金融机构协同发展 ········ 208
三、促进区域保险业金融机构协同发展 ········ 211

第四节　协同促进区域金融机构公司治理现代化 ········ 214
一、积极探索区域金融机构混合所有制改革 ········ 214
二、协同推动区域金融机构员工持股计划 ········ 215
三、协同促进区域金融业务流程细分 ········ 216

第五节　构建区域金融业协调监管机制 ········ 217
一、国内金融监管组织结构 ········ 217
二、区域金融协调监管的三个层面 ········ 218
三、区域金融协调监管体系 ········ 219

第六节　重点支持河北省农村金融组织体系建设 ········ 220
一、河北省农村基本情况 ········ 220
二、河北省农村金融组织体系 ········ 222
三、政策支持河北省农村金融组织体系建设 ········ 224

第七节　推进金融组织结构区域优化的政策建议 ········ 225

一、加强区域金融组织结构理论研究 …………………………… 225
二、建立完善区域金融组织体系的长效机制 …………………… 225
三、做好组织协调工作 …………………………………………… 226
四、推动重点工作落实到位 ……………………………………… 226

第八章 金融协同支持京津冀区域经济发展路径
　　　　——金融市场的区域协调 ………………………………… 229

第一节 金融市场的区域协调对促进京津冀协同发展的重要性 … 229
一、金融市场的内涵与功能 ……………………………………… 229
二、京津冀金融市场发展水平存在巨大差距 …………………… 233
三、金融市场区域协调对促进京津冀协同发展具有重要意义 … 238

第二节 河北省金融市场发展滞后的原因分析 ………………… 239
一、总体因素分析 ………………………………………………… 239
二、农村金融市场发展滞后是重要的制约因素 ………………… 242

第三节 促进京津冀金融市场协调发展的路径 ………………… 247
一、京津冀金融市场协调发展的基础条件 ……………………… 247
二、推进金融市场区域协调的政策建议 ………………………… 254
三、小结 …………………………………………………………… 260

第九章 金融协同支持京津冀区域经济发展路径
　　　　——金融生态环境的区域建设 …………………………… 261

第一节 区域金融生态环境建设的重要意义 …………………… 261
一、国内外研究情况综述 ………………………………………… 261
二、重要概念界定 ………………………………………………… 264
三、金融生态环境的构成要素 …………………………………… 264
四、区域金融生态环境建设的重要意义 ………………………… 265

第二节 京津冀区域金融生态环境建设现状 …………………… 267
一、京津冀三地金融生态环境建设现状 ………………………… 267

二、京津冀三地金融生态环境建设合作情况 …………………… 274
第三节　京津冀区域金融生态环境建设的现实问题 ……………… 276
　　一、三地金融生态环境建设缺乏合作基础 …………………… 276
　　二、金融法制环境存在优化空间 ……………………………… 277
　　三、区域金融监管体系有待完善 ……………………………… 279
　　四、区域信用环境还需进一步优化 …………………………… 280
　　五、金融消费者权益保护制度亟待健全 ……………………… 281
第四节　推进区域金融生态环境建设的政策建议 ………………… 283
　　一、优化政府职能，建立三地政府协同发展工作机制 ……… 283
　　二、发挥比较优势，协调推进区域金融生态环境建设 ……… 285
　　三、完善法制环境，为区域合作提供法律保障 ……………… 287
　　四、完善区域金融监管体系，切实提高监管效能 …………… 288
　　五、加快区域信用体系建设，营造诚信社会环境 …………… 289
　　六、加快金融基础设施一体化建设，实施金融信息化战略 …… 292
　　七、加强金融消费者维权，保障金融主体合法权益 ………… 293

第十章　金融协同支持京津冀区域经济发展路径
　　　　　——助力产业结构升级 …………………………………… 297

第一节　金融协同支持区域产业结构升级的作用机理 …………… 297
　　一、区域产业结构升级的内涵 ………………………………… 297
　　二、金融协同支持区域产业结构升级的机制 ………………… 300
第二节　金融协同支持京津冀产业结构升级的现状 ……………… 302
　　一、京津冀三地产业结构情况 ………………………………… 302
　　二、京津冀三地产业结构升级情况 …………………………… 304
　　三、京津冀地区产业转移情况 ………………………………… 310
第三节　金融协同支持区域产业结构升级的模式及国际经验 …… 314
　　一、金融协同支持区域产业结构升级的不同模式 …………… 314
　　二、金融协同支持产业结构升级模式的典型案例 …………… 317

三、金融协同支持产业结构升级模式的比较分析 ……………… 321
　第四节　京津冀区域金融协同支持产业结构升级的模式选择 …… 323
　　一、京津冀产业结构调整的融资需求特征 ……………………… 324
　　二、京津冀区域金融结构特征 …………………………………… 327
　　三、金融协同支持京津冀产业结构调整的模式选择 …………… 328
　第五节　促进区域产业结构升级的政策建议 ……………………… 331
　　一、制定金融协同的战略规划 …………………………………… 331
　　二、发挥政策性金融的引导作用 ………………………………… 332
　　三、加强金融系统的支撑作用 …………………………………… 333
　　四、鼓励社会资本的积极参与 …………………………………… 333
　　五、实现金融与产业有效对接 …………………………………… 334

附录 ………………………………………………………………… 339

参考文献 …………………………………………………………… 344

后记 ………………………………………………………………… 360

专栏目录

专栏 3−1　欧盟区域金融政策的主要工具……………………………… 59

专栏 3−2　珠三角金融服务一体化重点项目介绍……………………… 79

专栏 6−1　创新设立小额票据贴现管理中心　缓解小微企业
　　　　　融资难题…………………………………………………… 171

专栏 6−2　加大金融投入　助力曹妃甸腾飞…………………………… 191

专栏 8−1　非法集资成为农村地区地下金融的主要表现形式………… 246

专栏 9−1　京津冀芯片银行卡（金融IC卡）使用情况 ………………… 295

专栏 10−1　河北省产能过剩行业转型升级情况……………………… 308

专栏 10−2　曹妃甸承接京津产业转移………………………………… 312

专栏 10−3　河北省沧州市承接京津产业转移项目运行情况………… 336

第一章 导 论

第一节 选题背景及研究意义

一、选题背景

(一) 京津冀协同发展已上升为重大国家战略

2014年2月26日,习近平总书记在北京主持召开座谈会,专题听取京津冀协同发展工作汇报并作重要讲话,一是明确指出实现京津冀优势互补、促进环渤海经济区发展、带动北方腹地发展是一项重大国家战略。二是全面系统深刻地阐述了京津冀协同发展的基本思路,从顶层设计、产业对接、交通网络、市场一体化等七个方面对京津冀协同发展提出了要求。以此为标志,京津冀协同发展正式成为党中央、国务院在新的历史条件下作出的重大决策部署,上升为国家战略。2014年12月9日至11日,中央经济工作会议在京举行,在完善区域发展上,进一步明确指出京津冀协同发展与"一带一路"、长江经济带将成为我国重点实施的三大区域发展战略。为更好地助推京津冀协同发展,中央专门成立了高规格的京津冀协同发展领导小组,先后召开多次会议,重点研究京津冀区域功能定位及重点突破领域,并制定出相应的改革措施及工作安排。2015年4月30日,中共中央政治局审议通过了《京津冀协同发展规划纲要》,这意味着京津冀协同发展的顶层设计基本完成,推动实施这一战略的总体方针已经明确。国家对一个区域发展这么高密度、大力度地进行研究和部署,推进相关工作,史无前例。

(二)京津冀协同发展具有天然优势

首先,地缘条件是京津冀协同发展的天然纽带。与长三角、珠三角在地理位置上的均布发散相比,京津冀三地共同存于一个区域内,京津两个特大城市分别处于河北省的腹地和边缘。从历史发展来看,北京自元朝起一直是全国的政治、经济中心,天津则是中国北方最大的工商业基地和对外开放门户,而河北历来是京津的"畿辅重地"。京津冀行政格局几经变迁,北京、天津分别承担过河北的省会,且各地所辖地市之间的关系也较其他区域更加密切。地域上的特殊条件为京津冀经济上互相依存、互相渗透提供了无可比拟的优势。其次,要素禀赋的互补性是京津冀协同发展的重要保障。京津两地集中了全国200多所高等院校和1000多家科研机构,每万人拥有的专业技术人员分别位列全国第一、第二。北京以中关村为龙头的高新产业区已成为我国最大的高新技术产业发展中心。在金融和信息要素市场上,京津正逐步向全国性中心和国际化中心发展。总体上来说,京津是我国经济高度发达的两个特大城市,拥有丰富的资本、技术、人才、信息等要素资源,而河北在土地、矿产、濒海区位、劳动力等要素上具有比较优势。最后,产业结构梯度差异是京津冀协同发展的根本性基础。2014年上半年,北京第一、第二、第三产业比为0.7:20.2:79.1,天津为1.2:52.7:46.1,河北为10.3:53.5:36.2。北京和天津在第一产业方面处于劣势,第二产业对北京GDP的贡献相对弱化,而天津第二产业比重逐年走低,第三产业对京津的贡献度稳步上升,其中北京市作为全国资本、金融中心,第三产业在三地中最为发达,占

GDP 的 79%，且呈现持续上升趋势。河北省在第一产业方面具有明显优势，第二产业虽处于转型期但在今后较长时间内仍然会对河北省经济起到重要作用，第三产业上河北省与京津存在显著差距。三地产业结构上的梯度差异为京津冀协同发展找到了可行路径。

（三）金融协同是支持京津冀区域经济发展的有效手段

金融作为现代经济资源配置的一种方式，在促进资本快速积累、助力区域经济发展上发挥着重要作用。当前，京津冀三地金融业整体实力差距较大：就社会融资规模而言，2014 年北京社会融资规模为 12877 亿元，而天津和河北只有 4819 亿元和 5177 亿元，远低于前者；就金融业占地区经济的比重而言，2014 年河北省金融业增加值 1280.5 亿元，占地区生产总值的 4.35%，而北京市金融业增加值为 3310.8 亿元，占比 15.52%；就金融发展水平而言，截至 2014 年 6 月，京津冀三地人均拥有银行网点数量分别为每万人 1.8 个、1.9 个和 1.4 个，从业人员分别占总人口的 0.5%、0.4% 和 0.2%。我国区域经济存在的非均衡增长现象，一方面可能是由于社会、历史和自然等原因造成的，但另一方面，区域金融发展差异也是其中不容忽视的关键因素。区域金融发展不仅是一个增长和结构优化的过程，更是一个需要不断协同的动态演进过程，积极探索京津冀三地金融协同发展路径，不仅可以聚合区域内现有资本，还可以利用金融具有的结构调整功能，为经济结构重组提供动力。

二、研究意义

一项研究问题的提出，既是理论发展深化的自身要求，也是解决特定社会经济矛盾的现实需要。当前，我国区域经济发展正经历着一场大变革，金融作为这一变革的核心内容，正面临着由非均衡状态向均衡可持续状态的转变，进而促进各地区之间和区域内协调发展、协同发展、共同发展。但是，已有的金融学理论还没有对此形成完整严谨的体系框架，依托现有理论提出的政策建议也不能有效地解决区域内各种经济矛盾。因此，无论是基于发展金融理论研究的学术目的，还是出于中国区域金融可持续发展的迫切要求，区域金融协同发展问题都是当前关注的热点。因此，可以从以下几个方面概括本书的研究意义：

第一，从协同发展视角研究区域金融问题，为金融支持区域经济发展提供了一种全新思路。目前有关区域金融问题的研究主要集中于区域经济理论、金融发展理论和金融地理学等角度，关注点多为区域金融结构、区域金融发展差异、区域金融资源流动以及与区域经济发展的关系，而从金融协同发展出发探索其对区域经济增长影响的文献却很少。本书尝试以经济学的分析方法重点考察区域金融协同发展的内涵与外延，厘清其与区域金融一体化发展、区域金融协调发展等相关概念的联系及区别。在此基础上，以京津冀区域为研究对象，寻找金融协同发展支持区域经济的可行路径。同时，进一步总结政策建议中具有普适性的结论，从而更清晰地展现区域金融协同发展的本质特征，把握金融协同与经济发展的一般规律，为后续研究和其他区域发展提供有益参考。

第二，从区域层面研究金融协同发展问题，极大地丰富了我国区域金融与经济发展理论的研究成果。我国区域之间及区域内部经济发展差异较大，导致金融资源也呈现出非均衡分布态势。在对区域金融协同发展支持经济增长的研究中，如果只从宏观上整体把握不可避免地会忽视各区域内部的实际情况，从而降低了区域金融经济政策建议的有效性。本书的研究试图弥补这一不足，通过构建京津冀金融协同支持经济发展的分析框架，在把握区域金融各层面现状和主要问题的情况下，从理论上深入分析金融协同支持区域经济发展的作用机理和实现路径。同时结合实际案例，研究分析区域金融各层次在协同发展工作中面临的问题，提出具有可操作性的政策措施，为实际部门工作提供理论指引和决策参考。

第三，金融协同研究是京津冀区域经济发展阶段的现实需要。京津冀区域是我国经济、文化、科技最发达的地区之一，也是经济发展速度快、经济总量规模大、最具增长潜力的地区。但在发展过程中，与长三角、珠三角经济带相比，京津冀区域市场融合进程缓慢、产业结构配置不合理、区域基础设施建设差距过大等问题突出。因此，要使京津冀区域成为我国经济增长的第三极，协同发展、破除"一亩三分地"格局就显得尤为重要。高效的金融支持是推动区域经济发展的最重要举措之一。一方面，金融协同可以促进京津冀区域内储蓄投资增长、吸引资金流入、优化资金配置、助力产业结构调整、推动区域经济增长。另一方面，京津冀区域内金融协同可以在一定程度上防范区域金融风险，降低不合理金融发展结构对经济发展的阻碍，强化区域内金融业的整体竞争力。京津冀协同发展正步入一个崭新的时期，确立三方共存共荣的良性关系，进而实现经济在更大范围、更高层次、更广领域的合作和可持续发展，金融协同成为最有力的突破口。

第二节 核心概念界定与辨析

区域金融协同发展在理论上并没有明确的概念界定，其涉及区域经济学、金融发展理论、区域金融学等多个学科的相关内容。其本质是将金融深化理论纳入到区域经济的研究框架中进行讨论，既包括区域金融发展水平、规模总量、结构差异及效率等静态指标，也包括金融政策、市场重构和产业结构调整等动态发展趋势。将金融协同发展纳入到区域的范畴内进行解释，一方面有利于客观地认识金融协同在区域经济中的作用，另一方面也使研究的问题具有了较高的针对性和实践性。对区域金融协同发展概念的理解将从以下三个层次进行说明：

一、区域、区域金融

区域是一个多层次、多维度且相对性极强的概念。在不同学科中,甚至同一学科里,由于研究目的的不同,人们对区域的理解也不尽相同。在区域经济学框架内,"区域"表明的是整个国民经济体系中一个特殊的组成部分,是一定经济活动和地理区位相结合的有机系统。区域经济学家布代维尔认为典型区域划分有三种模式:一是均质区域,即组成该区域的各个空间单元具有地理、自然要素禀赋或经济社会条件等重要因素的共同特征。如我国根据经济社会发展水平的相似性,将全国划分为东部、中部、西部以及东北部四大区域。二是极化区域,即组成该区域的空间单元具有异质性。最常见的形式是在极化区域内,以某个大中城市为中心,其他边缘地区与其构成联系紧密的功能经济板块,如我国长三角、珠三角经济带。三是规划区域,即政府为实现一定目标而设定的,与行政调控相关。三种划分模式并不存在清晰的界限。就京津冀区域而言,其之间存在均质性,在地理位置、资源禀赋、历史文化等方面相似。同时又具有产业结构方面的异质性,北京第三产业最为发达,天津第二、第三产业都具有一定规模,而河北省则以第一、第二产业为主,这就使三地在产业结构上构成了紧密联系的梯度关系,通过横跨三地的产业结构调整实现相互辐射。因此,本书将基于京津冀地区的区位、经济、产业等特点,立足区域概念,全面分析金融协同发展及其路径。

区域金融是指一个国家金融结构与运行在空间上的分布状态。在外延上它表现为具有不同形态、不同层次和金融活动相对集中的若干金融区域。这些区域的金融结构差异、差异互补和相互关联构成一国的区域金融体系。这里有两点值得强调:一是一个完整的区域金融体系,其主体不仅包括各级政府,更是包含微观经济主体在内的一种市场经济活动。其运动范围不仅涉及区域内资金的互通有无,更涉及区域内各经济主体的资金筹集、流动和储蓄投资转化机制等多层次资本运作。二是区域各地金融资源配置及其发展水平存在非均衡特征，完全市场机制作用下，资金必然会流入利润回报更高的地区，虹吸效应导致区域金融差异进一步加剧。因此，政府应该在区域金融深化上发挥积极作用。

二、协同、协同发展

协同是系统科学中的一个概念，是指组成系统的各个要素通过协调合作，最终使系统整体功能大于各个要素功能之和的一种结构上的优化状态。它既反映了系统发展需要协调合作的过程，又体现出系统通过这一过程所达到的优化结果，是一个兼有过程和结果的综合概念。如果系统内各要素之间无法进行良性协同，系统就会呈现混沌状态，不但整体功能得不到充分发挥，各要素自身功能也会因此受到极大限制。如果系统内各要素之间可以互相协同，就会产生协同效应，系统就会形成超越各要素自身功能之和的新的整体功能。

协同发展是对协同概念的进一步延伸和应用，主要强调系统内各要素在动态变化过程中的协调合作。一方面，系统内任一要素都处于不断演进发展的状态下，这就需要其他各要素的相互配合、相互促进。没有其他要素的协调合作，系统任一要素的可持续发展都是不可能实现的，也就更谈不上促进系统的整体进步。另一方面，系统的协同过程和最终状态随着各要素的发展而发生变化，从而使得协同本身也一直处于发展演进中，不断地反映出系统内各要素之间动态的作用关系。因此，协同与发展始终是一种互为推动的动态关系，只有协同才能促进系统各要素及其整体发展，同时也只有发展才能使协同从一个层次走向更高层次。协同是发展的基础和手段，发展是协同的状态和目的。所以本书认为，协同发展就是在正确调节控制系统各要素独立运动以及要素之间关联运动的基础上，使各要素之间形成相互配合、相互协作的发展态势，进而促进系统整体由旧结构状态向新结构状态的转变。

三、区域金融协同发展概念的内涵与特征

（一）区域金融协同发展的内容

根据上述核心概念的定义及本书涉及的研究范围，区域金融协同发展的内容可以从以下两个层面进行理解：

第一个层面是区域金融总量结构的协同，即金融发展水平与发展速度之间的协同。首先，区域内金融要素的分布、流动、发展态势等不尽相同，如北京和河北，在金融服务业的各个方面就存在很大差距。在这种情况下，区域金融协同发展就需要优先考虑各地区的金融实际发展水平，确定合理的金融发展速度和模式，在保证各地区金融业高效高质发展的前提下，推动整个区域金融发展。其次，区域金融协同发展要与区域经济发展相适应。金融作为整个经济系统的子系统，其发展的最终目的是促进经济健康平稳增长。区域经济发展水平和速度是区域金融协同发展的大背景，只有符合经济发展水平和发展阶段的金融协同才能真正带动经济增长。如果区域金融协同发展超过或落后于区域经济发展水平，那么金融协同发展与经济发展之间的关联就会弱化，导致金融协同不能持续，整个经济发展也将受阻。

第二个层面是区域金融关系的协同，即金融系统各要素之间的协同以及与产业结构的协同。一方面，制定有利于区域内资金流动、要素配置和改善融资结构的金融政策，努力消除各种经济和行政壁垒，积极培育区域内金融市场体系，规范金融服务主体行为，优化金融生态环境，实现区域内金融资源的合理配置和顺畅流动。另一方面，区域金融协同发展要与产业结构调整相匹配。金融之所以能够有效刺激经济增长，根本在于对产业及产业结构的影响，例如通过平衡直接融资和间接融资的

关系，支持中小企业发展；通过改善融资结构促使产业结构转型升级等。因此，要根据区域内的产业政策，适时引导区域金融关系协同，消除区域内产业结构趋同化现象，引导生产要素优化配置，形成合理的区域内产业结构和分工体系。

（二）区域金融协同发展的内涵与外延

结合区域金融协同发展内容，考虑京津冀区域经济发展的阶段性特征，本书将区域金融协同发展定义为：区域内金融政策制定合理、金融市场开放、金融组织结构多元化、金融生态环境逐渐改善，从而实现金融要素合乎规律发展、区域内产业结构布局优化、区域内部与外部经济互惠共赢、区域经济社会全面协调可持续发展的过程和最终状态。

这个定义强调了区域金融协同发展是过程和状态的结合体。从过程的角度看，区域金融协同发展体现在：区域内金融政策制定合理、金融市场开放、金融组织结构多元化、金融生态环境逐渐改善。这一过程反映了协同发展的程度。而从状态的角度看，区域金融协同表现为：金融要素合乎规律发展、区域内产业结构布局优化、区域内部与外部经济互惠共赢、区域经济社会全面协调可持续发展。状态表明了协同发展的最终目标。

具体而言，区域金融协同发展的内涵包括一个前提、四个要素和一个最终结果。

一个前提是区域内各地的金融活动具有关联性。市场机制下，区域金融市场开放程度日益提高，金融资源配置的自由性加强。就京津冀区域而言，地理区位上紧密相连，使河北在对资金的吸引上明显弱于京、津两个特大城市，金融市场的开放导致河北大量资金外流，经济效益好的投资项目纷纷落户京、津，直接引致区域金融非均衡发展。若不及时解决这一问题，必然引发整个区域金融系统的不可持续发展。

四个要素分别为：

1. 金融政策制定合理。改革开放后，我国政府采取了大量的倾斜性金融制度安排推进区域发展，从而使区域之间和区域内部经济发展呈现梯度化特征，这些特殊金融制度安排恰好是造成我国区域金融发展差异的制度根源。因此，各级政府和金融监管部门应该充分考虑区域内的地区差异和金融基础，以金融协同发展为目标，平衡区域金融发展水平，优化区域金融结构，以金融为助力推动区域经济发展。

2. 金融市场开放。区域内金融资源主要受市场和价格影响，金融市场开放程度越高，不仅区域内金融活动的互动性得以增强，与区域外的联系也会更加紧密，可以吸引更多金融资源为区域经济服务。政府对金融主体的干预主要集中在监管其市场行为和规范风险操作等方面。鼓励民间金融发展，建立健全多层次资本市场，平衡直接融资和间接融资比例。

3. 金融组织结构多元化。金融机构是金融体系的微观主体，金融机构组织结构的多元化是区域金融协同发展的要求，也是金融创新的必要条件。完善政策性银行对京津冀区域金融经济发展的支持，推进国有商业银行改革，鼓励股份制银行和非银行金融机构发展，建立健全农村金融服务体系。

4. 金融生态环境逐渐改善。加强区域信用环境建设，培育良好的金融秩序，降低金融交易成本，最大限度地防范和化解金融风险发生的可能；加强法制环境建设，建立起完整的市场竞争规则框架，保证区域金融稳健发展。

上述四个金融要素彼此补充，相互协调、相互配合、相互影响，进而实现要素自身和整个金融系统的发展。在一个前提和四个要素的保证下，一个最终结果得以实现，即金融要素合乎规律发展、区域内产业结构布局优化、区域内部与外部经济互惠共赢、区域经济社会全面协调可持续发展。

四、与其他相关概念的联系与区别

（一）区域金融发展

区域金融发展是一个在区域内金融资源规模增长的同时实现金融结构升级和金融效率提升的动态演进过程。首先，要有金融资源"量"上的扩张，反映区域金融增长速度以及金融资源覆盖广度，是区域金融发展水平最直观的表现。其次，区域金融发展还有"质"的成长，包括金融结构逐步合理、金融机构管理改善、金融生态环境升级等。

区域金融发展与区域金融协同发展的联系主要表现为：一是二者都反映了区域金融在"量"和"质"上的动态发展过程，即都涉及区域内金融资源规模的增长和结构升级调整。二是区域金融协同发展客观上要求区域内金融发展。没有区域金融发展就无从谈起何为区域金融协同发展，而没有协同发展对区域系统的整体调节，区域金融发展也将受到阻碍。而区域金融发展与区域金融协同发展的区别主要有两个方面：一方面，区域金融发展更多强调区域内金融活动的运动过程，而区域金融协同发展则是过程和状态的结合体，在重视过程调节的同时，对最终结果和目标也提出了要求。另一方面，区域金融发展虽然也突出了金融"质"的成长，但并没有更深入探讨金融系统各要素在"质"上的相互促进、相互合作，区域金融协同发展则对这一点进行了分析。

（二）区域金融一体化

区域金融一体化是指区域内形成统一的金融市场，在这个市场上不同地区的经济主体可以不受任何限制地进行金融资产交易活动，该市场上不同地区的金融资产具有高度的替代性，市场参与者在提供或要求金融工具、金融服务等一切金融活动时被同等对待，不会有地域歧视。金融一体化水平最主要的体现形式在于阻碍资金流动的外界干扰因素减弱或消失，使投融资环境得以改善。

区域金融一体化与区域金融协同发展的联系主要表现为：两者都关注金融市场的优化问题。开放、竞争、有序发展的金融市场对金融资源的最优配置起到了重要的基础性作用。因此，无论是区域金融一体化还是区域金融协同发展，金融市场都成为重要的组成部分。促进区域金融资源流动效率，培育良好的区域金融市场机制，健全资本市场体系、资本市场规则，优化金融市场环境是两者共同的发展要求。就区域金融一体化与区域金融协同发展的区别而言，主要体现在：其一，区域金融一体化只强调了区域金融协同发展过程中金融市场的重要性，没有全面分析在整个金融一体化过程中金融政策、金融组织结构和金融生态环境建设等方面的协调合作及其相互作用。其二，区域金融一体化与区域金融协同发展的层次不同，前者作为一种过程演进，其目的是提高区域内部资金流动效率、减少或避免人为干扰、促进资金双向或多向流通，而后者除了在金融市场优化上有所要求外，更多的是希望借助区域内金融协同发展，实现金融要素合乎规律发展、区域内产业结构布局优化、区域内部与外部经济互惠共赢、区域经济社会全面协调可持续发展。显然，后者的金融经济意义要强于前者。

（三）区域金融协调发展

区域金融协调发展就是金融各构成要素之间以及内部要素与外部环境在运行过程中，不断磨合、博弈和适应，最终达到金融资源合理配置和风险效益均衡的状态。这一概念中的"协调"是调动各方主动参与金融制度改良的过程，而其目的是通过协调实现金融系统优化和效率提高，从而维持区域内金融可持续发展。因此，金融协调发展至少包含两重意义：一是金融资源最终可以得到适当配置，表明了协调的目标和静态结果；二是使金融系统内各要素得到适当配置，强调协调的动态过程及协调主体的能动性。

金融协调发展与金融协同发展之间既相互联系又有区别。两者的联系表现在：首先，都是对金融系统发展变化过程和状态的反映。其次，金融协调发展的内在动力和根源是系统内存在金融协同的必然客观要求，金融协同发展决定金融协调发展，金融协调发展是金融协同发展的表现形式。就两者的区别而言，主要有以下几点：第一，区域金融协调发展突出了金融系统运行的过程、状态和最终结果；区域金融协同发展在突出以上过程、状态和结果的同时，还强调各要素在其中发挥的作用，从而创造有利于要素发展的内外部条件，促使过程、状态和结果尽早实现。第二，区域金融协调发展强调各个要素要服从这一目标，并积极努力作出贡献；而区域金融协同发展则强调在目标实施过程中，金融系统与金融要素、金融要素与金融要素之间的互惠、合作、良性发展。第三，金融协调发展强调了在过程和状态中缩小相同要素之间的差距；而金融协同发展更突出在金融系统运动过程和状态中，要素之间可以从冲突矛盾转向合作共赢，从而形成新的金融结构。第四，区域金融协调发展发生在区域内金融经济有一定差距的情况下，这一差距一般都有一个较为合理的范围，而区域金融协同发展则对区域内金融经济发展水平差距没有要求，可能差距很大，也可能差距很小。也就是说金融协同发展的区域，并非一定可以区域金融协调发展。但区域内金融协同发展一定会为区域金融协调发展创造更为有利的条件。

第三节　研究方法及主要内容

一、研究方法

全书主要选择了以下几种研究方法对区域金融协同发展支持京津冀

区域经济发展进行分析：

（一）理论分析与实际分析相结合的方法

目前国内还没有形成较为完整的区域金融协同发展研究框架，尤其是针对区域内部金融协同发展研究的理论成果更少。本书在借鉴现有文献资料的基础上，结合京津冀区域内部金融发展实际情况，尝试将现有理论与实践进行结合，对相关理论和内容加以拓展延伸。首先对区域金融协同发展的一般概念和相关理论问题进行了抽象和总体阐述，然后分析京津冀区域金融协同发展具有的特殊性，提出相应的具体实施路径及政策建议，使理论具有了更强的可操作性和指导意义。

（二）比较研究与案例分析相结合的方法

本书对欧盟、长三角、珠三角区域金融发展实践进行了研究，借此分析区域金融协同发展可能存在的共性，为京津冀区域金融协同发展提供了可能的经验启示。同时，为突出京津冀区域金融所具有的个性特征，在研究中插入实践调研案例，既可以更透彻、更全面地展示区域面貌，又可以使个案成为相关政策建议的佐证，便于实际操作时的取舍。

（三）定性分析与定量分析相结合的方法

以定性分析为基础，适当地运用定量分析工具研究区域金融协同发展问题。定性分析的重点在于揭示区域金融协同发展支持京津冀区域经济的机理，进而选择不同路径实现区域金融经济可持续发展。而定量分析则运用大量的统计和调查资料，并利用经济模型对京津冀区域金融发展现状、协同程度等进行实证分析，得出的一系列实证结果使本书的理论与政策建议有了更坚实的支撑。

(四) 整体研究与要素分析相结合的方法

整体研究旨在从宏观上把握京津冀区域金融协同发展中存在的问题及可行性，而要素分析则突出金融协同发展的可操作性，提出的具体路径包含了实践现状、作用机制以及相关改进措施，通过对要素的全面深入研究，促使整个区域金融系统协调合作，优化产业结构布局。

二、主要研究内容

全书在京津冀协同发展的大背景下，深入探讨了金融协同发展在促进区域之间和区域内协调发展、协同发展、共同发展中的作用，形成了一套完整严谨的研究框架，其主要内容有以下几点：

第一，结合区域金融协同发展的内容，在考虑京津冀区域经济发展阶段性特征的前提下，对区域金融协同发展进行了理论界定，其基本含义为：区域内金融政策制定合理、金融市场开放、金融组织结构多元化、金融生态环境逐渐改善，从而实现金融要素合乎规律发展、区域内产业结构布局优化、区域内部与外部经济互惠共赢、区域经济社会全面协调可持续发展的过程和最终状态。这一定义既强调了区域金融协同发展的过程，也突出了发展的最终目标。从过程的角度看，区域金融协同发展体现在：区域内金融政策制定合理、金融市场开放、金融组织结构多元化、金融生态环境逐渐改善。这一过程反映了协同发展程度。而从最终目标角度看，区域金融协同表现为：金融要素合乎规律发展、区域内产业结构布局优化、区域内部与外部经济互惠共赢、区域经济社会全面协调可持续发展。

第二，就区域金融协同发展的可行路径进行深入分析，即金融政策的区域化调整、金融组织结构区域优化、金融市场的区域协同以及区域金融生态环境建设。一是金融政策的区域化调整，金融发展的外生性和差异性决定了金融政策在协同发展中的重要性,通过归纳政府行为对区域金融发展的作用机理,从中央政府和地方政府两个视角阐述区域金融政策对区域经济协同发展的作用,从而提出包括货币政策、信贷政策在内的区域金融政策。二是金融组织结构区域优化,京津冀区域金融资源的有效配置依赖于合理的金融组织结构,因此,金融机构多元化、金融企业内部治理现代化以及金融业监管协调化也就成为支持京津冀区域协同发展的必要金融体系。三是金融市场的区域协同,区域资金转移的关键环节就是金融市场,而资本作为重要的生产要素其自由流动会对区域经济产生积极的推动作用,因此,加快建设多层次多元化投融资市场体系、发展农村金融市场、聚集各类金融人才等成为京津冀区域金融市场协同发展的重要改革措施。四是区域金融生态环境建设,有序的区域金融秩序和强有力的区域金融竞争力需要良好的区域生态环境予以支持,京津冀三地及地区之间在金融生态环境所涉及的政府职能、法制环境、区域信用体系和金融消费者权益保护等方面仍需加紧建设。

第三,助力产业结构升级不仅是京津冀协同发展的最终目标,更是金融协同发展得以促进区域经济协调发展的重要途径。区域产业结构升级包括三层含义:区域产业结构高级化,即产业结构从较低水平向较高水平发展的动态过程;区域产业结构合理化,即区域内各地区产业关联度提高;区域产业结构协同化,即区域内各地区产业之间配合得当,良性互动。而实现以上目标就要求资金形成机制、资金导向机制、信用催化机制和风险管理机制共同作用。以京津冀三省市现有的产业结构为前提,以京津冀产业结构升级和转移的情况为背景,比较了金融支持产业结构升级调整三种模式的特点和优劣,从而提出京津冀地区金融支持区域产业结构升级的模式选择。

第四节 研究框架及创新之处

一、研究框架

全书以区域金融协同发展为关键词,深入探讨了京津冀区域经济发展中金融协同发展对其的支持作用,并提出了具体可操作性的发展路径。根据这一主线,全书总体研究框架如下:

第一章导论。介绍了选题背景及研究意义,对全书核心概念进行了界定,探究了其与相似概念的联系与区别,分析了研究的主要方法、研究框架及创新之处。首先,提出了京津冀区域金融协同发展的现实背景,并从理论和实践两个角度概括了其重要性和现实意义。其次,界定了区域金融协同发展概念,对其进行了深入辨析。再次,总结出全书的主要研究方法和研究内容。最后,介绍了全书的逻辑框架和创新之处。

第二章理论回顾。对区域金融协同发展理论所涉及的区域经济理论、区域金融理论进行全面梳理,重点回顾了区域金融发展与区域经济增长的关系,同时总结了国内有关区域金融协同发展的文献资料,为全书后续研究分析奠定理论基础。

第三章国内外经济金融协同发展经验借鉴。一方面,对欧盟区域发展及政策制定进行总结,从历史演进、主要实施工具以及政策效果三个层面分析了欧盟在促进成员国经济金融均衡发展上的成功经验,进而指出有助于京津冀协同发展的启示。另一方面,立足于国内现有案例长三角、珠三角的协同模式,在归纳其发展现状及其经验的同时,对京津冀区域的发展定位、合作机制、政策环境、金融服务一体化和金融生态环境建设提出了更合理的政策建议。

第四章京津冀区域金融发展现状及存在的主要问题。从经济发展水平、产业结构布局、金融发展水平及资源分布等视角，对京津冀区域经济和金融发展情况进行了全面概括。在此基础上，分析了京津冀区域金融运行效率，进而指出区域金融协同发展中可能存在的若干问题。同时，还重点强调了金融协同过程中河北省在金融资源总量、金融资源配置效率、金融结构、金融创新以及金融产业上面临的五大难点。

第五章京津冀区域金融协同发展机理分析。主要从理论基础和定量分析两个层面对京津冀区域金融协同发展进行阐述。理论基础方面，以区域金融协同发展为出发点，通过探析其对区域金融发展的作用机理，进而揭示出其在区域经济发展中的重要作用。定量分析方面，首先，分别使用价格法和数量法测度了京津冀区域金融一体化程度，结论显示，京津冀区域资金流动存在障碍，区域金融一体化程度不高，但随着央行调控方式的改变以及政府对金融干预的弱化，一体化程度在逐步提高；其次，通过构建区域金融相关率、区域金融发展基尼系数以及区域金融发展泰尔指数测算了京津冀区域金融发展的差异程度，实证表明虽然金融一体化程度有所提高，但仍处于较低水平，区域金融差异有所收窄；最后，对京津冀区域金融发展与区域经济增长关系进行了面板数据实证检验，得出金融发展对区域经济增长的促进作用显著，为大力推进京津冀区域金融协同发展提供了定量分析依据。

第六章金融协同支持京津冀区域经济发展路径之一——金融政策的区域化调整。该章从政府行为和金融政策视角切入京津冀区域金融协同发展研究，在梳理了我国金融发展外生性和差异性的前提下，归纳出政府行为对区域金融发展的作用机理。从中央政府和地方政府两个角度阐述了其行为对区域金融差异和区域金融协同的作用，并就京津冀区域现有金融政策进行了对比与借鉴。最后从货币政策、信贷政策、政府职能等多个角度提出促进京津冀区域金融协同发展的区域政策。

第七章金融协同支持京津冀区域经济发展路径之二——金融组织结

构区域优化。该章从理论层面探讨了金融组织结构区域优化对于金融协同的必然性。在此基础上提出从三个方面建立支持京津冀区域协同发展的金融体系，分别为金融机构多元化、金融企业内部治理现代化以及金融业监管协调化。同时，立足河北省省情，指出京津冀区域金融协同发展是完善农村金融组织体系建设的重大机遇，在挖掘商业金融、政策性金融支持农村经济潜力方面，政府要加大扶持力度，构建有效的农村金融风险外溢防范机制，保障农民利益。

第八章金融协同支持京津冀区域经济发展路径之三——金融市场的区域协同。该章在探讨金融市场协同对区域经济发展作用机理的基础上，分析金融市场协同对京津冀区域经济发展的重要性。针对河北省金融市场存在的较大差距，从体制因素、产业因素和社会因素三个层面进行了深入探究。在经济和产业基础培育、农村金融市场发展、聚集各类金融人才、加快建设多层次多元化投融资市场体系以及打破行政壁垒和体制分割等方面，促进京津冀区域金融市场协同发展的政策建议。

第九章金融协同支持京津冀区域经济发展路径之四——区域金融生态环境建设。首先，该章在梳理国内外文献的基础上，对金融生态环境的概念进行了界定，并选取政策环境、法制环境、制度环境、信用环境、金融基础设施等要素作为考量区域金融生态环境的指标。其次，分别对京津冀三地以及京津冀区域金融生态环境建设情况进行了详细阐述，在研究现状的前提下，提出三地缺乏合作基础、金融法制环境不健全、区域金融监管体系不完善、信用环境有待优化等现实问题。最后，全章从七个方面给出了政府促进区域金融生态环境建设的政策建议，涵盖了政府职能、各地比较优势、法制环境、区域信用体系建设、金融基础设施一体化、金融消费者权益保护等内容。

第十章金融协同支持京津冀区域经济发展路径之五——助力产业结构升级。区域产业结构升级既是京津冀区域协同发展的最终目标，更是金融协同发展得以促进区域经济协调发展的重要途径。首先，该章定义了区域产业结构升级的内涵,并对金融协同发展支持区域产业结构升级的作用机理进行了阐述。其次,在理论基础上分别介绍了京津冀三省市的产业结构特点,产业结构高级化、合理化、协同化等区域产业结构升级情况。在京津冀产业转移的背景下,结合美国、日本、德国三国案例,比较了金融支持产业结构升级的三种模式特点和优劣。最后,讨论了京津冀地区金融支持区域产业结构升级的模式选择,并对金融协同支持区域产业结构升级提出政策建议。

二、创新之处

全书在总结金融发展理论、区域金融发展理论和金融协调理论的基础上,提出了区域金融协同发展概念,并结合京津冀区域金融发展实际情况重点突出了区域金融协同发展的四个要素及其最终状态,为京津冀区域经济金融协同发展提供了具有一定可操作性的政策建议。其创新之处主要有以下几点:

一是明确提出了区域金融协同发展的内涵与外延,并与其他相似概念进行辨析。本书将区域金融协同发展定义为:区域内金融政策制定合理、金融市场开放、金融组织结构多元化、金融生态环境逐渐改善,从而实现金融要素合乎规律发展、区域内产业结构布局优化、区域内部与外部经济互惠共赢、区域经济社会全面协调可持续发展的过程和最终状态。这个定义强调了区域金融协同发展是过程和状态的结合体,既有各要素的自身发展过程,又有整个金融系统的整体协调合作,从而实现区域经济金融合作共赢。

二是建立了一个较为完整的区域金融协同发展研究框架。从区域金融政策、金融组织结构、金融市场重构、金融生态环境改善四个方面探讨了区域金融协同发展各要素之间的发展和合作,及其对优化区域经济产业布局的作用。这种分析模式既验证了区域金融协同发展过程,对各要素自身发展也进行了详细分析，又进一步揭示了其对结果的影响，使研究更全面。

三是结合调研案例提出了较为切合实际的政策建议。以理论为基础，在具体分析京津冀区域金融协同发展中将调研案例融入其中，使政策建议的实践性和可操作性得以提高，在政策选取时也更能结合实际情况进行分析。

第二章 理论回顾与文献综述

第一节 协同学相关理论回顾

一、协同学的主要内容

协同学（Synergetics）由德国理论物理学家哈肯（H. Haken）教授创立，形成于20世纪70年代初期，是近十几年得到广泛应用的新兴综合性学科。其以现代科学的最新成果——系统论、信息论、控制论以及结构耗散理论等为基础，采用统计学和动力学相结合的方法，建立起一整套数学模型和处理方案，用于研究各种系统和现象变化的共同规律。

协同学认为，组成开放系统的若干要素或子系统之间可以通过非线性的互动方式产生协同效应，从而促使整个系统由无序或混沌状态向有序状态转变，这种非线性的互动方式使得各要素及各子系统之间存在一种互相协同、互相促进和互为因果的关系，最终实现系统的价值增值。协同学将一个复杂系统分为三个层次进行考察：一是要素层，即微观层次。二是子系统层，即中观层次。三是整体系统层，即宏观层次。对要素而言，在要素内部和要素之间会产生非线性的协同作用，从而导致要素组合构成某一子系统；众多子系统之间以同样的模式运作，形成动态发展的整体系统。

协同效应、自组织原理和支配原理是协同理论所包含的最核心内容。

（一）支配原理

支配原理也称伺服原理，即在系统演进发展过程中快变量服从慢变量，由慢变量支配整个系统的运行。所谓慢变量是指在系统受到干扰产生不稳定时，总是使系统离开稳定状态走向非稳定状态的一种变量。该变量在系统处于稳定和非稳定临界点时，表现出一种无阻尼现象，且衰减速度非常缓慢。而快变量与其相反，在系统受到干扰而出现不稳定时，其总是试图使系统回归稳态，但阻尼作用相当大且衰减速度很快。这一原理从系统内部稳定因素和不稳定因素间的相互作用层面描述了系统的自组织过程。可以简单地对原理进行概括，即系统处于不稳定点或临界区域时，系统会显著区分出快变量和慢变量，慢变量支配或规定着快变量和其他变量的行为，主宰系统演化的整个过程。

（二）协同效应

哈肯在其1976年出版的《协同学引论》中指出，协同效应是指由于协同作用而产生的结果，是复杂开放系统中大量子系统相互作用而产生的整体效应或集体效应。对各种自然系统和社会经济系统，其内部都会因为要素之间的协同作用而产生协同效应，从而形成推动系统有序性的内在驱动力。判断协同效应是否发生的唯一标准就是比较系统整体功能与各要素或子系统功能之和的大小。如果系统整体功能大于各要素或子系统功能之和，就可以断定协同效应已经发生，两者之差即协同效应强度的定量度量。协同效应促使系统从一种无序状态向有序状态发展，或从低级有序状态向更高级有序状态转变。

(三) 自组织原理

自组织与他组织是一对相反概念。他组织是指整个系统的运行指令和组织能力来源于系统外部；而自组织则是在没有系统外部指令的条件下，依靠内部子系统或各要素之间的相互关系，按照某种规则自动形成一定的结构或功能，具有内在性和自生性特点。值得注意的是，自组织同样需要系统处于一种开放的状态下，可以与外部进行能量、信息和物质等方面的交流。只有在这种时刻保持融通的环境中，系统才会通过大量子系统之间的非线性协同作用而形成新的时间、空间或功能的有序结构。

二、协同学与区域经济理论的融合——区域经济协同发展

随着协同学和系统论的发展和广泛应用，经济学家开始用系统科学的思维方式去解决社会经济中的复杂问题，区域经济协同发展的基本原理就是协同学与区域经济发展理论的融合。

有关区域经济协同发展问题的研究大致可分为两个方面：一是对区域经济不协同的现象进行解释，进而探索形成新的区域经济发展理论，如均衡发展理论、新古典经济增长理论以及非均衡增长理论。二是深入分析区域经济协同发展的内在动力，主要有增长极理论、梯度转移理论和网络开发理论。

(一) 区域经济发展理论

1. 均衡发展理论。均衡发展理论主要包括拉宾斯坦的临界最小努力命题论、纳尔森的低水平陷阱论、罗森斯坦·罗丹的大推进论、纳克斯的贫困恶性循环论和平衡增长理论等，其中以大推进理论最具代表性。该理论认为发展中国家或地区需要对国民经济的各个部门同时进行大规

模投资，创造出互为需求的市场，克服不发达区域内市场狭小的瓶颈，解决需求层面上对经济发展的阻碍；同时，通过大规模投资可以产生规模经济，降低成本、增加利润，进而为增加储蓄、提供再投资的资本创造条件，消除储蓄供给方面对经济发展的阻碍，两者相结合最终达到全面促进经济发展的目的。大推进理论为发展中国家实现工业化提供了一种经济增长模式，其积极意义主要有两点：一是突出了大规模投资并合理配置资源对于发展中国家的重要性。二是强调市场机制在协调区域均衡发展方面存在问题，需要政府实施宏观规划。该理论也存在很大的局限性，推动所有产业部门和区域均衡发展需要大量资本和其他资源，对于发展中国家而言并不具备这一条件。此外，其忽略了过分依赖政府宏观调控和指令计划导致的政府失灵或指令失误的可能性，未能充分发挥市场机制在配置资源方面的优势，限制了市场的进一步完善发育。

2. 新古典经济增长理论。1956 年，索洛和斯旺提出了著名的索洛—斯旺增长模型，对区域经济差异及其趋势进行了研究。该模型的关键特征在于其新古典形式的生产函数，它假设规模报酬不变、生产要素的边际收益递减且替代性良好、各要素可自由流动以及技术具有外生性。在这些假设前提下，索洛和斯旺认为区域经济发展中的差异都是暂时的，存在一个平衡增长路径，人均资本或收入低的经济体拥有更高的短期增长率，从而促使各类经济体都向着平衡增长路径收敛，最终各个国家或地区的经济增长率和人均收入水平将趋同。该理论重视发挥市场机制的作用，通过调整生产过程中劳动与资本的比例可以使经济自动趋于稳定。但其缺陷也十分明显，一方面将技术进步看做是决定经济增长率的重要因素，另一方面又假定其为外生变量在理论体系中未能加以解释说明，从而导致模型中所有关于长期经济增长的实质性结论都是消极和被动的。

3. 非均衡增长理论。冈纳·缪尔达尔的循环积累因果论以及赫希曼的不平衡增长理论都是非均衡增长理论的典型代表。

冈纳·缪尔达尔的循环积累因果论认为，市场机制的力量一般倾向于增加而非减少地区间经济发展的不平衡,一旦某些地区获得了初始优势而超前于其他地区发展,那么这一状况将通过有利要素的不断积累得以保持下去,从而导致地理上的二元经济结构形成。缪尔达尔指出,循环积累因果关系会对区域经济发展产生两种相反的效应:一是回流效应,即劳动力、资本、技术等生产要素为获取更高的回报率由落后地区向发达地区流动,该效应会进一步扩大地区间的发展差距。二是扩散效应,即当发达地区发展到一定阶段后,由于人口密度过高、交通拥堵、污染严重、资本过剩等原因,生产成本上升,外部经济效益下降,这时各生产要素就会向落后地区扩散,该效应有利于地区间经济均衡发展。区域经济能否协同发展关键取决于两种效应的相对大小。在欠发达国家和地区经济发展的初始阶段,回流效应要大于扩散效应,因此要促进区域经济协同发展,必须要有政府的有力干预。

赫希曼的不平衡增长理论认为,发展中国家现有资源匮乏,很难通过对所有经济部门和地区的大规模投资实现平衡增长,而是应当集中有限的生产要素首先发展联系效应较大的产业,以此为动力逐步扩大对其他产业的投资,进而带动各产业全面发展。在地区发展上,不同地区也要按不同的速度不平衡增长,某些主导部门和有创新能力的行业集中于一些发达区域,以较快速度优先得以发展,在具有规模经济效益后形成"发展极",加强对其他地区的辐射作用,从而促使地区间经济差距缩小。

(二)区域经济协同发展动力相关理论

1. 增长极理论。增长极理论首次由法国经济学家弗朗索瓦·佩鲁提出。他认为"增长极是围绕推进性的主导工业部门而组织的有活力的高度联合的一组产业,它不仅能迅速增长,而且能通过乘数效应推动其他部门增长"。经济增长不可能同时出现在所有生产部门,而是以不同的强度首先出现在一些增长部门,然后再以各种渠道向外扩散,最终对整个经济产生不同影响。这里佩鲁突出强调了产业间的关联推动效应,提出重视发展规模效益大、创新能力强、增长潜力高的推动型主导产业部门。法国经济学家布代维尔对这一理论进行了扩展，将增长极概念由经济空间推广到地理空间，指出增长极是城市配置不断扩大的工业综合体，通过最有效的规划配置增长极，可以引导经济活动的进一步发展，促进区域经济发展。因此增长极体系有三个层面：主导产业增长、产业综合体增长、增长极增长与国民经济发展，是一个由点到面、由局部到整体依次递进的有机联系系统。

2. 梯度转移理论。梯度转移理论源于美国经济学家弗农首创的产品生命周期理论。该理论认为各工业部门及其产品都会经历创新、发展、成熟和衰退四个阶段。著名发展经济学家赫希曼将这一理论引入区域经济发展研究之中，称之为梯度转移理论。

梯度转移理论认为，区域经济发展的兴衰主要取决于区域产业结构及其转移情况，产业结构的更新随时间推移有次序地从高梯度区域向低梯度区域转移，这一更新过程是区域经济向更高层次发展的内在动力。该理论强调各区域在技术上的梯度差异使得转移成为可能，创新活动是决定区域经济发展梯度的关键因素。高梯度区域的主导产业部门主要是处于创新阶段的新兴部门，而低梯度区域的主导产业部门则多为成熟阶段后期或衰退期的部门。高梯度区域应首先发展，随后再通过产业间的"后向联系效应"和"前向联系效应"将技术向低梯度区域扩散和转移，最终使区域差距逐渐缩小，实现经济协同发展。

3. 网络开发理论。该理论的核心观点指出，当经济发展达到一定水平后，一个区域内就会形成增长极（中心城市或城市群）和增长轴（交通沿线），两者的影响范围不断扩大，形成商品、资金、技术、信息、劳动力等生产要素的流动网络。网络开发理论一方面强调增长极与区域内各生产要素的交流强度和深度，带动区域内经济一体化。另一方面也提出要加强与区域外经济网络的联系，在更广阔的经济地理空间上对更多的生产要素进行合理配置和优化组合，促进区域间经济协调发展。因此，该理论以均衡分散为特征,将增长极、增长轴的扩散向外推移,有利于缩小区域内和区域间的发展差距。

第二节 金融发展相关理论回顾

一、金融发展理论主要学说内容及其评价

金融发展理论的主要研究内容是金融体系在经济发展中的作用以及如何构建有效的金融体系实现金融资源的最优配置促进经济增长。自20世纪50年代起,以格利、肖以及戈德史密斯为代表的经济学家对金融发展与经济增长的问题进行了阐述并先后出版专著,进而创立了金融发展理论。随后20世纪70年代麦金农—肖的金融深化理论和20世纪90年代的内生金融理论,不仅丰富了金融发展理论的研究内容,也完善了相关研究框架,使其日趋成熟。

(一)金融结构理论(Financial Structure Theory)

1969年,耶鲁大学教授戈德史密斯在其著作《金融结构与金融发展》一书中首次提出了金融结构理论。全书通过比较35个国家百余年的金融数据和资料,揭示出金融发展过程中具有的一般规律,即"金融发展就是金融结构的变化""金融理论的职责就在于找出决定一国金融结构、金融工具和金融交易流量的主要因素,阐明这些因素怎样通过相互作用而促进金融发展"。

金融结构理论的主要内容可以概括为三个方面:一是将各种金融现象归结为三个基本方面,即金融工具、金融机构与金融结构。不同类型金融工具和金融机构的存在及相对规模反映了一国的金融结构,通过对

金融结构的剖析就能掌握该国的金融发展水平和发展趋势。二是对金融结构进行定量分析时提出了一个重要的衡量指标"金融相关比率"（Financial Interrelations Ratio，FIR），并定义其为全部金融资产价值与 GDP 的比值。FIR 反映出金融上层结构与经济基础在规模上的相对变化关系，该比值越高说明银行体系地位越下降，金融工具和金融机构日益多样化，社会整体经济活动货币化程度越高。三是提出金融发展道路的内在一致性，即各国虽然在金融结构上存在巨大差异，但金融发展趋势或发展路径却是相同的。FIR、新金融机构的地位以及金融机构占金融资产总额的比例都呈现出一定规律性变化，只在战争或通货膨胀时才会发生偏离。该理论指出以初级证券和二级证券为形式的金融上层结构，为资金转移到最佳的使用者手中提供了便利，它使资金流向社会收益最高的地方。从这个意义上说，金融上层结构加速了经济增长速度，改善了经济运行。

金融结构理论是金融发展理论的奠基石，为今后金融发展问题的研究提供了较为完整的研究框架和分析量化指标。同时该理论选用的分析工具和比较分析方法对发达国家和发展中国家都具有普适性，得到各国金融发展研究学者的认同和采用。但值得注意的是，戈德史密斯只选取了 35 个国家进行金融比较分析，样本覆盖面较小，导致最终结果可能存在一定程度上的偏差。此外，由于资料数据的不完整和经济计量手段限制，金融结构理论在金融发展与经济增长关系上并没有给出明确结论。

（二）金融深化理论（Financial Deepening Theory）

1973 年，麦金农和肖分别出版了《经济发展中的货币与资本》和《经济发展中的金融深化》两本著作，从金融抑制和金融深化两个角度对发展中国家经济和金融体系进行分析，并揭示出金融发展与经济增长的相互关系，标志着金融发展理论的正式形成。

麦金农和肖认为，发展中国家货币金融市场具有四个典型特征，即货币化程度低、金融市场不完善、二元金融机构并存以及政府对金融活动管制严格。所谓金融抑制就是政府对利率和汇率进行管制，人为压低利率或外汇水平，还包括金融业内垄断、信贷和外汇硬性配给以及财政税收政策对金融资源的抑制等。这些行为会导致金融指标失真，无法准确反映市场对资金和外汇的供求情况，造成经济发展对国内储蓄和外汇储备过分依赖。因此，发展中国家应该放弃奉行的金融抑制政策，降低高额存款准备金，放宽或取消最高利率限制和信贷配给，实施金融深化改革。根据肖的解释，金融深化是政府不再对金融体系过分干预，在有效控制通货膨胀率的基础上，使利率和汇率充分反映资金和外汇的供需情况，恢复金融体系在集聚和配置金融资源上的优势，刺激储蓄，提高投资收益率，从而推动金融体系完善和经济增长。

金融深化理论提出后引起西方经济学界的巨大反响，从20世纪70年代中期到80年代，许多经济学家都对该理论进行了修改和完善。以卡普尔、马西森和弗莱为代表的经济学家对金融深化理论进行了实证检验，支持了该理论的研究结论，同时将麦金农—肖的静态分析模型扩展成为动态分析模型。

金融深化理论的积极意义主要表现在：一是对发展中国家金融体系的特殊性进行了全面考察和分析，指出传统货币理论可能会使发展中国家陷入金融抑制与经济发展缓慢的恶性循环，强调提高实际利率的重要意义，为发展中国家提供了制定金融政策的理论依据。二是第一次将金融与经济发展联系到一起，将货币金融因素视为经济发展的重要促进因素。但该理论也存在明显缺陷与不足，最主要体现在麦金农和肖认为金融发展促进资本形成，而随着内生经济理论的兴起，全要素生产率成为决定经济增长的关键因素，但其并不受资本形成的影响，因此金融发展对全要素生产率不产生作用，这就削弱了金融深化理论的实际应用价值。

（三）内生金融发展理论（Endogenous Financial Development Theory）

内生金融发展理论是20世纪90年代金融发展理论在信息经济学、

新制度经济学等学科研究成果的基础上，借鉴内生经济增长理论的分析框架，围绕金融体系的内生生成、金融作用于经济增长的内在传导机制以及金融发展与经济增长关系三个问题展开讨论的金融理论。内生金融发展理论将经济内生增长与金融中介（或金融市场）的内生形成纳入到金融发展模型中，同时还引入了信息经济学中有关不确定性、不对称信息、监管成本等因素，对金融机构和金融市场的形成做出了规范性解释，使模型更接近现实，特别是对发展中国家的金融改革更具有指导意义。

以本西文加（V. R. Bencivenga）、史密斯（B. D. Smith）、施雷夫特（Schreft）和卡普尔（B. Kapur）为代表的经济学家着重对金融中介的内生形成进行了阐述，他们认为金融中介的产生主要是出于当事人流动性偏好和转移风险的需求。而布（Boot）、塔科尔（Thakor）和格林伍德（Greenwood）则重点分析了金融市场的内生形成机制，指出金融市场在信息获取和汇总上的优势是其产生的重要原因，随着经济发展水平的提高，金融市场的固定运行成本和参与成本降低，导致其具有内生性。

内生金融理论最大的贡献在于将金融中介和金融市场的形成纳入到金融发展分析框架中，对金融体系的产生进行了合理解释，弥补了传统金融发展理论的不足。但该理论以成熟市场经济体制为前提，忽略了发展中国家和转轨经济体的实际情况，没有形成一种更为一般的理论研究范式。

（四）金融约束理论（Financial Restraint Theory）

金融抑制理论认为政府对利率和汇率的管制扭曲了金融市场价格，导致金融资源无法合理配置，进而阻碍经济增长。但从实际情况来看，东亚经济腾飞和战后日本经济复苏并没有支持以上结论，在这些国家都存在不同程度的金融抑制。在此背景下，1997年托马斯·赫尔曼、凯文·穆尔多克、约瑟夫·斯蒂格利茨（T. Hellman, K. Murdock, J. E. Stiglitz）发表了论文《金融约束：一个新的分析框架》首次提出金融约束理论及其研究框架。

所谓金融约束是指金融深化程度较低的经济体制定的一系列保证金融市场稳定和增长的动态金融政策,即根据各国金融深化程度的不同,金融政策组合也会随之调整。与金融压抑从私人部门攫取租金不同,金融约束下政府为私人部门创造租金机会,且租金由金融机构与企业共享。这里的租金并不是无供给弹性的生产要素带来的收入,而是超过竞争性市场所能产生的收益,其可以诱导私人部门增加在纯粹竞争市场中可能供应不足的产品和服务。租金作用于金融深化的路径主要有:1. 为银行创造"特许经营权价值",使其稳定发展并更好地监管贷款企业和防控风险,同时扩大存款基础和中介服务范围;2. 政府将租金给予某些特定银行业务,以弥补市场,如长期贷款;3. 政府干预贷款利率,相当于向生产部门转移部分租金,且弱化了信贷市场上的逆向选择问题;4. 政府定向信贷会在企业间产生"竞争效应",更好地激励企业进行生产活动。

金融约束理论将信息经济学的研究成果运用到对金融体系和金融市场的分析中,使假设条件更接近现实。同时该理论强调政府对金融温和的干预,即金融约束,可以促进资源有效配置和经济增长,在发展中国家其经济效果要优于完全金融自由化。但该理论还需进一步完善,如政府如何把握温和干预的力度和范围,这不仅对政府制定决策的能力提出较高要求,也需要防范政府失灵现象的发生。

二、金融发展与经济增长的最新研究成果回顾

(一)金融发展与经济增长的关系

有关金融发展与经济增长关系的探讨一直是金融发展理论的研究热点。最新研究成果可以概括为以下三个方面:

1. 金融发展可以促进经济增长,但经济增长作用于金融发展的效果

并不显著。Eita 和 Jordaan（2007）选取了博茨瓦纳 1977~2006 年的相关数据，利用协整向量自回归方法对金融发展与经济增长关系进行格兰杰因果检验。结果显示，金融部门在博茨瓦纳经济中占有重要位置，强化金融中介和金融机构改革是金融深化的重要途径，也是经济增长的关键动力。A. Antonios（2010）采用两阶段最小二乘法对欧盟 15 个国家 1965~2007 年金融发展与经济增长数据进行了长期因果关系检验。在选取金融发展变量时，论文将其具体分为股票市场、信用市场和银行市场三种类型，实证结果指出总体上各类金融市场对经济发展都有直接或间接的因果关系，只是不同国别作用程度大小有所差异。A. N. Bojanic（2012）对玻利维亚 1940~2010 年金融发展、贸易开放和经济增长的年度时间序列数据进行了研究，并在标准格兰杰因果检验基础上结合 ECM 模型，更好地确定了经济增长与金融发展因果关系的作用方向。实证结果表明经济增长与金融发展确实存在长期稳定的均衡关系，且金融发展对经济增长具有单向因果关系。

2. 经济增长作用于金融发展，而金融发展对经济增长并不具有因果关系。A. E. Akinlo 和 T. Egbetunde（2010）使用 VECM 模型检验了赞比亚金融发展与经济增长之间的因果关系。实证结果证实了两者之间具有长期稳定的因果关系，经济增长是金融发展的原因。N. M. Odhiambo（2011）构建多变量动态因果关系检验模型对坦桑尼亚金融深化与经济发展的关系进行讨论。在引入外国资本流入作为断续参变量的基础上，利用最新的 ARDL 检验方法得出经济发展带动了坦桑尼亚的金融深化，两者存在单向因果关系。

3. 金融发展与经济增长之间的因果关系不稳定，且方向会随模型选取的分析对象和假设变量的变化而存在差异。M. K. Hassan、B. Sanchez 和 J. S. Yu（2011）选取了全球 168 个国家 1980~2007 年金融发展与经济增长数据，并按照世界银行的分类方法将其分为六大区域和四类收入群组。为确定两者之间的关系，论文分别进行了面板回归和年度人均

GDP 增长率方差分解，用于检验各类金融发展代理变量在解释经济增长时的重要性。实证分析指出，在短期内大部分区域金融发展与经济增长具有双向因果关系，即两者存在互为促进的积极关系，而在两个最贫穷的区域（撒哈拉以南非洲和东亚及太平洋地区）两者之间则呈现单向因果关系，经济增长会带动金融发展。因此在发展中国家，经济发展需要运行良好的金融体系，但更需要金融体系与其他经济变量相互配合。H. Rachdi 和 H. B. Mbarek（2011）的论文采用面板协整和 GMM 模型，对 6 个 OECD 成员国和 4 个中东北非地区国家 1990~2006 年的数据进行了分析。检验结果显示，以上 10 个国家金融发展与经济增长之间都存在显著的正相关关系，对 OECD 国家而言，两者之间具有双向因果关系，而中东非洲国家只存在经济增长对金融发展的积极影响。S – J Hsueh，Y – H Hu 和 C – H Tu（2013）利用引导面板格兰杰因果分析法，检验了亚洲 10 个国家 1980~2007 年金融发展与经济增长的关系。结果表明，两者之间因果关系的方向与模型选取的金融发展变量相关。其中 7 个亚洲国家（包括中国在内）只存在金融发展作用于经济增长的单向因果关系，而在菲律宾、印度和日本，金融发展和经济增长之间因果关系不显著。

（二）金融发展促进经济增长的路径

1. 缩小收入分配差距。M. E. Batuo，F. Guidi 和 K. Mlambo（2010）利用非洲 22 个国家 1990~2004 年的数据构建了 GMM 模型，对金融发展与收入分配问题进行探讨。论文结论指出与大部分研究相同，金融发展确实可以缓解收入不均现象，且两者之间并不存在格林伍德—约万诺维奇假说（Greenwood – Jovanovic Hypothesis）所谓的倒 U 形关系。S. G. Jeanneney 和 K. Kpodar（2011）对 75 个发展中国家 1966~2000 年金融发展与减贫数据予以分析并得出结论，金融发展一方面可以使贫困人群享受稳定的银行系统带来的交易便利和储蓄机会，即所谓的麦金农导管效应，另一方面其引致的金融系统不稳定性也会有损贫困人群的利益，但就总效应而言金融发展对贫困人群利大于弊。M. Shahbaz 和 F. Islam (2011) 对巴基斯坦金融发展与收入分配的关系进行了研究,选取 1971~2005 年的数据首先构建自回归分布滞后 (ARDL) 模型检验两者之间的长期协整关系,随后利用误差修正模型 (ECM) 验证短期关系。实证结果显示,巴基斯坦的金融改革使得金融系统运行状况得以改善,有助于缩小收入分配差距。

2. 推动私人投资和国内资本存量增加。Xu (2000) 通过多变量向量自回归方法研究了 41 个国家 1960~1993 年金融发展对国内投资的影响。检验结果表明,金融发展在经济增长中扮演着重要角色,其中推动国内投资是促进经济增长的重要途径。R. N. Misati 和 E. M. Nyamongo (2011) 的论文讨论了撒哈拉以南非洲 18 个国家 1991~2004 年金融发展与私人投资的关系。实证分析得出,一是金融信用市场的发展可以助力私人投资,两者之间存在显著关系。二是非洲国家应该加快建设联合股票市场而非独自发展,从而改善流动性、提高效率和竞争,进而强化资本在经济体内的转移能力。S. Anwar 和 S. Sun (2011) 构建了联立方程模型,通过 GMM 实证方法分析了马来西亚金融发展、经济增长和国外投资之间的关系。实证模型揭示出 1970~2007 年,金融发展促进了国内资本存量增长。

3. 有助于企业或产业发展。M. Bittencourt (2011) 的研究涉及拉丁美洲四个国家 1980~2007 年的相关数据,构建了基于面板时间序列数据的分析模型。结果显示开放竞争的金融市场可以更好地向生产企业配置金融资源促进经济增长,但同时也需要稳定的宏观环境予以配合,如较低的通货膨胀水平、中央银行具有独立性以及配套的财政措施。S. Tsoukas (2011) 分析了亚洲 5 国——印度尼西亚、韩国、马来西亚、新加坡和泰国,1995~2007 年的面板数据,得出金融发展对企业生产确实具有非常大的影响,股票市场可以改善企业流动性,提高其市场生存的可能性。J. B. Ang (2010) 将研究重点集中于金融发展对企业技术创新影响。论文选取44个国家（22个OECD成员国和22个非OECD成员国）1973~2005年的相关数据，其面板协整检验结果说明所有国家的金融发展与技术创新之间都具有显著的统计关系，前者对后者有积极的促进作用。

第三节 区域金融发展理论研究综述

区域金融发展理论是金融发展理论在区域层面上的进一步深化，不但包括区域金融市场的完善、金融组织结构的调整等内生因素作用机制，还包含区域市场规则、政府行为等外生变量的影响。

一、货币政策与区域金融发展

（一）货币政策的区域效应研究

V. D. Giacinto（2003）在SVAR模型中纳入区位代理变量，利用空间计量方法比较了美国1958年第二季度到2000年第四季度货币政策的区域化效果，并估计了可能存在的货币政策区域溢出效应。实证结果认为：第一，货币政策的空间反馈效应对区域间相互作用影响显著，是经济分配的重要传导机制。第二，在假定仅遵循空间反馈机制而不存在同期空间相互影响的情况下，货币政策冲击的收入脉冲响应强化了货币政策对区域产出的直接作用。第三，空间反馈效应可以降低货币政策冲击引致的州级区域差异。M. T. Owyang和H. J. Wall（2005）采用美国季度数据和VAR模型，分析了两个时期的货币政策冲击对8个区域形成的不同政策效果。第一阶段为1960年第一季度到1978年第四季度，即前沃尔克时期，第二阶段为1983年第一季度到2002年第四季度，即沃尔克—格林斯潘时期。实证结果表明，在全部样本时间阶段内，各区域受到货币政策冲击影响的深度和时长差异巨大，对五大湖区域的冲击最为严重，而新英格兰区域、平原地区和中东部地区几乎没有受到影响；在前沃尔克时期，区域受紧缩性货币政策影响的程度远大于全部样本时期，且受影响区域不尽相同，五大湖区域、平原地区和东南部地区衰退程度大致相当，落基山脉和西南部地区则影响不大；而沃尔克—格林斯潘时期，货币政策冲击对区域影响程度最小，且各区域恢复速度最快。V. Clausen 和 B. Hayo（2006）的研究以泰勒反应方程假设为基础，构建出准结构动态模型，用于估计货币政策传导不对称性的性质和程度。论文选取了法国、德国和意大利1979～1998年的季度数据作为分析样本，实证结果表明：1. 货币政策对产出缺口和通货膨胀的影响都存在不对称性，其性质和程度取决于分析时长，货币政策对短期总需求的影响大体上是对称的，而中长期利率在各国传导不同，因此对德国和意大利的影响显著大于对法国的影响；2. 在总供给方面，德国和意大利短期产出缺口对通货膨胀的影响相当，且都强于法国，但长期内这一影响不复存在。

（二）货币政策的产业效应研究

G. Carlino 和 R. DeFina（1999）使用美国48个州1958年第一季度至1992年第四季度的数据，利用 SVAR 模型估计出的脉冲响应函数考察了货币政策效果差异的产业原因。最终分析认为：第一，货币政策的区域化差别确实长期存在，对货币政策冲击的长期响应程度与各州工业产值占比密切相关，而大量小企业的聚集对冲击响应程度的影响并不显著，这是货币政策利率渠道作用机制的重要表现形式。第二，若州内有众多小型银行集聚可以降低该州对货币政策冲击的敏感性，因此在美国州级水平上货币政策的信用渠道机制并没有发挥作用。I. J. M. Arnold（2001）利用1979～1995年数据对欧盟8个国家58个区域货币政策的传导进行了实证研究。结论指出：第一，货币政策在区域的影响确实存在显著差异。

第二,货币政策的区域效果与产业工人占比有重要关联。第三,具体国家作为虚拟变量,更多地代表了货币政策传导的外在机制因素。随着产业分工专业化趋势逐渐增强,货币政策对各区域产生的效果差异会越发不同。而各区域的工业构成是私人部门的自由选择,并不是政府干预的结果,因此政府要采取适当的财政政策消除货币政策的区域影响。I. J. M. Arnold 和 E. B. Vrugt（2002）研究了荷兰 1973～1993 年货币政策冲击对 12 个经济区域和 13 个生产部门的影响。实证结果与大部分前期研究成果相一致：一方面,货币政策的区域效果与产业结构显著相关。另一方面,政府通过补贴等形式支持受货币政策冲击较为严重的区域可能会扭曲企业的风险收益权衡条件。G. Peersman 和 F. Smets（2005）估计了欧元区 1978～1998 年货币政策对 7 个国家 11 个制造业部门产出增长的影响。实证结果显示,利率紧缩对各产业部门的平均影响差异很大,就总体而言,在经济衰退期对产业产出的平均负向影响远大于繁荣期。研究认为造成这一现象的原因主要有两点：一是各行业产品耐用性不同,货币政策传导机制中的资本途径导致紧缩性利率政策对耐用品行业的影响是非耐用品行业的三倍。二是各行业金融结构和企业规模具有差异,短期债务比例较高的企业、高融资杠杆企业和小微企业对政策变化的敏感性更强。

二、区域金融市场与区域金融发展

L. Boone, N. Girouard 和 I. Wanner（2001）在生命周期永久收入理论框架内,利用 G7 国家 1975～2000 年半年度数据讨论了金融市场自由化的影响。实证结果反映出各国不同的金融市场放松规制实施时间和速度,美国、英国和加拿大在 20 世纪 80 年代早期就出现金融市场自由化,而欧洲大陆国家直到 20 世纪 90 年代早期才有所影响。此外,金融市场放松规制对社会福利的影响在长期中显著,其放松了借贷约束,提升了消费水平；而在短期动态关系分析中，金融市场自由化并不影响消费行为。M. D. Chinn 和 H. Ito（2002）对区域金融市场开放程度与金融发展的关系进行了实证分析。论文利用包含工具变量的最小二乘法分析了 1970~1997 年 105 个国家的相关数据，指出若以私人信用创造和上市交易的股票市值（或股票市场成交量）衡量区域金融发展水平，则其与区域金融市场开放程度关系密切，且该结论适用于股票市场欠发达地区和新兴市场地区。L. Alfaro，A. Chanda，S. Kalemli - Ozcan 和 S. Sayek（2004）利用 1975~1995 年的跨国数据重点讨论了区域金融市场在 FDI 与经济增长关系中的作用。论文将区域金融市场划分为两种类型：信用市场和证券市场，其中信用市场使用了 20 个 OECD 国家和 51 个非 OECD 国家数据，而证券市场则使用了 20 个 OECD 国家和 29 个非 OECD 国家数据。实证分析得出，区域金融市场作为 FDI 促进经济增长的重要渠道，其发展水平和状态决定着 FDI 对区域经济发挥正向影响的程度。

三、区域金融组织与区域金融发展

T. Adrian 和 H. S. Shin（2008）利用美国 1980~2008 年数据研究了金融中介在货币政策传导和维持区域金融稳定方面的作用。其核心观点认为，金融中介资产负债管理可以衡量金融市场的流动性；包含多项关乎货币政策制定的重要信息，如证券交易商资产等；对区域实体经济、金融系统稳定性和货币政策传导机制都具有重要意义。B. G. Mundaca（2009）构建了三期世代交叠模型用于研究拉丁美洲和加勒比地区金融中介对区域经济金融发展的作用。论文将所涉及的 25 个国家分为四组，除第一组包含全部国家外，其他三组均按照收入水平划分，样本时间跨度为 1970~2002 年。实证结果指出：第一，金融中介机构的良好发展便于吸收大量社会存款，同时为投资需求提供更广的贷款途径，是区域储蓄向投资转化的重要渠道。第二，金融中介机构发展水平与社会储蓄在经济增长模型中互为加强，社会储蓄随金融中介机构的不断完善进一步增长，而金融中介机构对经济增长的作用也随社会储蓄的上升变得更加显著，两者可以加速区域经济发展，消除企业和个人的金融约束。J. Maudos 和 J. Fernandez de Guevara（2010）通过西班牙省级银行部门数据和企业层面信息，分析了西班牙银行部门竞争和金融发展对企业发展和区域经济的影响。模型结果表明：一是银行部门竞争确实有利于经济发展，但并不存在一个显著的省级平均水平。二是促使企业发展的关键因素不是各省的银行竞争水平，而是银行掌控的市场力量。更确切地说，银行垄断势力对企业发展呈现倒 U 形，即只有适中的市场垄断才能最大化发挥促进增长的正向效果。三是银行部门竞争有助于依赖外部融资的企业发展，尤其是中小企业。

四、区域金融生态环境与区域金融发展

R. Levine，N. Loayza 和 T. Beck（2000）论述了不同国家的法律和会计制度（包括债权人权利、合约执行力度以及会计准则等）与金融发展水平差异之间的关系。分析结果明确指出，一个国家的法律体系如果可以保证有担保债权人对企业全部价值的优先权利、严格要求合同执行且会计准则有利于公司财务报表，那么其对区域金融发展会产生积极影响。M. D. Chinn 和 H. Ito（2002）在研究区域金融发展时着重强调了金融系统法律或制度环境的重要性。论文指出具有高度法律或制度发展水平的金融自由化可以为区域金融发展带来更多的好处，尤其是股东权益的保护程度和会计准则对创造良好的金融生态环境具有正向作用。S. B. Naceur 和 S. Ghazouani（2007）通过 GMM 估计量构建了动态面板模型，对 11 个中东和非洲地区国家的非平衡面板数据进行了实证分析。结果显示：在中东和非洲地区金融市场发展与经济增长之间不存在显著关系，甚至在控制了股票市场发展后银行发展与经济增长之间呈负相关。以上事实说

明该地区金融体系发展程度较低限制了金融市场和金融机构对经济增长发挥的正向作用,因此应该加强制度环境建设,改善银行部门的运行机制。I. Hasanz、P. Wachtel 和 M. M. Zhou(2006)在中国 31 个省 1986~2002 年的数据基础上,利用面板模型研究了制度环境变化与区域经济金融发展的关系。报告指出,市场经济的兴起和法制化、产权制度的确立、私人部门增长、金融制度和市场的发展以及政治制度的自由化是中国处于转型期的最重要制度变化,其促进了中国各省的金融深化程度和经济增长速度。

第四节 国内区域金融协同发展的文献综述

国内有关区域金融协同发展的文献大多从三个角度进行研究:一是考察区域金融发展的差异性。二是定性或定量分析影响区域金融协同发展的因素。三是对区域金融协同发展与经济增长或产业升级之间的关系进行理论和实证分析。

一、区域金融发展的差异性

周立、胡鞍钢(2002)使用 1978~1999 年数据计算了我国各区域的金融发展指标和金融结构指标,并对其进行了地区对比。研究发现我国区域金融发展差距具有三个主要特征:一是呈现先缩小后扩大的趋势。二是金融发展的不平衡性显著大于经济和财政差距。三是西部地区存贷比下降速度远小于东部地区,仍需要中央政府的财政援助。

金雪军、田霖(2004)利用 1978~2003 年的存贷款数据,对我国东部、中部、西部三大区域金融成长差异进行了实证分析。结果显示,我国区域金融成长差异并非呈现倒 U 形,而是波浪状的三次曲线态势,即金融差距先扩大，再缩小，再扩大。就未来趋势而言，波动态势能否持续还需要时间和实践的进一步检验，但区域金融成长差异仍将长期存在，只是其程度会不断变化。基于以上事实，论文指出要保持适度的区域金融成长差异，进而提高金融资源配置效率，同时倡导区域金融协调发展，重视区域内部和区域间的金融合作。

赵伟、马瑞永（2006）通过计算 1978～2002 年我国三大区域及全国的金融相关率变异系数值，对我国区域金融增长差异进行了研究。其结论认为，我国区域金融发展整体上不存在收敛趋势；分阶段来看，1989 年以前区域间金融发展存在 β 绝对收敛，此后呈现发散趋势，且差距逐渐扩大；就区域内部而言，中部和西部地区在整个样本区间内均存在俱乐部收敛，东部收敛态势不明显。

田菁（2011）在 2008 年数据基础上，构建了多个有关金融结构的衡量指标，从部门和整体两个层面分析中国四大区域（东部、西部、中部和东北地区）金融发展差异的现状和特点。通过结果可以判断中国区域金融差异的两大主要特点：1. 区域金融发展具有显著差异，现有区域政策虽使其有所改善，但金融总量上的不均衡仍较明显；2. 资本市场发展不完善，以银行为基础的间接融资体系未有较大改观。

鲍建慧（2014）构建了符合我国金融发展特点的金融相关比率衡量指标，利用 1978～2012 年各省市相关数据，运用 Kernel 密度估计、Makov 链分析和 Dagum 基尼系数法，对我国三大区域金融发展情况进行实证分析。其主要结论有以下三点：第一，Kernel 密度估计和 Markov 链分析表明我国各区域金融发展水平整体上显著提高，但提升速度各不相同，导致区域间和区域内部的金融发展差异不断扩大。第二，Dagum 基尼系数测算得出，区域金融发展的总体差距呈现扩大趋势，而区域间差距是导致这一现象的主要因素。第三，东部地区各省份金融发展差距扩大速度要高于中部、西部地区，且表现出多极化发展状态，而中部、西部地区未出现明显多极化现象。

二、影响区域金融协同发展的因素

赵伟、马瑞永（2006）提出影响区域金融发展收敛的原因主要有四个方面：一是中国区域经济发展的收敛性。通过对1978~2002年数据的简单回归，得出区域经济发展差距的扩大会显著增加金融发展差距，且后者要高于前者。二是市场化改革和政府行政干预。市场经济条件下，金融资源作为重要生产要素在利益驱动下必然会流向回报率高的地区，东部地区较中部、西部地区具有更优越的市场条件和利用金融资源的比较优势，因此，大量金融资源转移到东部，造成区域间金融发展差异逐渐扩大。同时，在改革进程中地方政府为满足本地经济发展需要，人为制造金融资源流动的行政壁垒，导致金融资源和金融组织在一定程度上的条块分割，进一步加剧了差距形成。三是累积因果性循环使东部地区在吸引金融资源方面具有了更多优势，进入良性循环，但也导致中部、西部地区金融流出加剧，陷入低水平发展的恶性循环。四是区域自身发展条件也对金融发展收敛产生影响。

崔光庆、王景武（2006）比较了我国三大区域储蓄存款、金融机构贷款和股票融资规模的分布差异，随后构建了包含政府干预在内的金融市场均衡模型，并对政府行为进行了经验分析。论文最终认为，就理论而言，决定区域金融发展差异的根本因素是地区经济发展水平，但基于我国处于转轨期的特殊性，外部制度安排对区域金融发展的影响更为关键，即中央政府经济发展偏好及其相关制度安排以及地方政府的政策选择和经济掌控能力成为决定金融发展差异的主要因素。周立、胡鞍钢（2002）也指出中国区域金融发展具有政府过度介入的典型特征，这不仅加剧了金融发展差距，还牺牲了金融业的自身发展，将更多金融资源用于弥补政府财政功能缺失，导致效率损失。

李敬等（2007）对Yang（1999）建立的劳动分工理论模型进行修

正，分别引入用于反映生产者——消费者个性特征及外部约束条件的受教育程度和创新激励变量，同时利用我国 28 个省 1992~2004 年的省级面板数据对区域金融发展差距进行实证分析。基于夏普利值的区域差异分解结果指出，导致各省金融发展不均衡的最主要原因是经济地理条件和国家政策倾斜，其可以解释大约 40% 的差距形成，尤其是当前我国正处于经济转型和金融改革活跃期，试点效应和先行优势对区域经济金融发展影响效果更加明显；人均受教育年限是解释差异形成的第二大因素，其贡献率约为 36%，随着人均受教育年限的增加，区域内经济金融发展的专业化程度提高；此外，商品市场交易效率和金融交易效率也是区域金融发展差异形成的主要因素。

郑志刚、邓贺斐（2010）利用我国 30 个省份 1998~2006 年的面板数据，对我国三大区域金融发展与法律环境差异进行了实证分析。结果发现：1. 就比较统计而言，法律环境指数越高的地区其金融发展水平越高，一般都具有规模较大的股票市场和银行信贷水平以及较多数量的上市公司；2. 多元回归分析得出，法律环境差异对各省金融发展水平有显著影响，可以推动区域股票市场、证券市场发展，加大银行信贷规模对实体经济的支持力度。

崔巍（2013）在 Guiso（2004）经典模型基础上，利用省级数据分析了包括社会资本和社会信任变量在内的我国区域金融发展的影响因素。实证结果显示：社会资本和社会信任与衡量区域金融发展的四项主要指标之间都存在正相关关系，且两者之间互相影响相互促进。因此，政府在提高地区金融发展水平时，除了关注物质资本和人力资本的投入，还应该积极引导社会资本建设，加强社会信用体系建设，提高诚信水平。

三、区域金融协同发展与经济增长的关系

一般认为，区域金融作为区域经济的核心内容之一，其发展将有利于

区域经济增长。但具体到我国各区域，由于经济、社会、制度和环境差异较大，学者从不同角度采取不同分析方法对这一问题展开的讨论所得结论往往并不一致。大部分研究成果支持区域金融发展对区域经济增长的积极作用，但也有部分研究认为区域金融发展对经济增长的作用尚不清楚，尤其是中西部地区金融发展水平甚至与经济发展存在负相关关系。

王景武（2005）使用误差修正模型和格兰杰因果检验法对我国区域金融发展与经济增长之间的关系进行了实证分析。结果表明两者之间确实存在密切关系：第一，东部地区金融发展及其滞后变量对经济增长都有显著的促进意义，而西部地区金融发展对经济增长产生阻碍作用，但其滞后变量对经济增长仍具有积极作用。第二，东部地区金融发展及其滞后多期变量与经济增长之间具有双向因果关系，而西部地区因果关系不显著。由此可见，中国区域金融发展与经济增长关系存在显著差异。

胥嘉国（2006）利用我国东部、中部、西部三大区域1978~1999年面板数据，分别构建了衡量金融发展总量和金融发展效率的金融相关比率和金融市场化程度指标，进而考察区域金融发展对经济增长的作用。其结论认为，区域金融发展无论是总量增长还是效率提升都有助于区域经济发展。同时，工具变量法IV估计还指出金融发展在效率上的提高比单纯总量上的扩张更能促进经济增长。

冉光和等（2006）基于1978~2002年东部和西部的省级数据，运用面板协整检验和面板数据误差纠正模型对东部和西部金融发展与经济增长的长期及短期因果关系进行了实证检验。结果显示，东部地区金融发展与经济增长之间既具有长期稳定协整关系又具有双向短期因果关系；而西部地区金融发展与经济增长之间只具有金融发展促进经济增长的单向长期因果关系，不存在短期因果关系。由此可以说明，区域金融发展在一定程度上积极促进了经济增长，但也具有鲜明的区域性，在不同区域条件约束下，两者之间并无稳定一致的关系。

张璟、沈坤荣（2008）使用1991~2005年29个省、自治区、直辖市的面板数据，利用面板 EG 两步法对财政分权制度下的地方政府干预和区域金融发展对经济增长的影响进行了实证分析。研究发现，在财政分权制度下，地方政府所面临的财政压力会使其产生干预地方金融资源配置的动机和行为，进而固化现有的依赖资本投入促进经济增长的"粗放"发展模式；同时，区域金融发展和财政压力的差异将引致落后地区以更为"粗放"的模式实现增长，加剧了区域金融风险，不利于经济长期稳定。因此，理顺我国财政体制对促进区域金融发展、转变经济增长方式和提高经济增长效率具有重要意义。

四、京津冀区域金融协同发展相关研究

当前，国内对京津冀区域金融协同发展的研究重点大多集中在现状、制约因素、有利条件或三地市场定位方面，进而提出金融协同发展战略，主要成果有：

谢太峰（2008）在分析北京市金融资源配置模式特点和存在问题的基础上，对金融业现有的"划片配置、分业发展"模式及其利弊进行探讨，认为"单中心"模式能够最大限度地整合金融资源、避免内部过度竞争，因此可以作为北京市金融业发展的理想模式。郭红玉等（2013）选取了包括北京在内的五个金融业较为发达的城市进行研究，重点比较了其在促进金融业发展政策上的差异。结论认为，金融业政策趋同性加剧了各城市对金融资源的竞争，导致北京市金融体系存在效率降低、金融结构不合理、周期性风险隐患等问题，因此应弱化行政干预，发挥市场机制，大力发展资本市场和金融中介组织，推进北京市金融服务水平和国际地位。

李文增（2014）在充分认识北京的非首都核心功能和首都核心功能的前提下，提出天津应该抓住此轮机遇，一方面重点承接北京非首都功能中金融业等现代服务业。另一方面积极主动接受北京首都功能的辐射

作用，带动经济进一步发展。孟祥林（2010）以河北省为立足点，重点分析了河北与京津两地在金融发展上不均衡的主要原因及存在的问题，提出京津冀应在结算服务、跨区域业务合作、扩展营业网络以及一站式金融体系建设方面进行金融创新，从而形成京津冀金融不分主次、经济不分宾客、先河北再京津再河北的发展思路。以金融为突破口，在京津冀区域内设立京津冀银行，在河北省内设立河北银行，使之共同为区域经济协同发展提供金融支持。

贺晓波（2009）借鉴博弈论纳什均衡模型分析了京津金融合作与竞争并存的现象，提出两者之间竞争大于合作，北京作为京津区域金融中心的辐射作用发挥不足，而虹吸效应却较为明显，只有通过利益协调机制才能改善现有格局，促进两地金融合作。可以利用北京"资金洼地"和天津"先试先行"的政策倾斜，相互补充，最终坐实两地金融一体化发展。修伟聪（2009）在强调北京、天津地方金融利益保护的同时，也强调了京津金融协调发展对整个区域经济的意义，从两个角度探讨了京津开展金融合作的必要性。此外，论文引入SWOT矩阵分析法，对京津两地金融合作的优势、劣势、机会和威胁进行了全面分析，其结论认为未来5~10年是环渤海和京津地区金融协同发展的关键时期，应该充分发挥两地双核功能，成为京津冀和环渤海经济圈的发展动力。刘妍（2014）利用1979~2012年数据对京津区域金融一体化程度进行了F-H模型实证分析。其结论表明，京津两地无论是无条件的储蓄——投资系数，还是有条件的储蓄——投资系数都较低，即金融融合程度较高，具备协同发展的先决条件，需进一步出台相关政策引导两地金融合作。

鉴于当前京津冀区域金融竞争大于合作，行政壁垒阻碍了金融资源自由流动，区域经济增长与金融发展不协调等问题，京津冀区域金融协同发展需进一步深化。安虎森（2008）指出虽然北京、天津和河北都已经认识到金融合作的意义，但不会自发的产生合作机制，因此可以采用"大小共生，平行站位，由独立第三方协调"的平行发展模式。围绕政府区域金融管理、城市金融功能定位、金融组织再造、金融基础设施一体化以及金融软环境建设五个方面，提出构建京津冀大金融发展格局的政策建议。李文增（2014）论述了近年来京津冀区域经济金融协同发展中存在的主要问题，指出建立健全经济金融协同发展的协调机制才是解决所有问题的关键，包括法律法规协调机制、中央政府推动协调机制、区域政策协调机制、对话协商机制、协作交流机制、区域金融发展规划和共同发展基金协调机制、信息沟通反馈机制以及顶层设计和实践相结合机制八个方面。

第三章 区域金融协同发展的国内外经验借鉴

第一节 欧盟经济金融一体化对京津冀金融协同发展的经验借鉴

欧洲经济一体化已经走过了半个多世纪的历程,从最初的关税同盟到20世纪90年代的统一市场,再到21世纪初的经济货币联盟,欧盟从多国经济俱乐部演变成为统一的经济实体,极大地改变了地区经济面貌和运行方式。在演进过程中,欧盟通过协调金融政策,形成了高效统一的金融市场,缩小了国家之间的差距,促进了区域内部的经济社会融合,提高了综合竞争力。与欧盟类似,京津冀地区虽地域相邻,但经济社会发展差距巨大,因此,借鉴欧盟的发展经验,对推进京津冀区域协同发展具有十分重要的积极意义。

一、欧盟区域金融政策的发展演进

欧洲经济一体化中,区域经济发展不平衡始终存在。从英国伦敦,经法国北部、比利时、荷兰到德国汉堡有一个著名的"蓝色香蕉"地带,该区域仅占欧盟面积的1/7、人口的1/3,却是经济发展最快、经济发展水平最高的地区，占整个欧盟GDP的60%。相比之下，这一地带的邻近区域，如爱尔兰、西班牙、葡萄牙、希腊等国却相对贫困，多数地区农业人口比重较大，竞争力较弱。从统计数据来看，如果假定1996年欧盟15国人均GDP为100，则希腊、西班牙、葡萄牙分别为65、77、70，而卢森堡则高达166。从经济增长速度来看，假定1990年15国人均GDP增长速度为100，希腊、西班牙、葡萄牙分别为65.5、60.6、77，而德国、比利时、卢森堡、荷兰则高达118.3、107.1、166.7、108。从基础设施建设来看，20世纪90年代初，希腊、葡萄牙每平方公里的高速公路不足欧共体均值的1/10和1/5。地区间经济发展差距不仅影响到内部统一市场的形成，还蕴含着巨大的政治和民族风险，影响区域整体稳定。多年来，无论是欧共体还是欧盟，都始终致力于平衡区域经济发展，缩小区域经济差距。在这一过程中，先后颁布了诸多政策，其中最具影响力、持续时间最长的为区域金融政策。

（一）萌芽阶段（1957年至20世纪70年代末）

早在20世纪50年代西欧经济高速发展时期，当时的欧共同体就意识到促进区域同步发展的重要性。1957年3月签署的《罗马条约》明确了"共同体的目标应该是：通过共同市场的建立和各成员国经济政策的逐步接近，以促进整个共同体内经济活动的和谐、持续、平衡发展"。同时提出要设立欧洲投资银行（EIB），向落后地区提供融资便利促进成员国均衡发展。虽然现在看来，当初的这些条款相对分散、不成体系，但是对后来形成统一的区域金融政策却具有重要意义。在此之后，欧共体又先后设立了欧洲社会基金（ESF），用于为各地区失业人群和弱势群体提供就业培训、录用资助；欧洲农业指导与保障基金（EAGGF），指导落后地区农业发展，缓解由于产业结构变动造成的区域经济不平衡；欧洲区域发展基金（ERDF）与欧洲投资银行（EIB）合作，向落后地区提供贷款，支持其基础设施建设。从实施效果看，这些政策确实对落后地区的经济发展起到了一定的帮助，但是由于资金规模较小，其作用也相对有限。

（二）发展阶段（20世纪80年代至90年代初期）

20世纪80年代初，希腊、西班牙、葡萄牙加入欧共体，导致欧共体内部区域经济发展失衡问题进一步加剧。同时，由于共同体内金融市场的相互分割，资本流动受到严格管制，导致区域内金融资源配置效率低下。因此，欧共体各成员国迫切需要对原有政策体系进行改革，以加强区域金融经济的"聚合力"。在此背景下，欧共体开始对区域金融政策进行重大调整。

一方面，颁布了一系列重要法令，用于打破区域限制。1986年，欧共体通过了《单一欧洲法令》，其中明确提出要实现资本和服务（包括金融服务）的自由流通。具体来讲，在共同体范围内取消外汇管制，实现货币自由兑换；取消开户限制，居民和企业可以在共同体内任何一个地方的金融机构自由开户；逐步协调金融经济政策，为金融机构提供公平的竞争环境，促进银行、保险和证券等金融服务主体跨地区经营。1992年欧共体通过的《第二银行指令》明确指出"任一成员国的银行机构在本国获得营业执照均可在其他成员国设立机构，从事母国批准的金融业务"。指令中还规定了统一的资本充足率和风险标准，对银行在非金融领域的经营活动进行了限制。此外，欧共体还相继颁布了《信贷机构清偿力指令》《资本充足率指令》《资本流动指令》《投资服务指令》等一系列指令形式的政策措施。

另一方面，对结构基金进行改革，加大基金对地区发展的影响作用。首先，实施结构基金整合。将区域发展基金、欧洲社会基金以及农业指导与保障基金集中起来合并为结构基金加以监督管理。其次，改变基金的分配方式。将区域发展基金由定额管理改为浮动配额管理，既保证了成员国可以获得最低配额的资金分配，也给予了共同体在使用资金时更大的主动性，有利于区域整体目标的实现。最后，明确了基金使用目标：促进落后地区经济发展，促进工业衰退地区经济转型和结构调整，解决长期失业以及25岁以下求职者的就业问题，加强劳动者技能培训以适应新的生产力发展，促进农村地区发展。

这一时期的改革取得了较好的效果：一是影响欧共体金融市场一体化的障碍逐渐消失，跨境金融交易规模逐步上升，基本解决了资本自由流动及金融服务一体化的问题。二是成员国之间的经济差距缩小，欧盟落后地区的人均GDP与欧盟平均水平之间的差距缩小了3%。结构基金为葡萄牙、希腊、爱尔兰创造了60万个工作岗位，为91.7万居民提供了培训机会，为工业衰退严重地区的47万家中小企业提供了资金支持。

（三）成熟阶段（20世纪90年代初至1999年）

1990年7月，欧盟启动了对区域经济一体化发展具有里程碑意义的经济货币联盟计划。该计划分为三个阶段：第一阶段（1990年7月至1994年1月）的主要目标是在更大程度上实现欧共体国家经济趋同，保证资本与金融服务的自由流通。其措施主要包括强化中央银行行长委员会的作用，将共同体内所有国家的货币纳入统一的汇率机制，加快统一市场建设。1992年，欧共体12国联合签署《马斯特里条约》，确立了建立欧洲经济货币联盟和政治联盟的目标和步骤。第二阶段（1994年1月至1999年1月）的主要任务是建立经济政策协调监督机制，制定法律法规，为实现货币统一做好准备。为保证这一目标的实现，1994年欧盟成立欧洲货币局，负责加强成员国之间的货币合作，监督管理欧洲货币体系的运转。1998年7月，欧洲中央银行接替欧洲货币局正式成立，主要负责制定欧元区统一的货币金融政策，各成员国央行不再担当制定本国货币政策的职能，仅作为欧央行政策的执行机构，从而欧洲中央银行体系得以确立。欧央行是世界上第一个管理超国家货币的中央银行，在欧洲金融一体化进程中具有里程碑意义。第三阶段（1999年1月至今）

欧元正式启动，欧盟货币市场得到统一，以欧元为计价单位的金融市场也实现了较快发展。欧元的启动在欧盟发展历史上具有划时代的意义，一方面成为完善统一市场、促进经济增长的重要工具，另一方面还带来了货币制度、经济制度、社会制度、政治制度的重大变革，为欧洲经济社会的融合奠定了基础，对世界经济政治格局也产生了深远影响。

（四）深化阶段（1999年至今）

2000年3月，欧洲议会通过了《金融服务行动计划》，目的在于彻底消除跨国金融服务的限制壁垒，加快欧洲金融市场一体化建设步伐。2006年2月，欧盟委员会正式推出了《金融工具市场规则》法案，该法案被认为是促进欧盟金融服务业市场走向全面自由化的基础性规则。

在加强金融监管合作方面，《金融服务行动计划》提出要建立灵活审慎的监管规则，并得到了各国的普遍认可。在此基础上又产生了《透明度指令》《市场违规指令》《金融工具市场指令》等重要文件，对各种国际性、综合性的金融业务起到了良好的监管和协调作用。

2006年，欧盟对区域政策又进行了简化和分权的重大改革。简化改革将政策目标精简为三个，分别为增加区域竞争力和提高就业水平目标、聚合目标以及欧洲领土合作目标；政策工具精简为三个，只保留欧洲区域发展基金、欧洲社会基金以及聚合基金。简化政策目标和政策工具的做法有利于欧盟集中有限的援助基金支持落后地区经济发展，进而提升区域内经济增长潜力和整体实力。而分权改革是将权利下放，成员国从而获得了更多的自主权，欧盟由区域政策的管理者变成了协调者，提高了政策的执行效率。

二、欧盟区域金融政策的效果分析

欧盟区域金融政策的制定与实施，使各国的金融市场条件趋同，金融同业的竞争更加公平，金融资本在区域内的流动更加自由，最终形成了高效、竞争、稳定的单一金融市场，推动了欧盟金融一体化进程。同时，各类基金工具的有效运用，缩小了地区间差距，提升了区域"聚合力"。

（一）推动了欧盟金融一体化

1. 货币市场。1999年1月欧元启动后不久，欧元货币市场就达到高度一体化，其中无担保货币市场表现尤为明显。欧央行的相关研究表明，欧元隔夜平均利率指数（Euro overnight index average）的横截面标准差在欧元引入后急剧下降到接近于零，并在很长一段时间保持稳定。而回购市场的一体化发展速度相对较慢，从2002年到2004年各期的交易量可以看出，回购市场的资金交易量仅占无担保拆借市场交易量的1/10。这里一个很重要的原因就是证券结算基础设施的分割阻碍了抵押品的跨国流动。

1999年，欧央行开发的大额支付系统TARGETS启动，将欧盟成员国分散的支付结算系统连接到一个单一的系统中，以统一的交易手续费实时处理所有银行间的欧盟境内跨境支付，消除了无担保货币市场的市场分割，推动了货币市场一体化。

2. 债券市场。由于欧元的推行，汇率风险消失，政府债券市场融合速度随之加快，这主要体现在中长期债券市场上。欧央行数据显示，1999年各成员国10年期政府债券的利率标准差降到几乎为零，表明欧盟政府债券市场已经达到了很高的一体化水平。在公司债领域，跨境业务比重持续上升，欧盟委员会数据显示，1997～2004年，欧元区内的跨境债券投资占总国际投资的比重从11%上升到50%。

3. 股票市场。1998年后，欧洲股票市场一体化的步伐显著加快，主要表现在国家间股票市场的结盟与合并。1998年11月，伦敦、巴黎、法兰克福等8个主要股票交易中心总裁就组建单一的泛欧证券交易市场达成共识。2004年4月，巴黎、布鲁塞尔和阿姆斯特丹的股票交易所合并成新泛欧证券交易所（Euronext）。同年，伦敦、法兰克福组成了国际股票交易所。这些新组建的交易所为欧元证券交易搭建了新的平台，降低了交易成本。此外，欧元引入后，投资者在欧元区内会分散化股票组合，将更多的股票资金从本国股票市场转向欧元区其他国家。据欧央行统计，2005年欧元区居民持有的区域内其他国家股票数量较1997年翻了一番。但是由于股票的跨国交易费用较高、交易结算系统不统一，导致股票市场一体化水平仍然较低，未来仍有很大的提升空间。

4. 金融机构。欧盟共同金融政策改变了金融机构的经营环境，进一步加剧了金融机构的竞争，特别是银行业的并购重组更为普遍。欧央行统计数据显示，1985~2005年的二十年间，欧元区银行业共发生2000多宗并购，涉及资金4700多亿欧元。并购重组导致银行数量大幅减少，仅1997~2003年的6年中，欧元区银行机构数量由8637家下降到6503家，下降幅度达23.67%。金融业竞争加剧促进了效率提升，主要体现为产品及服务的价格下降。如2000~2003年，欧元区零售存款利差由1.8%下降到0.5%，信用卡及借记卡跨境消费手续费下降了1%，银行承销企业债券的手续费下降了近1/3。

（二）促进区域经济融合与发展

大量研究表明欧盟的区域金融政策对缩小区域差距、促进区域融合发挥了重要作用。布拉德利等（2007）运用HERMIN模型从需求与供给两个角度研究政策产生的效果。模型预测结果显示，欧盟区域金融政策具有显著的正效应，与没有政策干预相比，大多数欧盟成员国的GDP可以提升5%~10%，就业可增加170万人。因此，要充分发挥金融政策对物质资本、人力资本以及研发资本的作用，提升劳动生产率和经济增长潜力。Ecomod机构（2007）对欧盟区域金融政策的长期效果进行了预测。结果显示，受到资助较多的新成员国，如斯洛伐克、立陶宛、拉脱维亚和保加利亚等，金融对经济的影响十分显著，与没有政策干预相比，这几个国家的 GDP 到 2020 年预计可以增加 15%。政策干预强化了经济供给，有利于经济可持续增长。欧洲委员会（2008）利用 QUEST 模型估计了欧盟区域金融政策对整个欧盟经济的净影响。结果表明，在短期或是在政策实施周期内，欧盟区域金融政策对成员国经济的影响较小，但是随着时间的推移影响逐渐增大，欧盟区域金融政策能够增加整个欧盟的经济增长，并且促进经济趋同。

尽管各研究的角度不尽相同，但其结论较为一致，即欧盟区域金融政策对于落后地区经济有显著的拉动作用，长期来看还会增加欧盟整体的潜在生产力。

三、欧盟经济金融一体化对京津冀协同发展的启示

欧盟的区域金融政策在促进区域金融市场融合、缩小地区经济差距方面发挥了重要作用，它是目前世界上最典型的区域金融经济一体化实践，对我国京津冀地区金融协同发展具有极大的借鉴意义。当前，北京、天津集聚了大量的资金、人才、技术等优质资源，对周边地区产生了巨大的"虹吸效应"，致使京津过度"肥胖"，而河北过于"瘦弱"。2014年，河北省人均地区生产总值仅为北京的40%、天津的38%，人均财政收入也仅为京津的1/6和1/5，平均受教育年限比京津落后2~3年。此外，京津冀金融一体化程度还很低，三地在金融市场、金融基础设施建设等方面存在区域割裂，没有建立起区域统一的征信、结算体系，导致区域内金融资源配置效率总体偏低。通过对欧盟相关政策的研究，结合京津冀区域发展现状及特点，可以得出以下几点启示：

(一) 政府和市场协调联动

欧盟的发展实践表明,单纯依靠市场自发推动区域均衡并不可行,不仅会加剧经济波动,还会引发社会矛盾。因此,需要借助政府干预和政策引导,从而高效平稳地实现区域协同发展目标。

具体而言,在京津冀协同发展过程中,要协调好政府与市场的关系,既要充分发挥市场在资源配置中的基础性作用,实现资本、技术、产权、人才等要素的高效流动和优化配置,又要加强政府的有效干预,建立优势互补、互利共赢的区域一体化体系,统筹制定针对落后地区的优惠政策,充分利用财政、金融等政策手段,解决落后地区发展中的资金缺乏问题。

(二) 建立完备的制度框架

从欧盟一体化经验中可见,建立完备的制度框架对于引导金融及产业流动、规范区域协调发展,具有相当重要的推动作用。例如,在促进区域经济协调发展过程中,欧盟先后制定了《罗马条约》《欧洲联盟条约》《单一欧洲法令》《马斯特里条约》等法律法规,分别从政策目标、方案实施、监督评估等方面进行了详细规定,确保有章可循,有据可依。在此基础上,欧盟还成立了专门的区域协调组织,如区域发展委员会、区域政策监督指导委员会、欧洲中央银行等。

目前,《京津冀协同发展规划纲要》已经出台,在三地功能定位、重点领域、责任分工等一系列问题上作出了明确规定,为京津冀协同发展的全面推进指明了方向。下一步,要根据《京津冀协同发展规划纲要》主旨,制定京津冀区域金融工作发展规划,明确金融领域的支持重点及支持措施。此外,由于跨地区金融活动受管辖权及信息壁垒等问题的限制,很难进行监管。因此,在推进京津冀金融合作过程中,应仿照欧盟建立区域金融协调服务机构,成立由三地人民银行、银监会、证监会、保监会、金融办、金融机构以及政府有关部门共同组成的京津冀区域金融协同小组，协调推进金融监管与合作、金融基础设施建设、金融机构合作、金融信息共享、资金跨区流动、金融风险预警与防范等方面的工作。

（三）促进金融市场一体化

纵观欧盟金融一体化过程，金融市场融合是其关键环节之一。京津冀也应该加快建立区域性的多层次金融市场体系，提高京津冀区域金融业运行效率。一要进一步完善债券市场的组织运行框架，建立债券信用评级、担保制度以及信息披露制度，从扩大债券供给与创造需求两个方面推动债券市场发展，最终构建起高效统一、分层有序、协调发展的区域性债券市场。二要积极发展全国性的非上市公司股权交易和投资基金市场，建立不同规模、不同风险偏好的投融资平台，探索统一的抵（质）押制度，从而使京津冀地区更多信誉好的企业通过金融市场获得资金，提高直接融资比重，保持合理的社会融资规模。

（四）设立京津冀协同发展基金

京津冀可借鉴欧盟缩小区域经济差距的方式，设立京津冀协同发展基金，将扶持地区明确为贫困地区、产业落后地区以及生态环境脆弱地区。首先，为应对产业转移需要，建议单独设立产业结构调整基金，专门解决产业转移中的资金需求等问题。其次，要建立科学的评估指标体系，在参考人均 GDP、人均收入、财政收入、失业率等指标后，进行差异化扶持，确保资金用于最能推动区域经济均衡发展的项目和地区上。再次，在资金来源上，可以利用中央拨款与区域自筹相结合的方式，将区域自筹额度与财政收入、GDP 挂钩。最后，在资金使用上，严格遵循运行管理机制，加强对基金使用的审查和监管，避免滥用和浪费，确保基金发挥效用。

专栏 3-1

欧盟区域金融政策的主要工具

一、结构基金

欧盟结构基金由欧洲社会基金、欧洲区域发展基金、渔业指导基金以及欧洲农业指导与保障基金四部分构成，是欧盟区域政策中占财政支出比重最大的基金。在1994～1999年的规划期内，结构基金达1950亿欧元，占全部基金总额的82.98%，欧盟预算的30%。在2007～2013年第四期规划中，欧洲农业指导与保障基金和渔业指导基金被分离出去，但结构基金仍高达3080.4亿欧元，占全部基金总额的88.77%，总预算的36%。

从演进历程来看，欧盟结构基金的使用和分配历经了由分权到集权再到分权的过程，凸显了欧盟在政策运行中追求简化、公平和效率的理念。经过多年的摸索与磨合，欧盟结构基金的政策目标主要集中在三个方面：一是资助落后地区经济发展和产业结构调整，着力实现欧盟区域经济发展"趋同"目标。二是注重科技研发和教育培训，致力于提高就业水平和区域整体竞争力。三是欧洲领土合作目标，促进候选国与欧盟成员国在边境地区的合作。从2007～2013年资金分配情况来看，三个目标中第一个目标占比最高，资金分配为1993.22亿欧元，占全部基金的57.37%。

二、聚合基金

《马斯特里赫特条约》（以下简称《马约》）规定加入欧元区的成员国必须在经济和经济政策上高度趋同，并遵守严格的财政和预算纪律。为达到这一要求，经济落后的国家面临很大的财政压力。在此背景下欧盟设立了带有扶贫性质的聚合基金，旨在缩小落后成员国与发达成员国之间的差距，促进成员国之间经济和社会融合。

聚合基金的运作与结构基金有所不同，它是针对成员国设立的，低于欧盟人均GDP90%的成员国均可以申请援助，但资助领域仅限于环境、重要交通基础设施以及电网和能源网络项目。聚合基金的预算呈逐年增长态势，1993~1999年的第二规划期预算资金为155亿欧元，而到2007~2013年的第四规划期预算资金则高达630亿欧元，是第二期资金的4倍。从资金分配上来看，西班牙、希腊、葡萄牙、爱尔兰是主要的受惠国，而新加入欧盟的成员国如捷克、匈牙利和波兰等，也是聚合基金的援助对象。

三、欧洲投资银行贷款

欧洲投资银行（EIB）成立于1958年1月，总部设在卢森堡，是共同体各国政府间的一个金融机构。该行的宗旨是利用国际资本市场和共同体的内部资金，为共同体公共机构和私营部门的项目提供中长期信贷，支持落后地区经济发展和产业转型，促进共同体平衡与稳定发展。欧洲投资银行贷款属于政策性贷款，1993年以来，其发放的贷款总额已经超过世界银行，成为世界上最大的多边优惠信贷提供者。

从贷款投放区域来看，近几年，欧洲投资银行贷款的70%投向了符合结构基金和聚合基金申请条件的落后地区。从贷款投放领域来看，欧洲投资银行的贷款主要用于交通、通信、给排水、能源等基础设施建设，这与结构基金和聚合基金的支持目标相一致。

第二节　长三角区域金融合作模式及主要经验

一、长三角经济金融发展情况

（一）经济发展情况

长三角地区是我国东部沿海地区最重要的经济、金融与贸易区域，由上海、江苏、浙江"两省一市"构成,面积占全国的1.5%,人口占全国总人口的1/5,但创造的生产总值却接近全国的1/3。从总量上看,2014年,长三角地区生产总值达到128802.76亿元,较1978年增长了198倍。从增速来看,1978~2014年,长三角地区生产总值平均增速为16.1%,较全国高出6个百分点。其中,1993年增速最快,达到39.3%,这主要得益于1992年邓小平"南方谈话"以及同年国务院决定进一步开放南京等6个沿江港口城市的利好政策。从重要性来看,1978年以来长三角地区GDP占全国的比重始终保持在20%左右的较高水平(见图3-1)。

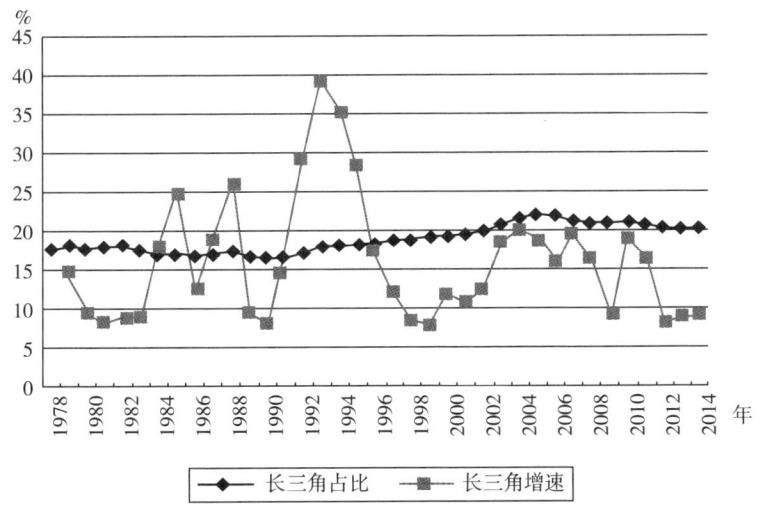

数据来源:Wind数据库。

图3-1 长三角地区生产总值增速及占全国比重

从产业结构上看,改革开放30年以来,长三角地区产业结构不断优化升级(见图3-2)。2014年,长三角地区三次产业结构为4.3:45.3:50.4,第一产业占比不到全国平均水平的一半,第二、第三产业占比分别高出全国平均水平2.66和2.11个百分点。

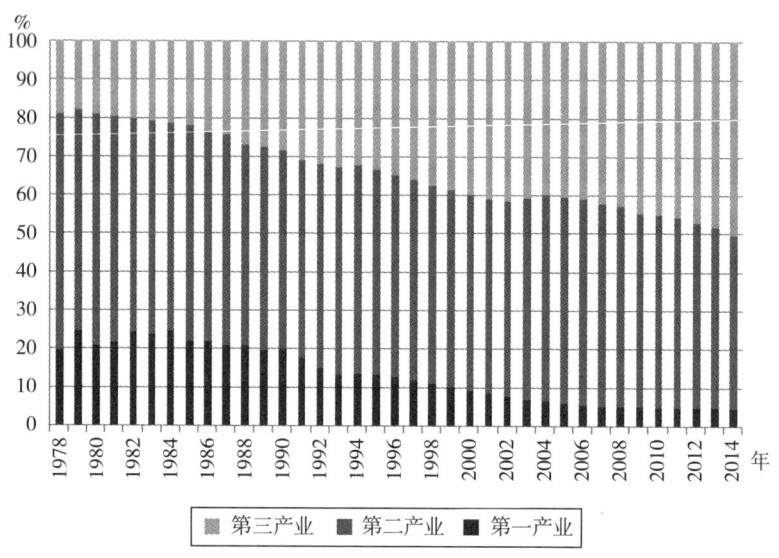

数据来源：Wind 数据库。

图 3-2　长三角地区产业结构变动情况

（二）金融发展情况

1. 银行业。从规模上看，截至 2013 年末，长三角地区共有银行类法人机构 394 家，营业网点 27733 家，从业人员 574359 人，资产总额 206489 亿元。存贷款保持平稳增长态势，存款余额 228592.4 亿元，占全国比重的 21.35%，贷款余额 171533.4 亿元，占全国比重的 22.38%（见表 3-1 和表 3-2）。从信贷投向上看，长三角地区对实体经济、重点领域和产业转型升级的金融支持力度最大，对小微企业的信贷投放持续增加。如江苏省积极推广"信贷工厂"、中国台湾辅融、德国 IPC 等先进的小微企业专业融资服务模式，浙江省推出商标专用权、专利权、收费权质押贷款和排污权抵押贷款业务，拓宽小微企业融资渠道。

表 3-1　　　　　　　　长三角地区存款余额统计表

地区	存款余额（亿元）			增长率（%）		
	2011年	2012年	2013年	2011年	2012年	2013年
上海	58186.5	63555.3	69256.3	11.5	9.2	9.0
江苏	65723.6	75481.5	85604.1	11.4	14.8	13.4
浙江	60893.0	66679.0	73732.0	11.8	9.5	10.6
合计	184803.1	205715.8	228592.4	—	11.32	11.12
长三角占比	22.35%	21.81%	21.35%			

数据来源：《2014年长三角地区经济报告》。

表 3-2　　　　　　　长三角地区各项贷款余额及增长率

地区	贷款余额（亿元）			增长率（%）		
	2011年	2012年	2013年	2011年	2012年	2013年
上海	37196.8	40982.5	44357.9	8.9	10.2	8.2
江苏	47868.3	54412.3	61836.5	13.6	13.7	13.6
浙江	53239.0	59509.0	65339.0	13.4	11.8	9.8
合计	138304.10	154903.80	171533.40	—	12.0	10.7
长三角占比	23.77%	23.02%	22.38%			

数据来源：《2014年长三角地区经济发展报告》。

2. 证券市场。2013年末，长三角地区共有法人证券公司30家，基金管理公司46家，期货公司49家；境内上市公司707家，其中在上海证券交易所上市的公司313家，以上海市大中企业为主，在深圳证券交易所上市的公司394家，以江苏、浙江的中小企业为主；A股全年筹资总额515.7亿元，H股筹资47.9亿元，债权筹资4522.4亿元（见表3-3和表3-4）。长三角地区证券化水平远高于国内其他地区。

表 3-4　　　　　　　　长三角区域证券业基本情况

	上海	江苏	浙江	合计
总部设在辖内的证券公司（家）	20	6	4	30
总部设在辖内的基金公司（家）	44	0	2	46
总部设在辖内的期货公司（家）	28	10	11	49
当年国内股票（A股）筹资（亿元）	167.3	158	190.4	515.7
当年发行H股筹资（亿元）	12.9	35	0	47.9
当年国内债权筹资（亿元）	508.6	2553	1460.8	4522.4

数据来源：《2011~2013年上海、江苏、浙江金融运行报告》。

表 3-4　　　　　　　　长三角各省市上市公司分布情况

单位：家

	上海	江苏	浙江	合计
境内上市公司总数	217	238	252	707
上海证交所上市公司数量	157	78	30	313
深圳证交所上市公司数量	60	160	174	394

数据来源：《2014年长三角地区经济发展报告》。

3. 保险市场。2013年末，长三角地区共有各类保险公司290家，其中，财险公司144家，寿险公司146家；当年保费收入3380.1亿元；赔款给付支出1280亿元（见表3-5）。长三角地区保险业改革与创新层出不穷：一是开展小额贷款保证保险，拓宽小微企业融资渠道，如中国人寿针对小微企业融资特点，开发出"小额贷款保险"，为借款人和银行提供双保险，一旦被保险人丧失还款能力，其遗留债务由保险公司代为偿还。二是大力推进科技保险，人保财险苏州科技保险公司探索出"保险+政府+高新技术园区+科技型企业+银行"的"1+4"经营模式，开发了15种新兴科技险险种，为科技型企业发展保驾护航。

表 3-5　　　　　　　　　长三角地区保险业基本情况

	上海	江苏	浙江	合计
总部设在辖内的保险公司（家）	49	4	3	56
保险公司分支机构（家）	81	90	119	290
其中：财产险公司分支机构	41	39	64	144
人身险公司分支机构	40	51	55	146
保费收入（亿元）	824.1	1446.1	1109.9	3380.1
各类赔款给付（亿元）	302.0	527.0	451	1280

数据来源：《2011~2013年上海、江苏、浙江金融运行报告》。

二、长三角金融合作的主要经验

（一）基础条件

1. 深厚的经济基础。长三角地区是我国东部沿海地区最重要的经济、贸易区域，在全国经济中占有较大比重。优越的经济条件为金融合作奠定了基础。

2. 区域分工协作程度高。据人民银行杭州中心支行统计，上海每年对外省的投资总额中，江浙两地超过60%，而外省对上海的投资总额中，江浙占到30%以上。在长三角区域金融经济合作中，上海利用自身的集聚和辐射作用提升了城市的综合实力，而江浙两省利用上海的窗口作用吸引资金、人才、技术、服务，提高本地经济社会发展层次和水平，这种互利互惠成为推动区域金融经济合作的强大动力。

3. 具有较为完备的金融市场。上海作为国际金融中心为长三角金融合作创造了极大便利。目前已经建立起银行间外汇市场、银行间债券市场、股票市场、期货市场、银行间同业拆借市场、黄金市场等多层次的金融市场体系，为长三角企业上市融资提供了高效率平台。

(二) 主要措施

1. 统一合作原则。2007年11月30日，上海、江苏、浙江两省一市人民政府与中国人民银行总行在上海共同签署了《推进长江三角洲地区金融协调发展 支持区域经济一体化框架协议》，标志着长三角地区金融一体化进程正式启动。该协议提出了推进区域金融一体化的总体原则，即市场主导、政府推动、总体规划、协调推进、重点突破、共同参与、优势互补、互利共赢。

2. 明确工作重心。长三角每年的金融协调发展工作都有一个较为清晰的任务目标。2008年，国务院出台《关于进一步推进长江三角洲地区改革开放和社会发展的指导意见》（国发〔2008〕30号），旨在建立健全长三角金融合作组织框架，明确不同阶段的发展目标。2009年，国务院出台《关于当前金融促进经济发展的若干意见》（国办发〔2008〕26号），确定当年协同工作的重点是在有效应对国际金融危机的情况下促进长三角经济率先复苏和回升。2010年，长三角地区将推动跨境人民币结算作为贯穿全年的工作重心。

3. 建立合作机制。2007年，长三角建立了推进金融协调发展工作的联席会议制度，负责组织和协调金融协调发展中的重大问题。2008～2011年，金融协调发展联席会议连续召开四届，有力地推进了区域金融协调发展。自2012年以来，虽然作为行政主管层面的金融协调机制联席会议暂停举办，但是市场层面的金融协调合作仍在继续推进，成为推动区域经济一体化的重要力量。

4. 搭建交流平台。自2008年起，两省一市共同举办"长江三角洲地区金融论坛"。论坛邀请政府部门、金融机构和学界专家就深化长三角金融合作、推动长三角金融市场发展等问题开展研讨和交流。同时，借助这一平台，两省一市政府和人民银行等部门联合发布合作项目进展情况，为金融机构和企业合作提供信息帮助。

5. 开展专题研究。两省一市政府和人民银行联合成立了六个专题组，按照"先易后难、先务实后务虚、分层次推进"的原则，深入推进长三角金融合作的各项具体工作。力图在加强金融基础设施建设、推动金融市场融合与创新、促进资金跨区域流动、鼓励金融机构发展合作、加强外汇管理合作、构建金融经济信息共享平台等领域有所突破。

（三）取得成效

在一系列政策措施的推动下，长三角地区金融合作取得了很大成效，主要体现在以下几个方面：

一是在金融基础设施建设方面，完成了华东三省一市银行汇票改革，开展支票授信业务试点，推广商业汇票转贴现标准合同文，推动支票影像交换业务在长三角区域运行。加快票据电子化建设和票据信息系统建设，积极推动短期融资融券等金融产品创新，促进金融市场健康快速发展。

二是在推动市场融合与创新方面，贷款转让市场建设取得突破。2010年9月25日，《贷款转让交易主协议》签署暨全国银行间市场贷款转让交易启动仪式在上海成功举行，标志着我国银行间市场贷款转让平台正式建立。启动仪式上，发布了首批500家重点商业银行承兑汇票推广企业名单和实施细则，拓宽了长三角中小企业融资渠道。

三是在外汇管理方面，推进本外币兑换特许业务试点和贸易进口跨省异地付汇管理改革，推动跨境人民币业务快速发展。此外，建立并推广贸易进口异地付汇集中备案制度，深化外汇信息和监管服务的跨区共享。

四是在金融生态环境改善方面，先后签署了《信用长三角合作备忘录》《共同应对金融风险合作备忘录》《推进长三角金融服务一体化合作备忘录》，实现了区域信用信息共享，并构建起长三角担保机构信用评级联合评审机制。

五是在金融监管合作方面，建立了长三角金融稳定评估协调机制，发布了《长三角一体化金融稳定评估报告》，在征信与反洗钱、外汇检查、货币信贷、金融统计等方面形成了一系列跨区协作机制。

六是在金融机构合作方面，中国建设银行在总行的统一协调组织下，在长三角开展了联手营销、统一授信额度、组建销售网络等合作。中国银行上海分行建成了中行华东信息中心，为跨区域金融服务提供技术支持。

第三节 珠三角区域金融合作模式及主要经验

一、珠三角经济金融发展状况

（一）经济发展现状

珠三角地区位于广东省中南部，珠江下游流域，包括广州、深圳、佛山、东莞、中山、珠海、惠州、江门、肇庆9个城市，与中国香港、澳门相邻，面积约为5.6万平方公里，海陆交通便利，被称为中国的"南大门"。珠三角地区是中国改革开放的先行区域，是中国重要的经济中心区域。目前，珠三角地区已经成为我国主要的加工制造和出口基地，在电子信息、家电制造等方面形成了优势产业。珠三角地区产业结构合理、市场活力较强，经济增长长期保持迅猛势头，高于全国平均水平。图3-3给出了珠三角地区历年GDP占全国的比例及GDP增速。

从产业分布的角度看，珠三角在改革开放之初并未形成产业结构优势，三次产业比重相当，增速平缓。自20世纪90年代起，珠三角地区第二、第三产业高速发展，结构逐渐优化。特别是第三产业近年来发展

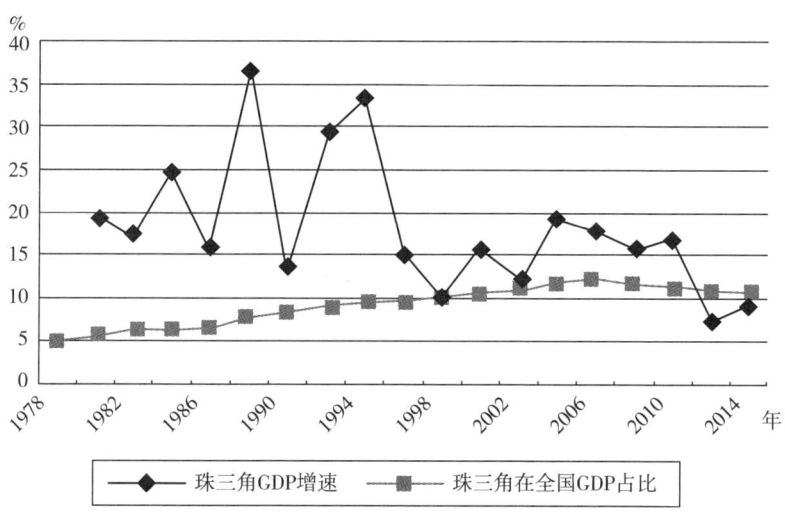

数据来源：Wind 数据库。

图 3-3　珠三角地区经济增长情况

迅猛，已经逐渐取代第二产业在经济总量中的地位。图 3-4 说明了改革开放以来珠三角地区三次产业结构变动趋势。

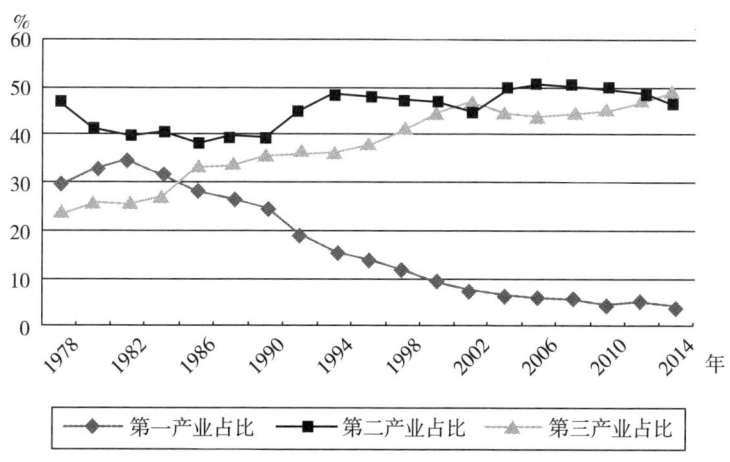

数据来源：Wind 数据库。

图 3-4　珠三角地区三次产业比例变动趋势

从进出口方面看，改革开放以来珠三角地区对外贸易一直呈现高速增长态势。除2009年受国际金融危机冲击进出口增长率为负以外，珠三角进出口增长率大多保持在20%以上的水平上，部分年份的增长率甚至高达60%。

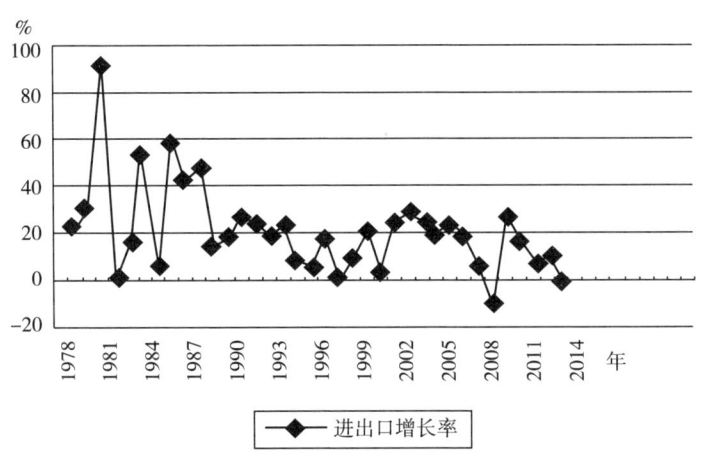

数据来源：Wind 数据库。

图 3-5　珠三角地区进出口总额增长率

（二）金融发展情况

1. 银行业。珠三角地区银行业发展态势稳健。2013年末，珠三角地区银行业金融机构经营网点数量16100个，从业人员311334人，资产总量158033亿元，较上年增长9.2%。2013年珠三角地区本外币存贷款余额分别为11.97万亿元和7.57万亿元，同比增长13.9%和12.8%，继续保持了良好的发展态势。图3-6展示了2006~2013年珠三角地区银行业整体发展情况。

珠三角地区银行业发展态势体现了金融改革创新的显著成效和粤港澳金融合作的全面深化。一方面，在金融改革创新上，珠三角地区推出了一系列切实有效的举措。例如，全面开展服务贸易外汇管理改革，有效促进贸易投资便利化；建立广东金融高新区股权交易中心、广东金融

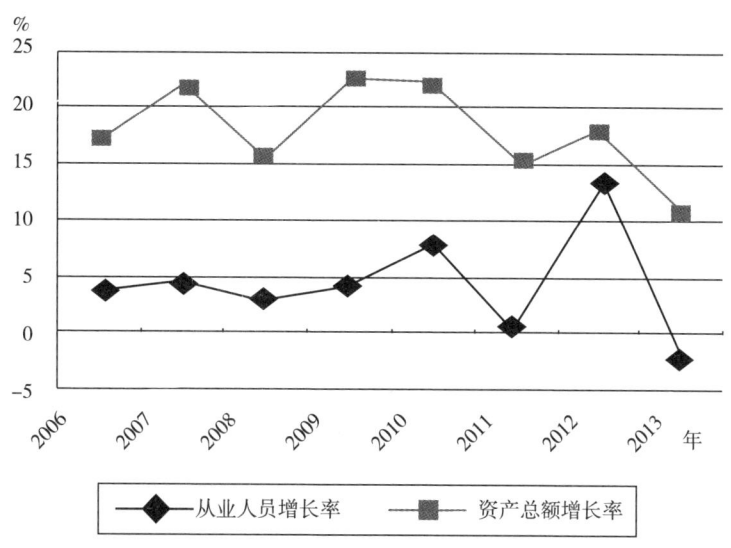

数据来源：Wind 数据库。

图 3-6　2006~2013 年珠三角地区银行业发展趋势

资产交易中心，完善区域金融市场体系；进一步促进农信社法人治理结构优化。另一方面，珠三角地区着力推进粤港澳金融合作深化，从合作机制、金融监管和硬件设施等方面为三地资金互通和市场一体化创造便利条件和良好环境。截至 2013 年末，从珠三角地区流向港澳的资金累计达 1.38 亿元，从港澳流回珠三角地区的资金累计达 1.33 亿元，珠三角已成为大陆和港澳之间的资金流转枢纽。

2. 证券业。珠三角地区证券业改革稳步推进。2013 年末，珠三角地区共有证券公司 22 家，总资产 6967.7 亿元，同比增长 23.7 亿元；基金公司 23 家，全年净利润同比增长 10.7%；期货公司 23 家。同时，珠三角地区证券市场成交量和筹资额也不断扩大。2013 年，珠三角地区地方法人证券公司股票基金交易额同比增长 50.8%，上市公司融资同比增长 108.9%，期货公司代理交易额同比增长 54.9%（见表 3-6）。

表 3-6　　　　　　　　2013 年珠三角地区证券业基本情况

项目	数量
总部设在辖内的证券公司数量（家）	22
总部设在辖内的基金公司数量（家）	23
总部设在辖内的期货公司数量（家）	23
当年国内股票（A 股）筹资（亿元）	1376
当年发行 H 股筹资（亿元）	31
当年国内债权筹资（亿元）	1907

数据来源：《2013 年广东省金融运行报告》。

3. 保险业。珠三角地区保险业发展良好，保险机构稳健经营，保险保障作用有效发挥。2013 年末，珠三角地区共有保险公司 18 家，资产规模 5608 亿元，同比增长 19.7 亿元；保险从业人员 31.1 万人；全年保险业实现保费收入、赔付支出以及赔款同比增长 12.5%、27.7% 和 51.4%；为社会问题提供了 5.6 万亿元的风险保障（见表 3-7）。

表 3-7　　　　　　　　2013 年珠三角地区保险业基本情况

项目	数量
总部设在辖内的保险公司数（家）	18
其中：财产险保险公司	10
人身保险公司	6
保险公司分支机构（家）	84
其中：财产险保险分支机构	39
人身险保险分支机构	45
保费收入（亿元）	1903
其中：财产险保费收入（亿元）	660
人身险保费收入（亿元）	1243
各种赔款给付（亿元）	619
保险密度（元/人）	1795
保险深度（%）	3.1

数据来源：《2013 年广东省金融运行报告》。

二、珠三角金融合作的主要经验

与其他区域相比，珠三角在区域上有两个显著特点：一是拥有深圳、珠海这样的沿海开放地区和改革试验区；二是与中国香港、澳门两个特区相邻。这就成为珠三角开展金融协作的立足点。

（一）建立金融合作协调机制

一是定期召开联席会议。2011 年以来，广州、佛山、肇庆先后召开两次金融服务同城化工作联席会议，协商解决三地金融服务过程中的重点、难点问题，研究部署推动广州、佛山、肇庆金融合作具体事项。深圳、东莞、惠州先后召开金融联席会议，共建深圳、东莞、惠州"评信通"中小企业融资平台、借款企业风险预警系统。珠海、中山、江门先后四次召开金融服务同城化工作联席会议，讨论并商议解决珠海、中山、江门金融服务同城化工作中存在的困难。二是设立重点合作项目工作小组。广州、佛山、肇庆成立了六个重点工作专责小组，负责内容涵盖了支付结算基础设施建设、区域集优债务融资模式试点及推广应用、区域国债市场业务合作、区域信用体系建设、金融机构跨区域经营、涉农和中小企业融资等。

（二）提升金融基础设施一体化水平

广州以加快金融基础设施建设作为推进珠三角金融一体化的突破口，加强统一规划，提升金融服务一体化水平。广东、佛山两地通存通兑同城化收费取得实质性进展，两地部分金融机构存取款手续费、汇兑费用已实现免费或部分减免。广东、佛山和肇庆积极推进凭证式国债服务一体化试点工作，于 2011 年 12 月完成首笔凭证式国债异地兑付交易，实现三地凭证式国债同行异地通兑目标。深圳、东莞、惠州积极推进征信市场一体化建设。2011年,惠州、东莞两家企业通过"评信通"平台获得渣打银行(中国)有限公司深圳分行发放的信用贷款。东莞积极引入深圳金融电子结算中心进驻松山湖金融服务外包产业园区,用于打造高效的区域支付结算平台。珠海、中山、江门依托"银结通"系统,积极推进跨地区通存通兑业务。2011年4月,中山市四家股份制商业银行成功上线运行"银结通"系统,与广州、佛山已加入"银结通"系统的银行机构共同构筑了区域同城化结算通道,为居民提供方便、快捷的跨地区跨行通存通兑服务。

(三)加快金融机构跨区域经营步伐

金融监管部门加强对辖区金融机构的开业管理和营业管理,引导珠三角金融机构优化经营组织布局,加快建立与珠三角经济一体化相适应的金融服务体系。近年来,珠三角地区金融机构跨区域经营取得较大进展:广州银行佛山分行、东莞银行佛山分行、平安银行中山分行陆续开业;广州农村商业银行先后在中山、江门设立中山东凤珠江村镇银行和鹤山珠江村镇银行,珠海华润银行在肇庆设立德庆华润村镇银行;光大银行广州分行、华夏银行广州分行在佛山开设二级分行,招商银行深圳分行、兴业银行深圳分行在惠州设立二级分行和支行,民生银行深圳分行在珠海开设二级分行。

(四)充分开展粤港澳金融合作

一是在跨境人民币业务方面,金融监管部门引导金融机构与港澳金融同业加强合作,创新人民币结算和融资服务,开展跨国企业集团跨境人民币资金集中运营业务试点,帮助企业利用境内外两个市场调配人民币资金、降低汇兑成本、规避汇率风险,推动在岸与离岸人民币市场互动发展。截至2014年10月末,广东跨境人民币结算业务金额累计5.8万亿元,约占全国的1/3,其中60%与港澳地区相关。二是在金融基础设施建设方面,推动建立连通港澳的跨境人民币清算平台,将清算服务时间从以往的每天8小时延长为每天20.5小时,使人民币清算"高速公路"覆盖全球主要国家和地区的交易时段,为提升中国香港离岸人民币市场的地位提供有力支持。开通粤港跨境缴费系统,让香港同胞可以使用香港银行账户支付在广东发生的物业费、水电费等日常开支。三是在金融市场合作方面,支持广东法人证券公司、基金公司的中国香港子公司开展人民币合格境外机构投资者(RQFII)试点,通过在中国香港募集人民币资金、投资境内资本市场,促进两地资本市场联通。支持广东法人基金管理公司与中国香港同业联合推出跨境交易型开放式指数基金(ETF),为内地和中国香港投资者开展跨境证券交易提供便利。支持广东企业利用中国香港证券市场进行资本运作,越秀集团在香港发起设立了第一只与中国内地房地产投资相关的信托基金。四是在金融机构跨境互设方面,金融监管部门要落实内地与中国香港关于建立更紧密经贸关系的安排(CEPA),支持港资银行扩大在广东的经营网络。截至2014年10月末,港资银行共在广东省内设立法人机构4家、分行22家、同城支行80家、异地支行62家。与此同时,广东金融业也以港澳地区为桥梁"走出去",如招商银行收购中国香港永隆银行、越秀集团收购中国香港创兴银行。

第四节　长三角、珠三角经济金融合作对京津冀协同发展的经验借鉴

一、明确发展定位

长三角和珠三角两大区域能够根据自身金融经济特点及区位禀赋,制定符合时代发展的相关对策,由自发到自觉地对区域内各地区进行明确定

位和分工。而京津冀地区长期以来发展定位模糊，合作共赢意识不强，难以形成"一荣俱荣、一损俱损"的利益共同体。例如，京津人才、信息、政策等经济发展资源丰富，但发展空间有限，"大城市"病日趋严重。而环京津的河北有广大的发展空间和自然资源，却不能与京津形成共振，仅仅作为原材料输出地，走上了重复建设和产能过剩的道路。经济合作的滞后也影响了区域金融合作，与长三角、珠三角相比，京津冀区域不但没有形成聚合效应，反而由于各项政策壁垒的存在造成了金融资源流动的不经济和高成本。为充分实现京津冀资源优势互补和协同效应，应当从合作的角度入手，明确京津冀地区金融业发展的指导思想、发展目标、主要任务、分工协作和具体措施等，为促进京津冀地区金融业的长远发展、提升地区金融与经济发展的协调程度创造有利条件。对于河北而言，地方政府、金融监管部门应通盘谋划，积极吸引金融机构转移到河北。一是积极争取北京地区的金融机构将数据中心、银行卡中心、灾备中心、结算中心、运营中心等信息密集、人员密集的功能模块转移到河北。二是鼓励金融机构在河北设立软件研发中心、电话服务中心、凭证影像化处理中心等，以此带动金融服务外包产业加快发展，培育和形成专业产业集群。三是完善配套措施，营造良好金融环境，吸引商业银行总部理财、同业、电子银行等利润中心落户河北，借此提升河北金融产业层级。

二、建立合作机制

科学合理的合作机制是高效协作的保障，是协同发展实现的基础。因此，京津冀地区要建立健全高效的金融合作机制。一是建立区域金融协调联席会议制度。由三地政府部门牵头，金融监管部门及金融机构共同参加，每年定期召开专题会议，及时通报京津冀协同发展重大项目进展情况，协商推进区域金融协同发展的重大事宜。二是设立京津冀金融协同发展专项工作小组，协调推进协同发展在金融监管与合作、金融基础设施建设、金融机构合作、金融信息共享、资金跨区流动、金融风险预警与防范等方面的工作。三是搭建交流平台，通过开展金融协同发展论坛、银企对接会等形式，调动金融机构和企业的积极性、主动性，有力地支持和促进京津冀协同发展工作。四是建立数据共享机制，突破狭隘的区域利益、部门利益，及时交换各层级、各部门、各地区相关统计数据，建立制度化的数据交流网络，实现区域内数据信息的交流与共享。

三、营造良好政策环境

良好的金融政策环境是吸引和鼓励金融发展、金融创新，进而推动实体经济发展的重要条件。长三角、珠三角探索的成功经验非常值得京津冀借鉴。例如长三角、珠三角地区政府出台的税费减免、风险补偿等支持金融发展的具体举措，成功建立起了资金传导机制，提高了对农村、中小企业及科技创新企业的金融服务能力和水平。

就京津冀而言，最大的问题在于三地政策不统一，差异巨大。其中，京津鉴于独特的政治、经济地位，具有很多优惠政策，而河北一直处于政策洼地，金融业发展滞后，对区域经济的支持力度明显不足。当前，政府部门及金融监管部门需要加强合作交流，制定金融支持区域协同发展的配套政策。一是建议三地政府和金融监管部门共同签署《推动京津冀金融协同发展合作备忘录》，在政府经验交流、金融机构跨区域发展、金融市场协同发展、金融人才交流与培训方面加强合作。二是围绕京津冀区域发展规划，研究制定统一的金融业发展政策，协调解决发展中出现的障碍及问题，使货币政策贯彻落实，金融风险有效防范，金融服务积极全面，更好地为京津冀协同发展提供金融支持。三是建议政府部门研究出台金融行业税费减免、风险补偿等支持金融发展的具体措施，运用财政手段支持地方金融业发展。四是建议加大对河北省的政策倾斜力度。结合河北省金融发展现状，对比京津、珠三角、长三角等地区的金融优惠政策，研究制定有利于河北经济发展的金融配套措施，特别是在金融创新等方面予以政策支持。尽快将天津滨海新区可复制、可推广的政策延伸至河北曹妃甸、黄骅等地区。

四、推动金融服务一体化

加强金融协同，还需要打破地域分割的藩篱，打造统一的金融服务基础设施。对于京津冀而言，征信系统、票据系统等金融基础设施尚未实现一体化，金融机构跨区经营不足。今后，一是搭建京津冀信用信息交流共享平台。统一数据标准，实现信息的互联互通，交流共享。二是建立京津冀银团信贷合作平台。利用北京、天津的资金、技术资源与河北的空间、项目资源，通过银团贷款和联合授信的形式，消除区域及机构分割对信贷资源流动的限制。三是建立公开、透明、统一的票据交易平台，进一步优化区域金融生态环境，促进票据市场安全、稳健、高效运转。适当放宽小额票据贴现的审查条件，促进小额票据在京津冀区域市场内流通。四是创新金融管理和服务机制，引导和支持股份制商业银行、城市商业银行、农村商业银行在京津冀地区拓展经营网络，特别是要鼓励金融机构在经济发展潜力大而目前金融服务资源相对不足的区县（县级市）设立网点、延伸服务。同时，鼓励区域内金融机构间互动，实现相互代理、业务合作、客户共享、技术合作和战略联盟。

五、改善金融生态环境

金融生态环境的好坏，不仅影响货币政策在区域层面上的传导机制有效性，还影响区域金融业的持续健康发展，决定着区域对金融要素的吸引力。在改善金融生态环境方面，长三角地区积极拓宽征信体系范围、建立了"信用长三角"工作机制，共同签署《"信用长三角"合作备忘录》，取得了较好成效。

就京津冀区域而言，一是要建设区域征信服务大平台。探索将三地的金融、工商、海关、通信、税务、社保等系统的征信记录整合，为企业及金融机构提供全方位的数据信息。同时，引导地区间社会信用管理与评级机构开展合作，推动京津冀信用评级市场一体化，鼓励区域内信用评级机构开展多形式的业务交流合作，扩大评级结果的互认和共享范围。二是加强监管。优化区域金融安全运行保障环境；建立跨区域金融风险防范机制；加强金融风险信息沟通，对非法集资和非法从事金融业务的活动实施联合治理；建立反洗钱行政调查信息会商机制，互通资金流动上下游动态信息，充实调查甄别数据，增强调查时效；建立外汇监管协作机制，加强外汇分支局合作，强化对在京津冀投资的外商企业的联合监管；建立金融维权、金融信息安全通报机制，防范金融风险。

专栏 3-2

珠三角金融服务一体化重点项目介绍

随着珠三角经济一体化的不断深化，对金融服务一体化也提出了新的要求。中国人民银行广州分行从事关经济一体化发展、民生一体化服务的五项重点项目抓起，加强金融部门与地方政府及相关方面的密切配合，协调推进珠三角地区金融服务一体化进程，取得了较好效果。

一、公共缴付费一户通项目

公共缴付费一户通以集中代收付系统为依托，为企事业单位和居民提供水电费、燃气费、电话费和代发工资、退休金、养老金等缴付费业务的集中批量代收、代付服务。自2008年上线运行以来，经过八年多发展，全省共有300多家签约单位接入集中代收付系统，涵盖行政事业单位、电信企业、电网、有线电视和学校等单位，项目包括水电、煤气、物业、电视、通信、保险等110种费用的支付。实现了社会代收付业务的集约化、信息化处理，形成集中统一、方便快捷、服务优良的专业化支付清算平台，为社会公众提供"一站式"服务，取得了良好的社会效应。

二、粤港澳跨境缴费通项目

粤港澳跨境缴费通以 2012 年 7 月上线运行的粤港集中代收付系统为依托，已开通中国香港居民向广东商户单向缴费业务。中国香港居民借助粤港澳跨境缴费通系统，可使用中国香港银行发行的银联港元、人民币借记卡，或通过在中国香港银行开设的人民币账户向广东商户缴付物业管理费、消费贷款本息等费用。截至 2013 年 9 月末，广东已有 16 家物业管理、自来水和有线电视等行业的企业接入粤港澳跨境缴费通系统。

今后，随着粤港澳三地间日益密切的经济、人员往来，建立三地互联互通的集中代收付系统的需求日益迫切。要不断增加粤港澳跨境缴费通系统的业务种类，逐步扩大粤港澳代收付业务的参与者范围和受益人群；开通内地居民通过该系统向中国香港商户付费业务，实现粤港两地双向付费；推进粤港澳三地同城支付系统互联互通，实现粤港澳集中代收付服务一体化。

三、金融 IC 卡一卡通项目

金融集成电路卡（IC 卡）是以智能芯片为介质的银行卡，相对于传统的以磁条为介质的银行卡，具有功能强、安全性高、支付快速等特点，可广泛应用于交通、旅游、医疗、教育、社会保障等公共服务领域。实现金融 IC 卡一卡通行，有利于增强银行卡在公共服务领域的拓展能力、促进银行卡跨区域互通应用，实现"一卡多用、一卡通用"，为粤港澳三地居民往来提供便利的支付服务，对于促进三地经济社会一体化发展具有重要作用。

在各个部门的共同推动下，金融 IC 卡推广工作进展顺利，受理环境不断优化，发卡量不断增加，应用拓展领域逐步扩大。截至 2013 年 9 月末，广东全部 42.9 万台直联对公 POS 终端和 10.1 万台间联 POS 终端均可受理金融 IC 卡，改造完成率 100%；4.8 万台 ATM 完成功能改造可受理金融IC卡，改造完成率99.6%。截至2013年9月末，全省银行业金融机构累计发行金融IC卡6292万张，较上年末增长309.9%；发行"一芯两用"金融社保卡2644万张。2013年1~9月，全省金融IC卡消费交易3925万笔，金额达1062亿元。目前，金融IC卡的应用范围已拓展到多个行业。以广东韶关为例，金融IC卡应用已覆盖公共交通、高等院校、医疗卫生、商场购物、旅游娱乐、缴纳税费、机关食堂、企业一卡通等领域，并实现辖区县域全覆盖。粤澳金融IC卡在公共交通领域实现互通应用。中山通卡和岭南通卡先后于2011年12月和2013年2月与中国澳门通卡实现互联互通，这是金融IC卡在粤澳两地民生领域应用的重要创新成果，为粤澳两地居民跨境交通出行提供了便利。

四、跨地区跨行通存通兑项目

跨地区跨行通存通兑是广东金融结算服务系统的一项重要业务功能，是推动金融服务同城化的重点项目。参与该项目的银行共享营业网点资源，开通免费的跨地区跨行通存通兑服务；客户通过参与银行可以办理个人账户跨行转账和存取款业务。截至2013年9月末，民生银行、浦发银行、兴业银行、华夏银行、光大银行广州分行及招商银行、平安银行、广东南粤银行8家银行共340个银行机构网点开通了跨地区跨行通存通兑业务。业务从广州逐步延伸至佛山、珠海、中山、东莞、江门、湛江、汕头等市，共有8个地级及以上市开通该项业务。

五、凭证式国债广佛肇通兑项目

凭证式国债异地通兑是指凭证式国债投资者可以在异地不跨行办理国债兑付业务。2011年以来，中国人民银行广州分行创新广佛肇凭证式国债区域服务一体化，成功实现广佛肇凭证式国债异地不跨行兑付。目前，农业银行、中国银行、建设银行广东省分行共有1422个银行机构网点开办广佛肇凭证式国债异地通兑业务。凭证式国债异地通兑业务的开展，为广佛肇地区凭证式国债投资者提供了兑付便利，是大力推进广佛肇金融服务同城化的重要举措。

第四章 京津冀区域金融发展现状及存在的问题

第一节 京津冀区域经济发展情况

随着我国区域经济一体化程度的不断加深，京津冀区域由于地缘、经济、社会、文化等方面的内在联系，从基础设施到产业构建，再到区域协调运行和政策制定等方面的协同格局已初步形成，成为继长三角、珠三角之后，我国最具发展潜力的经济合作区域，在国家整体经济发展格局中具有重要和突出的战略地位。发挥好京津冀区域合力，不仅有利于实现南北经济均衡发展，还有助于推动经济结构转型升级，优化资源要素布局与配置，提升我国在世界经济中的竞争优势。但由于京津冀三省市在行政区域划分、地理位置、产业结构和发展水平等方面存在明显差异，因此深入分析三地金融发展现状，对于有效整合三地资源，推动区域经济协同发展有着重要意义。

一、经济发展水平

京津冀区域濒临渤海，区位优势明显，幅员辽阔，土地面积21.6万平方公里，约占全国土地面积的2.3%。人口密集，劳动力充沛，2014

年京津冀地区常住人口 11052.16 万人,约占全国总人口的 8%。地区生产总值 66474.45 亿元,约占国内生产总值的 10.4%,相当于长三角地区生产总值的 51.6%,与我国经济总量第一的广东省相比,常住人口相当,地区生产总值相当。京津冀区域拥有丰富的海洋、矿产、煤炭等自然资源;农业优势突出,是全国重要的粮、棉、油、蔬、果等生产基地;工业基础良好,是传统的工业基地,钢铁、石化、冶金、建材、机械、化工、医药、纺织等行业基础雄厚。随着产业结构不断调整和优化,电子信息、生物制药、新材料等高新技术已成为京津冀区域的新兴主导产业。京津冀三省市在行政区域划分、地理位置、产业结构和发展水平等方面各具特点,在经济发展上存在明显差异。

(一)河北省经济总量最大

河北省内环京津,地域辽阔,总面积 18.8 万平方公里。作为经济、资源和人口大省,在自然资源、矿产资源、劳动力供给、消费市场等方面具有优势,一直是京、津两地重要的"粮仓""菜地"和"水库",重工业实力雄厚,钢铁、装备制造业、石化三大行业在工业增加值中的占比保持在 60% 以上。2014 年,京津冀三地生产总值分别为 21330.83 亿元、15722.47 亿元和 29421.15 亿元(见表 4-1)。河北省经济总量在三地中最大,约占京津冀地区生产总值的 44.3%[①]。

表 4-1　　　　　　2014 年京津冀区域国内生产总值

单位:亿元、%

地区	国内生产总值	增长率
北京	21330.83	7.3
天津	15722.47	10
河北	29421.15	6.5
京津冀合计	66474.45	—
全国	636462.7	7.4

数据来源:国家统计局网站。

---

① 数据来源:国家统计局网站。

(二) 天津市经济增速最快

2014年北京、天津、河北地区生产总值分别同比增长7.3%、10%和6.5%（见表4-1），天津经济增速高于全国平均水平2.6个百分点，明显快于京、冀两地。天津的飞速发展主要得益于滨海新区的崛起以及在精密仪器、航空航天、轻工机械、生物制药等行业形成的集群优势，其已经成为京津冀区域新兴的装备制造及现代物流中心。北京、河北经济增速均明显放缓。其中，北京经济增速同比回落0.4个百分点；河北受复杂严峻的经济形势、产业结构调整和环境治理压力影响，经济增速显著下降，7年来首次低于全国平均水平，由2013年的8.2%下降至6.5%，同比回落1.7个百分点，低于全国增速0.9个百分点[1]，经济下行压力较大。

(三) 京津冀三地经济增长质量差异较大

以人均地区生产总值衡量，2014年京津冀地区人均GDP约6万元，是全国平均水平的1.3倍。其中，北京、天津、河北人均GDP分别为99995元、105202元、39984元[2]。北京、天津人均GDP分别是河北人均GDP的2.5倍和2.63倍。

以财政收入衡量，2014年京津冀地区公共财政预算收入合计8863.82亿元，占全国公共财政预算收入的6.3%，低于GDP占比4.1个百分点，低于常住人口占比1.78个百分点。其中，北京、天津、河北公共财政预算收入分别为4027.2亿元、2390.02亿元和2446.6亿元，同比增长分别为10%、15%和6.6%。北京市公共财政预算收入约占京津冀地区的45.4%，而常住人口仅占三省市人口总数的19.5%，这既与北京

---

[1] 数据来源：国家统计局网站。
[2] 数据来源：国家统计局网站。

作为国家政治、文化中心的先天优势相关，又反映出北京优化经济结构所带来的良好效益。

以人均收入衡量，2014 年京津冀地区居民人均可支配收入 23739.7 元，高出全国平均水平 3572.58 元①。其中，北京、天津、河北的居民人均可支配收入分别为 44488.57 元、28832.29 元、16647.4 元，同比增长分别为 9%、9.4%、9.6%②，均低于全国居民人均可支配收入增速。河北省居民人均可支配收入低于全国居民人均可支配收入 3519.72 元，仅为北京市居民人均可支配收入的 37.4%。河北省城镇居民可支配收入和农民人均纯收入分别为北京的 55% 和 50%，天津的 77% 和 60%③，河北省居民生活水平有待提高。表 4-2 给出了京津冀地区经济增长质量衡量指标的具体情况。

表 4-2　　　　　2014 年京津冀区域经济增长质量衡量指标

地区	人均地区生产总值（元）	公共财政预算收入		居民人均可支配收入	
		金额（亿元）	增长率（%）	金额（元）	增长率（%）
北京	99995	4027.2	10.0	44488.57	9.0
天津	105202	2390.02	15.0	28832.29	9.4
河北	39984	2446.6	6.6	16647.40	9.6
京津冀合计	60508.75④	8863.82	—	23739.70	—
全国	46531.17	140350	8.6	20167.12	10.1

数据来源：国家统计局网站，全国和北京、天津、河北 2014 年国民经济和社会发展统计公报。

---

① 地区人均可支配收入通过计算地区可支配收入除以地区常住人口得到。地区可支配收入通过三地人均可支配收入乘以常住人口再加总得到。
② 数据来源：国家统计局网站地区季度数据，增速未扣除价格因素。
③ 数据来源：《京津冀协同发展纲要》。
④ 通过三地人均 GDP 和 GDP 计算出人口数，加总后，计算得出京津冀地区人均 GDP。

(四) 京津冀区域经济增长动力差异明显

1. 京津冀区域刺激消费增长的内在动力不足。以总量衡量,2014年京津冀地区社会消费品零售总额25526.85亿元,占全国社会消费品零售总额的9.7%。其中,北京、天津、河北的社会消费品零售总额分别为9098.1亿元、4738.65亿元和11690.1亿元,同比增长分别为8.6%、6%、12.4%。北京、天津分别低于全国增速3.4个百分点和6个百分点,河北高于全国增速0.4个百分点,京津冀区域刺激消费增长的内在动力不足。河北省凭借人口数量优势,在三省市中消费总量居于首位且增速最快。但从人均水平看,2014年北京、天津、河北的人均社会消费品零售总额分别为42285.28元、31240.89元和15832.2元①(见表4-3)。北京、天津消费水平明显占优,分别是河北省人均社会消费品零售总额的2.7倍和2倍,河北省消费水平仍有较大提升空间。

表4-3 2014年京津冀区域社会消费品零售总额及固定资产投资完成额

地区	社会消费品零售总额		人均社会消费品零售总额(元)	固定资产投资完成额(不含农户)	
	金额(亿元)	增长率(%)		金额(亿元)	增长率(%)
北京	9098.1	8.6	42285.28	6873.44	1.1
天津	4738.65	6	31240.89	10490.37	15.2
河北	11690.1	12.4	15832.20	26147.2	15.5
京津冀合计	25526.85	—	23096.71	43511.01	—
全国	262394.1	12	19183.38	502004.9	15.7

数据来源:国家统计局网站,全国和北京、天津、河北2014年国民经济和社会发展统计公报。

2. 京津冀区域投资增长速度放缓。2014年,在国家一系列经济刺激政策带动下,京津冀区域固定资产投资保持增长态势。地区固定资产投

---

① 社会消费品零售总额/常住人口得到人均社会消费品零售总额。

资完成额①43511.01亿元,占全国固定资产投资完成额的8.7%。其中,北京、天津、河北固定资产投资完成额分别为6873.44亿元、10490.37亿元和26147.2亿元,同比增长1.1%、15.2%和15.5%,低于全国增速14.6个百分点、0.5个百分点和0.2个百分点②（见表4-3）。北京投资增速明显放缓,但北京投资质量较高,多为"高精尖"领域。天津固定资产投资结构优化,多为"高端和高新"领域。河北省投资结构有所调整,固定资产投资主要集中于制造业,占总投资的43.68%；农、林、牧、渔业及科学研究和技术服务业的固定资产投资增速较快,同比增长41%和37.8%；两高一低（高污染、高耗能、低附加值）的石油加工、炼焦和核燃料加工业呈负增长,同比下降18.5%③。

3. 北京进出口负增长,天津、河北出口增长动力回升。2014年京津冀地区进出口总值6094.42亿美元,占全国进出口总值的14.2%。其中,出口总值1506.57亿美元,进口总值4587.86亿美元。北京市进出口规模在三地中居于首位,进出口总值4156.5亿美元,同比下降3.3%,出现负增长,增速降幅达162.3%。天津市外贸出口稳步回升,进出口总值1339.12亿美元,同比增长4.2%,其中,出口总值525.97亿美元,同比增长7.3%；进口总值813.16亿美元,同比增长2.3%。河北省受地区外贸环境、产品竞争力等因素影响,进出口总值598.8亿美元,对外贸易规模占京津冀区域总体不足10%。近三年来河北省进出口一直保持增长态势,2014年同比增长9.1%,比全国平均水平高5.7个百分点,增速比上年加快0.55个百分点。其中,出口总值357.1亿美元,同比增长15.4%；进口总值241.7亿美元,同比增长0.9%。钢材是河北省第一大

---

① 固定资产投资完成额为不含农户数据。
② 数据来源：国家统计局网站地区月度数据。
③ 数据来源：《河北省2014年国民经济和社会发展统计公报》。

出口产品,占出口总值的 28.79%,同比增长 62.8%[①]。

(五)京津冀区域对外开放程度较高

京津冀区域 2014 年实际利用外资 349.18 亿美元,占全国实际利用外资的 29.2%,约是长三角地区实际利用外资规模的 56.2%[②]。分地区看,北京市实际利用外资 90.41 亿美元,同比增长 6.1%,主要集中在租赁和商务服务业,占比为 37.6%,同比增长 98.5%。中国(天津)自由贸易试验区获批建设为天津市金融、贸易等领域开放带来新机遇。天津市 2014 年实际利用外资 188.67 亿美元,同比增长 12.1%,在三地中增速最快,是全国增速的 7.1 倍。其中,服务业实际利用外资规模最大,为 102.89 亿美元,占比 54.5%。河北省实际利用外资总额继续保持增长,2014 年实际利用外资 70.1 亿美元,同比增长 5.1%,比全国平均水平高 3.4 个百分点(见表 4-4),但增速已连续 4 年下滑,比上年下降 5.5 个百分点[③]。

表 4-4　　　　　2014 年京津冀区域进出口及实际利用外资情况

单位:亿美元、%

地区	进出口总值		出口总值		进口总值		实际利用外资	
	金额	增长率	金额	增长率	金额	增长率	金额	增长率
北京	4156.5	-3.3	623.5	-1.2	3533	-3.7	90.41	6.1
天津	1339.12	4.2	525.97	7.3	813.16	2.3	188.67	12.1
河北	598.8	9.1	357.1	15.4	241.7	0.9	70.1	5.1
合计	6094.42	—	1506.57	—	4587.86	—	349.18	—
全国	43030.37	3.4	23427.47	6.1	19602.9	0.4	1195.62	1.7

数据来源:国家统计局网站,全国和北京、天津、河北 2014 年国民经济和社会发展统计公报。

---

① 数据来源:进出口总值全国数据来自国家统计局网站月度数据,北京、天津、河北数据来自三地 2014 年国民经济和社会发展统计公报。
② 数据来源:上海、浙江、江苏 2014 年国民经济和社会发展统计公报。
③ 数据来源:实际利用外资全国数据来自国家统计局网站月度数据,北京、天津、河北数据来自三地 2014 年国民经济和社会发展统计公报。

二、产业结构

2014年京津冀地区第一产业增加值合计3808.03亿元,第二产业增加值27331.61亿元,第三产业增加值35334.83亿元,第一、第二、第三产业占全国的比重分别为6.5%、10.1%和11.5%。随着全国经济结构转型升级,京津冀区域产业结构不断优化,第三产业比重不断上升,第一、第二产业比重稳步下降。2014年京津冀地区三次产业结构比为5.7:41.1:53.2,第一、第二产业比重分别低于全国平均水平3.5个百分点和1.5个百分点,第三产业高于全国5个百分点。与长三角地区相比,第一、第三产业比重分别高于长三角地区1.4个百分点和2.8个百分点,第二产业低于长三角地区4.2个百分点①。表4-5介绍了2014年京津冀区域产业结构基本情况。

表4-5　　　　　　　　2014年京津冀区域产业结构

单位:亿元、%

地区	第一产业		第二产业		第三产业	
	增加值	增长率	增加值	增长率	增加值	增长率
北京	159	-0.1	4545.5	6.9	16626.3	7.5
天津	201.53	2.8	7765.91	9.9	7755.03	10.2
河北	3447.5	3.7	15020.2	5	10953.5	9.7
京津冀合计	3808.03	—	27331.61	—	35334.83	
全国	58331.6	4.1	271392.4	7.3	306738.7	8.1

数据来源:国家统计局网站,全国和北京、天津、河北2014年国民经济和社会发展统计公报。

---

① 数据来源:全国数据来自国家统计局网站季度数据,北京、天津、河北数据来自各地2014年国民经济和社会发展统计公报。

(一) 北京市产业结构最优

北京市作为全国资本、金融和文化中心,第三产业发展迅速,进一步巩固和完善了符合首都经济发展方向的"三、二、一"产业结构格局。2014年北京市第一产业增加值159亿元,同比下降0.1%;第二产业增加值4545.5亿元,同比增长6.9%;第三产业增加值16626.3亿元,同比增长7.5%。北京市第一、第二、第三产业增速分别低于全国4.2个百分点、0.4个百分点和0.6个百分点。三次产业结构比由上年的0.8:21.7:77.5调整为0.7:21.4:77.9,服务型经济特征更加显著,产业结构高级化。金融业、信息传输、软件和信息技术服务业对第三产业贡献较大。

(二) 天津市第二、第三产业发展均衡

天津市是我国北方最大的沿海开放城市,拥有轻工机械、精密仪器、电子产品制造等传统优势行业。近年来,在滨海新区快速发展的带动作用下,天津又逐渐成为新兴的现代化制造和研发转化基地、北方国际航运中心和国际物流中心,第二、第三产业得到较快发展,产业结构转型升级成效显著。2014年第一产业增加值201.53亿元,同比增长2.8%;第二产业增加值7765.91亿元,同比增长9.9%;第三产业增加值7755.03亿元,同比增长10.2%。与全国增速相比,天津市第一产业增速低于全国1.3个百分点,第二、第三产业增速分别高于全国2.6个百分点和2.1个百分点。三次产业结构比为1.3:49.4:49.3,第二、第三产业呈现均衡发展态势。

(三) 河北省第三产业发展不足

河北省是北方工业大省,拥有钢铁、水泥、煤炭等传统优势行业。近年来,河北省承接了大量来自北京的工业企业转移,进一步带动了工业经济发展,产业结构呈现典型的"二、三、一"格局。2014年河北省三次产业继续保持增长态势。全年第一产业增加值3447.5亿元,同比增

长3.7%；第二产业增加值15020.2亿元，同比增长5.0%；第三产业增加值10953.5亿元，同比增长9.7%。除第三产业增速高于全国平均水平1.6个百分点外①，第一、第二产业增速分别低于全国平均水平0.4个百分点和2.3个百分点。三次产业结构比为11.7:51.1:37.2。河北省第一产业占比高于京津冀地区平均水平6个百分点，第二产业仍占据地区生产总值的半壁江山，高于京津冀地区平均水平10个百分点。第三产业发展相对滞后，所占比重低于京津冀区域平均水平16个百分点，低于全国平均水平11个百分点，但第三产业增速较快，对河北省经济增长的贡献率为52.1%，较上年大幅提升16.9个百分点②。

第二节 京津冀区域金融发展水平

一、总量分析

2014年京津冀地区金融业增加值6327.56亿元。其中，北京、天津、河北的金融业增加值分别为3557.70亿元、1422.28亿元和1347.58亿元，占京津冀地区的比重分别为56.2%、22.5%、21.3%。北京金融业增加值占京津冀区域的一半以上，分别是天津、河北的2.5倍和2.6倍③，天津金融业增加值是河北的1.1倍。

就金融业在地区经济中的比重而言，2014年京津冀地区金融业增加值占地区生产总值的9.6%。北京发达的金融业水平提升了京津冀区域金

---

① 数据来源：北京、天津、河北2014年国民经济和社会发展统计公报。
② 数据来源：《河北省金融稳定报告2015》。
③ 数据来源：全国数据来源国家统计局网站季度数据，北京、天津数据来自2014年国民经济和社会发展统计公报，河北数据来自《2014年全省国民经济实现缓中趋稳、稳中有进》。

融业对区域经济增长的贡献率。北京、天津、河北的金融业增加值占各自地区生产总值的比重分别为16.7%、9.0%和4.6%（见表4-6），北京比天津和河北分别高出7.7个百分点和12.1个百分点，天津比河北高出4.4个百分点。根据国际经验，若金融业增加值占本地区GDP的8%以上，则表明金融业已具有了较高发展水平，可以作为地区支柱产业。因此，北京、天津的金融产业都已经成为各自地区的支柱产业。[①]

表4-6　　　　　　　　2014年京津冀区域金融业增加值

单位：亿元、%

地区	金融业增加值	金融业增加值占地区生产总值比重
北京	3557.70	16.7
天津	1422.28	9.0
河北	1347.58	4.6
京津冀合计	6357.56	9.6

数据来源：北京、天津、河北省统计局，Winds。

二、增速分析

2014年北京、天津、河北的金融业增加值分别同比增长12.3%、13.1%和13.6%[②]，分别快于全国平均增速2.1个百分点、2.9个百分点和3.4个百分点。北京市金融业继续保持较快增长。天津市借助滨海新区金融改革创新试点优势，以"离岸金融""总部金融"等为重点，加快全国金融改革创新基地建设，有力推动了金融业发展。河北省积极推进京津冀金融协同，加强区域金融协作，吸引金融资源流入，金融业发

[①] 数据来源：金融业增加值分别来自北京、天津、河北省统计局，GDP来源于Winds；合计和占比计算得到。

[②] 数据来源：根据Winds数据计算所得。

展步伐明显加快。

三、结构分析

2014 年北京市金融业增加值中银行业、证券业、保险业占比分别为 83.6%，11.5% 和 4.9%；河北省金融业增加值中银行业、证券业、保险业占比分别为 92%，2.7% 和 5.4%。[①] 比较金融业增加值结构，可以看出北京金融产业发展水平较高，虽然仍以银行融资为主，但证券业增加值占比已经超过 10%，证券行业较为发达。与北京相比，河北省银行业在整个金融行业中的占比过重，证券业比重过低，金融产业内部不均衡发展情况更为突出。

第三节 京津冀区域金融资源分布

一、金融机构组织规模

（一）银行业

北京市集聚了众多银行业金融机构总部。截至 2014 年末，北京市共有政策性银行 3 家；国有商业银行 5 家；股份制商业银行 12 家；外资银行 45 家，法人机构 9 家；机构数 4094 个，从业人员 108511 人。[②]

天津市银行业金融机构体系较为完善。截至 2014 年末，天津市共有

[①] 数据来源：根据北京市、河北省统计局数据计算所得，天津统计局没有分行业数据。
[②] 数据来源：中国人民银行营业管理部。

政策性银行2家;国有商业银行5家;股份制商业银行12家;外资银行26家;法人机构14家;机构数2917个,从业人员61336人。①

河北省银行业金融机构布局不断优化。截至2014年末,河北省共有政策性银行2家;国有商业银行5家;股份制商业银行12家;外资银行1家;法人机构262家;营业网点机构数10594个,从业人员166898人。②

(二)证券业

北京市证券业金融机构较为发达。截至2014年末,北京市共有法人证券公司19家,证券投资咨询公司20家,证券分公司53家,证券营业部332家;法人基金管理公司22家,其中中外合资法人基金公司9家,基金分公司53家;法人期货公司20家,期货营业部91家。③

天津市证券业金融机构稳步发展。截至2014年末,天津市共有法人证券公司1家,证券营业部51家④;法人基金管理公司1家;法人期货公司6家,期货营业部29家。⑤

河北省证券业金融机构显著增加。截至2014年末,河北省共有法人证券公司1家,证券投资咨询公司1家,证券分公司8家,证券营业部199家;法人期货公司1家,期货营业部37家。财达证券有限责任公司是河北省唯一的证券法人机构,在全国设有107家营业部,其中省内营业部92家,占河北辖内证券营业部总数的46.2%。⑥

(三)保险业

北京市保险业金融机构体系健全。截至2014年末,北京市保险总公司

---

① 数据来源:中国人民银行天津分行。
② 数据来源:中国人民银行石家庄中心支行。
③ 数据来源:中国人民银行营业管理部。
④ 证券营业部仅统计法人所属。
⑤ 数据来源:中国人民银行天津分行。
⑥ 数据来源:《河北省金融稳定报告2015》。

和分公司共104家,其中,财产险公司43家,人身险公司56家,再保险公司4家,政策性保险公司1家;保险专业中介机构387家,其中,代理机构168家,经纪机构171家,公估机构48家;兼业代理机构7110家。[①]

天津市保险业金融机构数量稳步增加。截至2014年末,天津市保险总公司和分公司共57家,其中,财产险公司25家,人身险公司32家;专业中介机构118家,兼业代理机构3000余家。[②]

河北省保险业金融机构体系进一步完善。截至2014年末,河北省保险总公司和分公司共61家,其中,财产险公司27家,人身险公司34家;保险分支机构4241家,营业网点覆盖面较广;专业中介法人机构107家,分支机构797家,保险兼业代理机构9850家。2014年,河北省首家法人保险公司燕赵财产保险股份有限公司获批开业,弥补了河北省保险业没有法人保险机构的短板。[③]

二、金融机构经营规模

(一)银行业

2014年京津冀地区银行业经营规模呈现如下特点:一是资产负债规模稳步扩大。2014年京津冀地区银行业金融机构资产总额260266.6亿元,占全国银行业金融机构资产总额的15.5%;负债总额252414.4亿元,占全国银行业金融机构负债总额的16.2%(见表4-7)。[④]

[①] 数据来源:《北京市金融稳定报告2015》。
[②] 数据来源:《天津市金融稳定报告2015》。
[③] 数据来源:《河北省金融稳定报告2015》。
[④] 数据来源:全国数据来自银监会网站《2014年银行业监管统计指标月度情况表》;三地数据来自三地金融稳定报告2015,并以此为基础计算得到三地合并数据。

表4-7　　　　2014年京津冀区域银行业金融机构资产负债情况

单位：亿元、%

地区	总资产		总负债	
	金额	增长率	金额	增长率
北京	163314.1	15.7	159090.9	15.6
天津	44136.4	9	42211.5	8.6
河北	52816.07	11.9	51112	11.7
京津冀合计	260266.6	—	252414.4	—
全国	1681611	13.6	1559175	13

数据来源：中国银行业监督管理委员会网站，北京、天津、河北金融稳定报告2015年。

二是存贷款增速均低于全国水平。2014年京津冀地区银行业金融机构本外币各项存款余额168637.25亿元，占全国银行业金融机构本外币各项存款余额的14.4%，比上年末增加14216.62亿元，同比增长9.21%，比全国增速低0.42个百分点；本外币各项贷款余额104926.32亿元，占全国银行业金融机构本外币各项贷款余额的12.1%，比上年末增加11515.84亿元，同比增长12.33%，比全国增速低0.92个百分点（见表4-8）。①

表4-8　　　　2014年京津冀区域银行业金融机构本外币信贷收支

单位：亿元、%

地区	各项存款余额		各项贷款余额	
	金额	增长率	金额	增长率
北京	100095.5	9.2	53650.6	12.05
天津	24777.75	6.4	23223.42	11.3
河北	43764	11	28052.3	14.9
京津冀合计	168637.25	9.21	104926.32	12.33
全国	1173734.59	9.63	867867.89	13.25

数据来源：中国人民银行网站，北京、天津、河北金融稳定报告2015，《北京市2014年国民经济和社会发展统计公报》。

---

① 数据来源：全国数据来自中国人民银行2014年《金融机构本外币信贷收支表》；北京数据来自《2014年国民经济和社会发展统计公报》和《北京金融稳定报告2015》，天津、河北数据来自金融稳定报告2015，以此为基础计算得到三地合并数据。

1. 北京市银行业金融机构资产负债规模扩张迅速。2014年北京市银行业金融机构资产总额163314.1亿元，占全国的9.7%，占京津冀地区的62.7%，同比增长15.7%；负债总额159090.9亿元①，占全国的10.2%，占京津冀地区的63%，同比增长15.6%。资产和负债规模均居全国第二位，增速均高于全国平均水平。2014年北京市金融机构本外币各项存款余额100095.5亿元，同比增长9.2%；本外币各项贷款余额53650.6亿元，同比增长12.05%，有力地支持了北京市实体经济发展。2014年辖内银行业金融机构累计利润同比增长3.8%②，经营效益平稳提升。

2. 天津市银行业金融机构资产负债增长放缓。2014年天津市银行业金融机构资产总额44136.4亿元，同比增长9%，低于全国增速4.6个百分点；负债总额42211.5亿元，同比增长8.6%，低于全国增速4.4个百分点。2014年天津市金融机构本外币各项存款余额24777.75亿元，同比增长6.4%，增速比上年回落8.5个百分点，低于全国增速3.2个百分点；本外币各项贷款余额23223.42亿元，同比增长11.3%，增速比上年回落2.1个百分点，低于全国增速1.95个百分点。2014年天津市银行业盈利水平继续保持增长，但增速放缓。全年实现净利润587.56亿元，同比增长1.2%，增速比上年大幅回落18.5个百分点。③

3. 河北省银行业金融机构资产负债规模进一步扩张。2014年河北省银行业金融机构资产总额52816.07亿元，同比增长11.9%；负债总额51112亿元，同比增长11.7%。2014年辖内金融机构本外币各项存款余额43764亿元，同比增长11.0%；本外币各项贷款余额28052.3亿元，同比增长14.9%。在宏观经济下行压力加大、有效信贷需求不足的背景

---

① 资产总额、负债总额是根据银监会网站的全国数据和《北京市金融稳定报告2015》中占全国比重数计算得到。
② 数据来源：《北京市金融稳定报告2015》。
③ 数据来源：《天津市金融稳定报告2015》。

下,河北省信贷投放创近五年新高。地方法人机构新增贷款占比由 2011 年的 30.7% 上升至 2014 年的 35.6%。2009 年以来,河北省银行业当年实现净利润连续 5 年递增,盈利能力持续增强。2014 年河北省银行业当年实现净利润 704.34 亿元,同比增长 15.46%。[①]

(二) 证券业

2014 年京津冀地区证券业稳健发展,境内上市公司 327 家,占全国上市公司数量的 12.51%,比上年增加 24 家,同比增长 7.92%[②];境内上市公司总市值 169613.6 亿元,占全国总市值的 45.53%(见表 4-9)。

表 4-9　　　　　　2014 年京津冀区域证券业基本情况

地区	境内上市公司数(家)	境内上市公司总市值(亿元)
北京	235	158100
天津	42	5321.99
河北	50	6191.61
京津冀合计	327	169613.6
全国	2613	372546.96

数据来源:中国证券业监督管理委员会、河北监管局网站,北京、天津金融稳定报告 2015。

1. 北京市资本市场发达。2014 年北京市资本市场表现活跃,资本规模进一步扩大,有力地支持了地区经济发展和产业结构转型升级。境内上市公司 235 家,居全国第二位,占京津冀地区上市公司总数的 71.9%,分别是天津、河北上市公司数量的 5.6 倍和 4.7 倍;境外上市公司 215 家,居全国首位。境内上市公司总市值 15.81 万亿元,占京津冀地区境内上市公司总市值的 93.2%,占全国境内上市公司总市值的 42.5%,其中,流通市值 10.85 万亿元。证券公司净利润同比增长 100.9%[③]。各类证券交易额 232318.6 亿元,同比增长 59.2%。其中,股票交易额

---

① 数据来源:《河北省金融稳定报告 2015》。
② 数据来源:2014 年数据来自证监会网站和各地金融稳定报告 2015,2013 年数据来自 Winds。
③ 数据来源:《北京市金融稳定报告 2015》。

85714.5亿元，同比增长39.2%；债券交易额110657.5亿元，同比增长58.9%。证券市场累计开户数587.5万户，比上年增加23.9万户[1]。北京市期货业加快整合，稳步向综合业务经营转型。2014年辖内法人期货公司资产总额和净资产分别同比增长30.7%和11.54%，全年实现净利润同比增长15.2%[2]。

2. 天津市资本市场发展迅速。2014年天津辖内企业上市步伐加快，境内上市公司42家，总股本488.27亿股，总市值5321.99亿元，同比增长48.3%，其中流通市值4522.1亿元。全年上市公司筹资总额198.86亿元，其中，债券市场筹资金额16.75亿元，再筹资金额169.28亿元，新增4家上市公司的首发融资规模为12.83亿元[3]。2014年天津市证券交易规模持续扩张，各类证券交易总额25400.2亿元，同比增长52.1%。其中，股票交易额15573.26亿元，同比增长50.1%；债券交易额299.23亿元，同比下降35.6%；基金交易额675.95亿元，同比增长61.8%。证券市场累计开户数300.57万户，同比增长5.0%。2014年天津市期货业资产规模进一步增大，辖内6家法人期货公司资产总额41.69亿元，同比增加13.71亿元；净资产总额11.33亿元，同比增加4.82亿元。期货市场成交量7906.51万手，同比增长26.8%；成交额82920.43亿元，同比增长20.8%[4]。

3. 河北省资本市场发展不足。2014年河北省境内上市公司50家，其中，主板上市公司33家，中小板上市公司10家，创业板上市公司7家。境内上市公司总股本571亿股，总市值6191.61亿元。2014年河北省境内上市公司筹资总额132.32亿元，比上年减少22.58亿元，同比下降14.58%。其中，首发融资规模4.62亿元，股权再融资112.7亿元，

---

[1] 数据来源：《北京市2014年国民经济和社会发展统计公报》。
[2] 数据来源：《北京市金融稳定报告2015》。
[3] 数据来源：《天津市金融稳定报告2015》。
[4] 数据来源：《天津市2014年国民经济和社会发展统计公报》。

交易所债券市场融资15亿元。2014年A股证券账户数491.46万户,同比增长8.52%;累计交易金额26318.06亿元,同比增长56.5%,创历史新高。2014年河北省期货市场累计交易量3689.75万手,同比增长0.64%;累计成交金额36503.73亿元,同比下降7.01%,其中,金融期货交易量仅占全部期货交易量的7%,但交易额却占到全部期货交易额的半数以上。河北省期货经营状况较为严峻,全年利润总额551.83万元,同比下降8.90%,37家期货营业部中,七成亏损,净利润亏损754.96万元[1]。

(三) 保险业

2014年京津冀地区保险业保持快速发展态势。一是保费收入规模增大,但增速略低于全国。2014年京津冀地区原保险保费收入2456.93亿元,占全国保费收入的12.14%,同比增长16.51%,低于全国增速0.98个百分点。其中,财产险保费收入780.35亿元,占全国财产险保费收入的10.83%,同比增长11.47%,低于全国增速4.48个百分点;人身险保费收入1676.59亿元,占全国人身险保费收入的12.87%,同比增长19.01%,高于全国增速0.65个百分点。二是保险赔付增加且增速快于全国。2014年京津冀地区原保险赔付支出906.66亿元,占全国赔付支出的12.56%,同比增长23.22%,高于全国增速7.07个百分点(见表4-10)。其中,财产险业务赔款414.89亿元,占全国财产险赔款的10.95%,同比增长7.91%,低于全国增速2.24个百分点;人身险业务赔付491.77亿元,占全国人身险赔付的14.35%,同比增长39.96%,约为全国增速的1.7倍[2]。

---

[1] 数据来源:《河北省金融稳定报告2015》、证监会网站河北省《2014年12月辖区证券期货市场概况》。

[2] 数据来源:保监会和北京、天津、河北保监局网站。

表 4-10   2014 年京津冀区域保险业经营情况

单位：亿元、%

地区	原保险保费收入		原保险赔付支出	
	金额	增长率	金额	增长率
北京	1207.24	21.4	407.25	28
天津	317.75	14.79	104.39	2.34
河北	931.94	11.26	395.03	25.14
京津冀合计	2456.93	16.51	906.66	23.22
全国	20234.81	17.49	7216.21	16.15

数据来源：中国保险业监督管理委员会和北京、天津、河北保监局网站。

1. 北京市保险业资产规模最大。2014 年北京市保险公司总资产同比增长 19.77%[①]。北京市原保险保费收入 1207.24 亿元，占京津冀地区的 49.14%，保费规模位居全国第四位，同比增长 21.4%，增速快于全国 3.91 个百分点，居全国第六位。累计原保险赔付支出 407.25 亿元，占京津冀地区的 44.92%，同比增长 28%，增速快于全国 11.85 个百分点。

2. 天津市保险业资产扩张速度快。2014 年天津市保险公司总资产 1370.09 亿元，同比增长 36.9%，高于全国增速 14.33 个百分点[②]。其中，财产险公司资产总额 66.39 亿元，同比增长 8.4%；人身险公司资产总额 1303.70 亿元，同比增长 38.8%[③]。2014 年实现保费收入 317.75 亿元，同比增长 14.79%，增速有所放缓，比上年回落 1.4 个百分点。2014 年保险赔付支出 104.39 亿元，同比增长 2.34%，增速大幅降低，比上年回落 23.6 个百分点，低于京津冀地区增速 20.88 个百分点，低于全国增速 13.81 个百分点。

3. 河北省保险业实力不断增强。2014 年河北省保险公司总资产 2172.31 亿元，同比增长 6.02%，居全国第八位，资产实力不断增强。其

[①] 数据来源：《北京市金融稳定报告 2015》。
[②] 数据来源：全国保险公司资产总额增速通过保监会网站《2014 年保险业经营情况表》《2013 年保险业经营情况表》中资产总额数据计算得到。
[③] 数据来源：《天津市金融稳定报告 2015》。

中，财产险公司资产总额193.37亿元，同比增长45.75%；人身险公司资产总额1978.90亿元，同比增长3.27%。2014年，河北省原保险保费收入931.94亿元，同比增长11.26%，居全国第九位，在京津冀地区中增速最低，比全国增速低6.23个百分点。其中，财产险保费收入356.72亿元，居全国第六位，同比增长15.16%；人身险保费收入575.22亿元，居全国第九位，同比增长8.98%。2014年，河北省保险赔付支出395.03亿元，同比增长25.14%。

第四节 金融运行效率

一、银行机构运行效率

（一）金融机构信贷比率

金融机构信贷比率（FICR）是衡量金融发展的重要指标，用来反映金融体系对经济增长的效率，可以用贷款余额/GDP表示，即每一单位GDP的增长所需要的信贷支持。信贷比率越高，说明信贷资源的供给能力越强，对经济增长的信贷支持力度越大。

京津冀区域2014年每创造百元GDP需要投入的信贷资金为157.84元，高于全国平均水平（136.36元）。分地区看，北京FICR为251.52元，天津为147.71元，河北仅为95.35元[①]。北京的信贷比率远高于全国平均水平，说明信贷资源供给能力强，对经济发展支持力度大。天津

---

① 根据各地区GDP数据和本外币贷款余额计算所得，GDP数据来源Winds，本外币贷款数据来源于中国人民银行。

的信贷比率水平也高于全国平均水平,金融对经济发展支持力度较强。河北的信贷比率不仅低于全国平均水平,而且低于100,说明信贷增长落后于GDP增长幅度。

(二) 存差

京津冀区域2014年存差为6.37亿元,约占全国存差(30.59亿元)的20.8%。分地区看,北京存差4.64亿元,全国排名第一位,约占京津冀区域的72.8%;天津存差0.16亿元,全国排名第二十六位;河北存差1.57亿元,全国排名第六位,约占京津冀区域的24.6%。[①] 存差过高说明金融机构信贷资金使用效率不高,储蓄向投资转化出现梗阻,金融没有充分发挥引导资源配置、支持经济发展的作用。京津冀区域存差过高主要是因为北京地区存差高,总部金融效应吸引了大量存款,但是却没有高效率地转化为实体经济吸收利用的贷款,存在大量闲置。河北省存差也明显高于全国平均水平(1.01亿元),说明金融资源利用不够充分。

二、证券市场运行效率

证券化率是指一个地区各类证券的总市值和地区生产总值的比,在实际计算中通常以A股上市公司总市值占GDP的比重来代替。证券化率越高,意味着证券市场在地区经济中的地位越高,因此成为衡量一个地区证券市场发展效率的主要指标。2014年,京津冀区域整体证券化率248.7%。分地区看,北京的证券化率716.2%,天津的证券化率39.8%,河北的证券化率21.3%。[②] 北京地区的高证券化率拉升了京津

---

① 根据各地区本外币存贷款余额计算所得,数据来源中国人民银行。
② 根据A股上市公司总市值和GDP计算所得,数据来源Winds。

冀区域整体证券化率水平，仅就天津和河北而言，证券化率并不高，均低于全国证券化率水平（66.8%），证券市场在国民经济中的作用没有充分发挥。

三、保险市场运行效率

（一）保险深度

保险深度是一个地区的保险费收入占 GDP 的比重，通常用来衡量一个地区保险业在整个国民经济中的地位和发展水平。京津冀区域的保险深度为 3.7%，高于全国平均水平（3.2%）。分地区看，北京的保险深度为 3.7%，天津为 2.0%，河北为 3.2%。① 北京的保险业发展水平较高，在国民经济中起重要作用，河北与全国平均水平相当，天津保险业的发展水平和经济地位有待提升。

（二）保险密度

保险密度是一个地区人均的保险费额，反映了一个地区人民参加保险的程度，用来衡量一个地区保险业的发达程度。京津冀区域的保险密度为 1479.35 元，低于全国平均水平（2223.03 元）。分地区看，北京的保险密度为 5610.92 元，天津为 2094.86 元，河北为 1262.15 元。② 北京保险业高度发达，天津保险业发达程度略低于全国平均水平，河北省保险业欠发达。

---

① 根据保费收入与 GDP 数据计算所得，数据来源 Winds。
② 根据各地区人口与保费收入计算所得，数据来源 Winds。

第五节　京津冀区域金融协同发展中存在的问题

一、区域经济一体化程度低

区域经济一体化程度低会限制区域金融协同发展。由于京津冀地区经济发展长期各自为政，自我封闭，不仅京津对河北省经济缺乏辐射效应，京津两地还存在某种程度的竞争。区域内缺乏对金融协同发展的需求，缺乏对金融基础设施建设互联互通的需求，金融市场的融合和创新不足，难以形成金融资源区域整体利用，更谈不上区域整体金融配置效率的提升。

（一）从地缘看，区域内互联互通程度低

河北省内嵌了北京、天津两大中央直辖市，两市接壤但是不完全相联，中间出现了由大厂县、三河县和香河县组成的一块属于河北省但与其他省域不相互接壤、被北京和天津包围的"飞地"①，河北省空间整体性被削弱，甚至海岸线也被天津分割成不连续的两段。区域内基础设施互联互通水平较低，通行效率低下。以交通运输网络为例，据河北省交通部门统计，河北省国道通达里程为10200公里，存在"瓶颈路段"和"断头路"3350公里，与京津对接的国道"瓶颈路段"和"断头路"700公里；省道通车里程为15000公里，存在"瓶颈路段"和"断头路"9950公里，其中与京津地区对接省道"瓶颈路段"和"断头路"1400公里。高速公路"断头路"总里程300公里，其中与京津对接高速公路"断头路"里程200公里，京台高速、京秦二高速和密涿高速3条高速公路

---

① 《中国国家地理》2015年第1期。

河北方面已经建好，而北京方面还没有修建，停留在规划或者招投标阶段①。"大三香"飞地中燕郊镇距离北京 CBD 区只有 30 公里，拥有除江苏昆山之外的全国第二个县辖的国家级高新技术开发区，但是对比上海地铁早就通到昆山，北京地铁只到通州，仅有一条国道连接北京和燕郊镇，交通通行效率低下。

（二）从经济协同上看，行政壁垒森严

京津冀区域国有企业比重过高，民营企业不如长三角、珠三角地区发展活跃，经济发展的政府主导性强。两市一省之间的行政壁垒森严，虽然三地是省级架构，但是北京凭借其中央所在地的身份，实际上与天津、河北之间存在着明显的行政级差，难以形成有效的平等沟通机制。行政区利益心态过重，阻碍了资本、劳动力等要素特别是金融资本的优化配置。京津冀地区缺乏统一的要素市场，要素配置的市场化水平较低。三地均构筑各自的城市体系和产业体系，培育各自的腹地，建设各自的出海口。京津多年以来围绕机场、港口、产权交易平台和水资源等问题争执不断，环渤海仅仅 640 公里长的海岸线上，天津、秦皇岛、京唐和黄骅四大港口扩建，吞吐能力闲置不可避免。

（三）从产业布局看，缺乏区域统筹

京津冀产业布局缺乏统筹，融合发展和错位发展不够，产业同构和产业链断裂并存。存在地方本位主义，长期实行贸易保护、市场分割、自成体系的封闭政策，导致区域内生产建设重复布局、工业结构趋同，形成了不同程度的"大而全"、"小而全"的诸侯经济。发展定位衔接不够，没有形成相互衔接的产业发展链条，产业联系弱，京津产业过度集中，河北产业过度分散。北京早已进入工业化后期，经济发展重心向第

---

① 《中国国家地理》2015 年第 2 期。

三产业转移,是典型的总部经济,难以扩散和转移。河北省则处于工业化中期,以资源型重工业为主,与北京的发展阶差过大,产业承接难。

(四)从城市定位看,城市群断层严重

京津两市过于强大,周边河北省内的中小城市过于瘦小。河北省城镇化率仅为49.3%,比北京和天津分别低37个百分点和34个百分点。北京的总部效应对河北形成了巨大的虹吸效应,甚至在北京周边出现了一个罕见的贫困带。城市群存在明显断层。

可以说,在京津冀协同发展上升为国家战略之前,京津冀区域经济规划不同编,产业不同链,市场不同体,交通不同网,信息不同享,金融不同城。

2015年6月《京津冀协同发展规划纲要》出台,从基础设施建设、产业结构调整,到区域协调运行和政策制定都做出了详细规划。京津冀协同发展虽已有一系列重大基础设施开工建设,一批产业项目陆续转移,但协同发展格局尚未真正形成,京津地区经济增长带动河北周边地区经济发展的效果并不明显,尚未真正形成融合互动的发展格局。京津冀企业跨区域发展还处于低水平,环绕京津地区的市县,互设总部和营销、研发、生产部门的企业较少,京津向河北跨区域发展的企业也不多,而且行业布局较为分散,未形成企业跨区域融合发展的示范带动效应和规模优势。实践证明,只有企业主动融合才能实现真正意义上的经济一体化,才是区域振兴的根本。

二、金融发展程度不平衡

(一)京津冀三地金融深化程度差距较大

1. 社会融资规模与GDP相关性。社会融资规模是指实体经济(非金

融企业和住户）从金融体系获得的资金。社会融资规模增量与 GDP 的比重可以衡量金融介入实体经济发展的程度。2014 年北京市社会融资规模 12877 亿元，而天津和河北分别为 4819 亿元和 5177 亿元，北京的社会融资规模比天津和河北的总和还多。2014 年北京市社会融资规模与 GDP 之比为 60.4%，远高于天津市的 30.6% 和河北省的 17.6%。

2. 金融相关比率。金融相关比率是金融资产存量与地区 GDP 的比值，一般用于反映金融发展规模，是衡量地区金融深化程度最重要的指标。2014 年京津冀地区的金融相关比率为 4.12，高于全国平均水平（3.21）。分地区看，北京的金融相关比率为 7.21，天津的金融相关比率为 3.05，河北的金融相关比率为 2.44。[①] 北京的金融相关比率远高于全国平均水平，天津的金融相关比率略低于全国平均水平，而河北的金融相关比率最低，经济货币化程度不高。

(二) 京津冀三地的金融发展水平差距较大

1. 北京拥有强大的总部金融资源。北京拥有全国一大半以上的金融资产，金融业增加值位列全国第一，掌握着国家的金融命脉。这里不仅是国家的金融决策中心、金融监管中心、金融信息中心和金融服务中心、金融营运中心和金融交易中心，还是外资金融机构众多的国际金融中心。对金融市场发展有重要影响的决策和监督机构中国人民银行、中国银行监督管理委员会、中国证券监督管理委员会、中国保险监督管理委员会的总部设在北京。三大国家级政策性银行，国家开发银行、中国农业发展银行、中国进出口银行的总部设在北京。实力雄厚的四大国有商业银行和众多全国性商业银行，如中信银行、光大银行、华夏银行、民生银行和邮政储蓄银行，总部均设在北京。三大国家级保险公司中国人保、中国人寿、中国再保险公司，以及中国出口信用保险、新华保险、长城

---

① 根据 GDP、存贷款数据计算所得，GDP 数据来源 Winds，存贷款数据来源于中国人民银行。

保险、寿康保险、民生保险等 11 家保险公司的总部也都设在北京。中国证券结算登记公司总部设在北京，包括中国证券登记中心、中国证券结算中心、中国证券监管中心。拥有全国中小企业股权转让中心，是中国三大证券交易中心之一。

2. 天津拥有"先行先试"的先发优势。滨海新区作为国家金融"先行先试"改革基地和创新基地，在金融企业、金融业务、金融市场和金融开放等方面享受政策优惠和补贴，形成了以银行、租赁、信托、财务、保险、证券、期货、基金、信用评级、资产管理、消费金融、汽车金融、货币兑换、第三方支付、金融后台、金融外包、融资担保、小额贷款、保理公司及相关中介公司为主体，金融机构门类齐全的金融机构体系。国内外一批总部级的金融机构相继落户天津滨海新区，如摩托罗拉财务公司、渣打银行服务外包中心、工商银行金融租赁公司等。在航运金融、融资租赁、私募基金、产业金融、科技金融、外汇改革、保险改革和综合经营八个重点金融领域形成突破。非上市公司股权交易市场在天津滨海新区逐步建立，天津股权交易所、滨海国际股权交易所、排放权交易所等八家创新型交易平台相继成立，实现了多层次资本市场发展。天津滨海柜台交易市场率先实现信贷资产挂牌交易。滨海新区还是全国私募基金的聚集地。截至2010年末，私募股权投资基金和基金管理公司数量达到 917 家，设立了中国第一支产业投资基金——渤海产业投资基金。工农中建四大国有银行的综合经营业务部都设在滨海新区，以进行综合经营业务试点。天津滨海新区成为继深圳和上海后，第三个国家外汇管理局政策上允许开展离岸金融业务的区域，使其建设离岸金融中心成为可能。

3. 河北与京津差距较大。与京津两地金融中心的地位相比，河北省金融发展水平差距较大。金融机构集中程度较低，金融组织体系相对不完善，地方金融机构竞争力较弱，境内外金融机构在河北省的网点也相对较少。无论是金融企业数量、金融业务综合性、金融市场多样性，还是金融开放程度上都难以与京津比肩，这种悬殊差距成为金融协同发展的严重阻碍，资金回报率和成本差异的巨大鸿沟，导致地区利益冲突明显。

三、金融竞争大于金融合作

京津冀区域金融合作目前还处于规划初级阶段，金融协同发展程度仍滞后，主要表现在以下三个方面：一是缺乏统一的大行政区经济观念下的区域金融合作意识，地方政府、金融监管当局对区域金融合作缺乏系统长远的规划、适当的政策指引及综合协调机制。各地区金融产业发展存在各自为政的局面，三地金融发展缺乏在京津冀区域协同发展框架下的清晰定位。京津两地都定位于国际金融中心，在金融领域发展规划上具有相似性，会进一步导致两地产业结构趋同，存在恶性竞争隐患。例如，作为央企国有产权交易试点的北京产权交易所与天津产权交易中心业务范围重叠，存在重复建设问题；河北省计划在石家庄和廊坊打造金融后台中心，建设"中国北方金融产业后台服务基地"，由于金融后台服务中心具有科技含量高、高级人才密集、吸纳就业量大等特点，北京、天津也提出建设金融后台服务中心。二是缺乏完善的金融机构合作机制，没有形成"大市场"规则。区域间金融市场开放程度不够，地方政府及金融机构对区域间金融竞争存在片面认识，特别是对异地金融机构进入辖区发展高端业务持消极态度；地缘观念较浓，在预算单位账户开立、高端客户争取上存在地方保护主义现象，协调机制在利益分配面前软弱无力；对待域内域外金融机构态度不同，地方政府在金融服务软、硬件环境建设上存在重地方性金融机构，轻跨区域金融机构的问题；各地政府对金融发展的重视程度存在差异，特别是在银行卡用卡环境、反洗钱、征信建设等金融公共服务领域存在认识不同、投入不一的情况，影响金融协同机制的建设。三是缺乏金融合作平台，难以形成有效的信息沟通。政府、企业、金融机构尚未就区域内产业结构、基础设施建设以及金融合作战略性问题达成共识。

四、金融资源配置存在壁垒

金融业政策趋同加剧了三地对金融资源的竞争，地区分治的银行业管理模式严重阻碍了金融资本在京津冀区域内的自由流动，削弱了金融资金对经济发展的"输血"功能。银政壁垒的存在直接造成了金融资源分布不均、金融资本人为割裂的状态，从而导致金融资源配置效率降低、结构不合理、周期性风险隐患增加等问题。

京津冀地区资金分布极端不平衡，区域资金回报率和成本差异十分显著。北京作为首都，集中了全国50%~60%的金融资本，但其整合利用率并不高，存在大量闲置资金，各金融子行业单独发展，少有交叉，缺乏区域联动的欲望。天津作为北方经济中心，凭借滨海新区国家金融改革和创新实验基地的优势，实现了金融资源的快速增长和金融业的日渐强大，但由于对接的实体产业不足，金融辐射功能得不到充分发挥，与周边产业的联动效果也就不能完全显现。

五、金融市场一体化程度偏低

在制度壁垒的阻碍下，京津冀区域金融市场一体化进程发展缓慢，表现为：缺乏统一的产业结构调整基金；缺乏统一的抵押质押制度；缺乏区域统一的信用体系和社会信用奖惩联动机制。金融服务跨区域便利程度低，支付清算、异地存储、信用担保等业务没有实现同城化便利，异地特别是跨行之间现金存取手续费偏高，跨区金融交易成本高。金融产品互通、互认、互联程度低，客户待遇差别化。住房公积金跨地区申请贷款只在河北省内部分相邻城市之间试点，使用面较小，跨区域资金存取以及跨省市申请贷款尚存在较大困难，这些都给经济协同过程中相关经营和交易业务的开展造成了不利影响。

六、金融监管缺乏合作

目前我国的金融监管实行分业监管、垂直管理。京津冀三地金融监管机构由分属不同职能的银行、证券、保险监管部门派出机构组成，实行属地管理。各金融监管部门分支机构在行政区划分隔的情况下，对所管辖地区金融机构实施监督管理，着重考虑本地环境、政策和地方政府的行政要求，服务当地金融业发展，缺乏对金融机构跨区域经营活动的有效监管。加之信息沟通不畅，区域金融难以形成有效的监管合作，容易引发金融风险。天津作为金融改革和创新试验区，金融混业经营模式得到一定程度发展，但在京津冀金融协同推进过程中，混业经营模式较分业经营模式更容易引致金融风险。各金融监管部门分支机构在分业监管职能明确的情况下，本身就很难对金融机构混业经营进行监管，更难对跨区域的混业经营风险进行监管。分业监管、属地管理的金融监管体制对京津冀区域金融监管协调提出了极高要求。目前的现实情况是，三地金融监管部门缺乏协调机制，缺乏合作平台，缺乏信息沟通交流机制，信息资源利用率低下，不仅市场准入政策不统一，在金融监管执行标准、监管方式、能力水平上也都不统一。

第六节　河北省金融业发展中存在的问题

一、金融资源相对匮乏

河北省在金融资源上与京津有较大差距，无论是人均金融机构，还是人均存款、人均贷款,均处于较低水平。

人均机构网点数量表明了金融服务对社会公众的便利程度和金融自身发达程度。据2014年数据统计,京津冀地区每万人拥有银行网点数为1.58个,北京为1.87个,天津为1.94个、河北仅为1.43个。[1]

人均存款说明了金融机构动员储蓄的能力和居民的富裕程度。据2014年数据,京津冀区域人均存款15.26万元,北京46.52万元,天津16.34万元,而河北仅为5.93万元,不仅在京津冀区域内最低,而且低于全国8.58万元的平均水平。[2]

人均贷款反映了金融资产的分布状况和经济对贷款的吸纳能力。京津冀区域人均贷款9.49万元,北京24.94万元,天津15.31万元,河北仅为3.80万元,低于全国6.34万元的平均水平。[3]

河北省作为一个地区生产总值排名全国第六、人口占全国5.4%的东部大省,社会融资规模和贷款规模占比近年来仅维持在3.3%左右,金融资源明显匮乏。

二、金融资源配置效率低

就银行业金融机构信贷比率而言,2014年河北省信贷比率仅为95.3%,低于全国平均水平(136.4%)41.1个百分点;从证券业证券化率来看,2014年河北省证券化率21.3%,低于全国平均水平(66.8%)45.5个百分点;而河北省保险业保险深度,2014年为3.17%,略低于全国平均水平(3.18%),保险密度仅为1262.15元,低于全国平

---

[1] 根据金融机构网点数据和各地区人口计算所得,数据来源Winds。
[2] 根据各地区人口和存款数据计算所得,人口数据来源于Winds,存款数据来源于中国人民银行。
[3] 根据各地区人口和贷款数据计算所得,人口数据来源于Winds,贷款数据来源于中国人民银行。

均水平（1479.35元）217.2元。

从资金利用效率看，河北省2014年存差1.57亿元，排名全国第六位，存差排名前五位的省市分别为北京、广东、上海、江苏和四川[①]。可以看出，存差排名较前的省市一般都是经济发达地区，出现大的存差主要是经济发展水平较高，财富效应造成了存款明显高于贷款。而河北省存差形成的原因是资金闲置或利用率不高，暴露了金融运行中的一些深层次问题：一是企业生产及项目建设对资金的凝聚吸纳能力不强。二是储蓄向投资转化渠道不畅，金融对经济发展的支持力度有限，没有充分发挥金融资源配置引导其他资源的作用。三是银行体系效率低下，信贷资金使用效率不高。

三、金融结构不合理

河北省金融结构不合理主要体现为融资模式单一，间接融资比重过大，直接融资发展缓慢，资本市场发展明显滞后。

直接融资通常指股票和债券融资，间接融资通常指银行贷款。2014年河北省直接融资743亿元，占社会融资规模的14.3%，比全国平均水平（17.3%）低3个百分点。[②] 企业更多依靠以银行贷款为主的间接融资解决资金问题。目前银行体系的信贷政策和利率价格明显倾向于政府融资平台和大型企业，河北省单侧偏沉的融资结构不利于培育资本市场对潜在产业机会和创新成果的孵化机制，在做大做强优势企业的并购重组方面手段匮乏。

---

① 根据存贷款数据计算排序所得，数据来源于中国人民银行。
② 数据来源：中国人民银行，根据社会融资规模数据计算所得。

四、金融创新不足

从供给看,河北省金融机构经营管理略显保守,不能主动适应市场实际需求,积极发现和培育潜在优质客户;风险管理上存在过度追求低风险倾向,缺乏主动通过资产定价等方式有效覆盖风险、采取积极措施锁定风险的意识;运行效率不高,银行层层审批、审贷分离等制度限制了放贷能力、降低了审批效率,不能及时满足企业的有效需求;金融产品供给不足,部分商业银行不能主动、有效地开展适合客户需求的管理机制和业务产品创新活动,为客户提供便捷的金融服务。

从需求看,长期以来,河北省居民金融意识普遍不强,金融需求相对较少。截至2014年末,河北省人均持卡量仅2.8张,低于全国人均3.6张的平均水平。[①] 河北省企业经营相对保守,面对纷繁复杂的经济环境,企业融资、理财、规避汇率风险等需求旺盛,但真正了解相关知识较少,不能主动寻求相关金融产品的帮助,进而导致金融机构创新金融产品和服务的动力不足。

从媒介看,河北省第三方支付等新型互联网金融模式发展缓慢。截至目前,中国人民银行总行依法核准的270家支付机构中,北京(56家)、上海(54家)、深圳(20家)、江苏(16家)、浙江(14家)及广东(不含深圳,12家)六个地区的法人支付机构数量占全国总量的64%。[②] 河北省支付机构发展相对落后,主要表现在法人数量少、支付业务类型单一(仅有预付卡发行与受理业务)及业务范围小等方面,目前仅有3家法人支付机构上报中国人民银行总行等待批准。

---

① 数据来源:中国人民银行。
② 数据来源:中国人民银行。

五、金融产业缺乏特色

北京定位于国际金融中心,大力发展创新金融和科技金融,天津致力于金融改革示范区和金融创新基地,大力发展多层次资本市场。与京津两地相比,河北省金融产业缺乏特色。京津冀金融协同发展,不仅仅是河北省从京津两地获得资金上的支持,更多的是在金融功能上的辐射和金融政策上的优惠。因此,金融业清晰的定位和建立自身独特优势,就成为河北省与京津两地金融发展互补的前提条件,最终融入到金融协调发展的框架内。

第五章 京津冀区域金融协同发展机理分析

第一节 区域金融协同发展是区域金融发展的内在需求与动力机制

一、区域金融发展的内在要求

(一) 区域金融发展内涵

主流学者将金融发展定义为金融结构的变化,包括不同时点上金融工具和金融机构的比例及其结合方式的变化。例如戈德史密斯(Goldsmith)的理论认为金融结构、金融工具存量和金融交易流量反映了一国金融发展水平。这种观点将金融体系看做金融工具与金融机构的组合。本书认为从金融工具和金融机构的角度理解金融体系并不完整,因为金融工具与机构处于动态发展中,市场和实体经济对金融体系的功能和效率不断提出新的需求,进而引导金融工具的创新和金融机构的演进。因此,金融体系功能和效率更能从本质上体现金融发展水平。本书将金融发展理解为金融产品创新,金融机构演进并最终体现为金融效率的提高和金融功能的强化。

区域金融是指一国或一个经济体内金融结构与运行在空间上的分布状态。区域金融强调金融发展水平的空间差异性,包括金融运行效率、金融机构和金融产品完备程度以及金融体系功能等方面。这种差异源于区域金融演进的特殊规律以及区域金融和区域经济之间的辩证关系,是区域金融发展的结果。因此,我们可以将区域金融发展理解为金融空间发展的动态演进过程,表现为区域金融体系不断完善,金融结构不断优化,金融运行效率不断提高以及金融功能不断增强。区域金融是区域金融发展动态过程的"截面"或结果。

(二) 区域金融业发展特点

根据新地理经济学派的分析框架,行业的空间发展过程和均衡结果取决于规模经济和集聚经济效应,运输成本以及行业特点三个方面。本章探讨区域金融发展过程,必须从金融行业特点出发。

1. 金融行业的信息属性。在现实市场环境中,信息不完全和不对称阻碍了资金在供给者和需求者之间的流动。金融体系的中介角色较好地解决了资金供需双方的信息问题,促进了资金融通。从金融机构论的角度来说,各类金融机构都依赖于专业的信息搜集、处理和传递。例如投资银行主要对直接融资主体财务、经营状况信息进行处理、审核和传递;而传统商业银行则依赖于对授信对象和投资标的的信息搜集和处理。从金融功能论的角度来说,金融体系各项职能的发挥,取决于信息获取和处理的能力,例如资源配置职能和公司治理职能依赖于金融机构对宏观形势、行业趋势以及个体状况的研判。因此,从根本上讲,金融行业实际上是经营信息的行业。

金融活动所使用的信息,可以分为"硬信息"和"软信息"两类。"硬信息"是指能够通过媒介在不同地域、不同主体以及主体内部不同管理层级之间有效传播的信息,例如财务数据等。而"软信息"则是无法有效评价、记录和传播的各类信息，例如金融企业和客户在长期交往中形成的相互了解。两类信息的不同特点决定了它们对于不同类型金融机构具有不同的重要性。规模较大、管理层级较多的金融机构更偏重"硬信息"的获取；而规模较小、管理层级少、决策较为灵活的金融机构则更多依赖"软信息"。正是由于不同规模金融机构对不同信息的依赖，形成了金融行业的空间格局。

2. 金融行业空间发展的"向心力"。一方面，集聚经济效应带来金融行业的空间极化发展趋势。一是金融行业空间上的聚集，方便了各类经济信息的汇集、传播与共享，信息外部性特点节约了各金融机构的信息成本，有助于金融机构就其自身发展做出科学决策。二是金融机构对信息的处理与分析属于技术密集型生产活动，由空间聚集引起的技术外溢以及对技术人才的共享，也会带来集聚经济效应。此外，金融行业的空间聚集，引起极化区域金融竞争加剧，对金融技术、管理手段、产品创新以及经营效率提高形成外在压力。

另一方面，规模经济效应促使金融行业集聚发展。在资源配置上，只有具有足够规模的金融机构，才能有效汇集和调动社会闲散资金，满足大规模投资项目，促进资本形成。在风险管理上，规模大、资产雄厚的金融机构更倾向于强化风险管理手段，有效抵御和分散风险。在信息提供和公司治理上，金融机构扩大规模可以实现更加细致的信息管理专业分工，形成合理的治理结构和监督手段。

值得说明的是，金融业的集聚经济和规模经济效应都根源于金融业的信息属性，特别是对"硬信息"的依赖。因此可以说，"硬信息"的特性决定了金融行业空间发展的向心力。

3. 金融行业空间发展的"离心力"。金融机构的经营和决策不仅依赖于"硬信息"，还依赖于无法直接记录并有效传播的"软信息"。这类要素的存在导致金融业在一定程度上具有离散分布的趋势。依赖"软信息"的金融机构将在距离客户和市场较近的位置分布和经营，以本地化经营为主，专注当地市场。由于"软信息"的获取需要金融从业人员与一线业务和客户直接接触，并长期交往，这些信息无法为其他机构，特别是距离较远的大型机构轻易获得和利用，因而利用"软信息"进行本地化经营的金融机构容易获得当地市场的垄断地位。

4. 金融行业空间发展的二元格局及其效率分析。

（1）金融行业空间发展的二元格局。金融行业空间发展的向心力和离心力同时存在，造成金融业的"二元格局"，即中心区域和外围区域的对立。在中心区域，规模大、实力雄厚、创新力强的各类大型金融机构聚集分布，共享信息、人才、基础设施等，在激烈的竞争博弈中不断取得经营水平和效率的提高，集聚经济效应得到充分体现。而外围区域，金融机构规模较小，金融产品和机构种类较少，体系不完善，竞争力弱，具有较强的垄断性，机构经营水平和效率以及金融创新力较弱。

（2）金融行业空间发展二元格局的效率分析。金融行业的空间二元格局是基于行业特点，由市场力量自发形成的，在一定程度上体现了效率要求。但由于存在信息不完全，市场力量形成的均衡结果也有可能是低效率的。

首先是金融中心区对外围区的金融资源具有虹吸效应。一般而言，金融资源在中心区能够得到更充分的利用，获得高额收益，因而资金向中心区流动是必然现象。然而，这种虹吸效应却剥夺了外围区稀缺的金融资源，不利于当地资本形成和金融发展。此外，充当虹吸管道的往往是大型金融机构的分支机构，其在为本地经济服务、为中小企业服务方面缺乏主动性，更倾向于将汇集的外围区金融资源投向中心区的大规模项目中，进一步强化了中心区域与外围区的经济差距，甚至于会使外围区陷入低水平均衡发展。

其次是中心区与外围区的市场割裂现象。中心区金融体系完善发达，金融产品和服务种类繁多，创新不断涌现，而外围区金融体系不完整，品种单一，服务水平低下；中心区金融机构经营和管理水平高，而外围区金融机构经营效率低；中心区金融资源供给充足，融资成本较低，而在外围区资金成本则相对较高。除此以外，金融中心区往往享有良好的金融制度环境，易于获得政府政策倾斜，而外围区则面临恶劣的制度环境。

基于以上分析，金融业的二元结构造成了中心区对外围区的"剥夺"以及二者在金融发展水平和效率方面的差异持续扩大。通过政策手段打破金融二元分立格局，促进金融市场统一、金融效率外溢以及金融资源的有效配置和流动，可以提升区域整体金融发展水平和可持续发展能力，促进金融资源空间配置的帕累托改进。

（三）区域金融协同发展是区域金融发展的内在要求

首先，区域金融协同发展是打破金融空间二元格局的重要手段。金融空间发展二元格局具有市场自发性，并不断加剧中心和外围区域的对立和分化，区域金融发展差距不断扩大。中心区域在吸收外围区域资源的基础上加速发展，而外围区域则陷入金融资源匮乏的恶性循环中。因此，必须依靠政府的力量扭转两级分化态势。政府通过制定合理的区域金融发展政策，给予适当的政策扶持和倾斜，为外围区域金融发展提供启动力量；协调中心和外围区域金融发展的关系，帮助外围区域打破低水平均衡，实现中心和外围良性互动。

其次，区域金融协同发展是建立区域金融市场一体化的基本前提。金融空间发展的二元格局迫使中心区和外围区的金融市场割裂。割裂的金融市场成为中心区与外围区之间的"单向阀"，中心区依赖大型金融机构分支吸取外围区资源，同时割裂的金融市场与地方垄断力量却阻止中心区金融效率溢出和资源回流。这一过程还导致中心区和外围区在金融机构和产品体系的完备程度、运行和创新效率的差距进一步扩大，加剧了区域金融的不平衡性。区域金融协同发展可以实现金融市场开放互通、改善金融机构体系、提高运行效率、形成良性区域金融关系，是实现区域金融市场一体化的动力系统和制度保障。

最后,区域金融协同发展为区域金融运行创造了良好的外部条件,重塑区域金融关系。恶劣的金融环境,会加剧区域金融发展水平差异,强化现有二元格局的分化和对立。例如低水平的支付结算系统不利于资金的跨区域流动;不完善的会计、法律以及征信制度制约着金融机构的扩张和发展。因此,塑造良好的金融环境,可以为区域金融发展提供外部条件保证。

综上所述,区域金融协同发展战略以金融政策的合理制定为启动力量,以金融市场开放和金融机构多元化为持续动力和制度保障,以金融环境的持续改善作为外部条件,对于打破区域金融二元格局,打造良性互动的区域金融关系,实现区域金融持续发展具有十分重要的意义,是区域金融发展的内在要求。

二、区域金融系统的功能概述

为厘清区域金融协同发展促进区域金融经济发展的作用机理,必须对区域金融体系在区域经济运行中的地位和作用进行深入探讨。本书认为区域金融体系的功能主要包括以下几点:

(一)聚集资金,动员储蓄

区域金融系统能够有效吸收社会闲散资金,汇集资本,形成合力,使金融资源得到充分利用。金融活动具有明显的规模经济效应,可以整合零散的金融行为,通过专业化流程管理大规模资本,有效降低了交易成本。同时,由于金融机构拥有丰富的信息来源,专业化的投资分析团队、完备的风险管理制度,相对于个人投资者,能够实现更高的投资收益和更为有效的风险管理,因而对社会闲散资金产生较强的吸引力。此外金融机构还通过创新活动,开发出适合客户偏好和市场环境的新产品,增强民众的储蓄意愿。

(二) 实现金融资源的转移与配置

区域金融系统通过对资金的合理配置和使用,提高金融资源的使用效率。在良好的区域市场环境下,金融机构依赖其信息优势和投资专长力图实现更高的回报率,将金融资源配置于成长性好、市场前景广阔、预期收益率高的行业和企业,从而实现资金合理配置。

(三) 管理风险

首先,金融机构汇集了多元化的社会资金,其广泛的资金来源和庞大的资金规模帮助其有效实现了风险分散和抵御。其次,金融机构往往拥有严密的风险管理制度和科学的风险管理方法,对风险的认识更加客观深刻。最后,金融创新开发出各类衍生工具,拓宽了金融机构风险管理的手段。

(四) 清算和支付结算

区域金融系统提供的清算和支付结算服务促进了贸易发展,强化了区域内和区域间的经济联系;加速了社会资本循环和货币流通速度,减少流转过程中占用的资金,增强了金融系统对社会资金的吸引力,形成资金汇集,提高资金使用效率。此外,随着金融的创新,清算和支付结算功能日益融合了授信性质,形成了具有中间业务特点的新产品和服务。

(五) 解决信息不对称,改善公司治理

融资者和投资者之间存在的信息不对称是金融活动的阻滞力,而金融体系的重要职能之一就是通过一系列制度设计解决信息不对称问题,改善公司治理。对于间接融资而言,金融机构吸收了大量资金,代表储户和自身利益对融资方进行监督,在减少大量投资者之间协商成本的同

时,提高了投资方的谈判力。对于直接融资而言,金融市场信息通达,资产价格由市场直接确定,一方面可以降低企业融资成本,另一方面也对企业行为形成了有效制约。

(六) 提供信息

区域金融体系的信息提供功能主要来源于金融机构在获取、分析和处理信息方面的专业化优势以及金融市场对信息的汇集。提供信息是金融系统的基础性功能,金融资源的有效配置、风险管理和公司治理的改善都依赖于金融体系所汇集的信息以及对信息的分析、处理和传递。从某种程度上说,信息优势是金融机构和金融市场存在发展的基础。

三、区域金融协同发展促进区域金融发展的作用机制

(一) 区域金融协同发展促进区域金融发展的溢出机制

区域金融协同发展促进区域金融发展的溢出机制是指区域金融中心区域通过金融资源辐射、金融机构扩张、金融技术和理念传播以及金融产品开发和销售,带动外围区域金融发展水平和效率的提高。溢出机制发挥作用的前提是金融空间发展"二元格局"造成的区域金融发展水平和效率的差异。

1. 金融资源的溢出。金融资源的适当集中和极化有助于其高效利用,但过度集中于中心区域,会使其出现资源闲置,而外围区域金融资源短缺,形成中心对外围的金融资源"掠夺",损失经济效率。区域金融协同发展打破金融市场地域割裂,建设区域共同依赖的良好金融环境、信息环境和法律环境,通过适当的金融政策支持外围区域,帮助金融资源从中心向外围的溢出与扩散。

2. 金融效率的溢出。中心区域的金融机构共享着丰富的信息,拥有

高水平的管理理念和金融技术，掌握高端人才，逐渐扩大了与外围区域在金融效率方面的差距。区域金融协同发展打破了市场壁垒，促进中心区域与外围区域之间的交流，高效率的金融机构向外围区域扩张，带去先进的理念和技术，加剧了外围区域金融业竞争，进而提升金融效率。区域金融协同发展致力于塑造良好的金融外部环境和建设便捷的金融基础设施，促进金融机构跨地区经营，提高地区间资金流转速度，建立信息传递与共享平台，有利于金融效率从中心区域向外围区域传播。除此以外，区域金融协同发展还会促进金融产品和金融创新的溢出，完善外围地区的金融体系。

总之，区域金融协同发展的溢出机制，以金融政策的适当制定和倾斜为推动力，通过打破区域市场壁垒，共建良好金融环境和基础设施，以促进金融资源、金融效率、金融机构和金融产品从中心区域向外围区域扩散，完善外围区域金融体系，强化金融功能，是中心区域拉动外围区域金融发展的主要作用机制。

（二）区域金融协同发展促进区域金融发展的反馈机制

溢出机制强调区域金融协同发展对于外围区域的促进作用，而反馈机制则侧重于外围区域金融发展对中心区域的意义。反馈机制包括以下两方面：

1. 金融市场的反馈。中心区域金融体系完善，金融产品多样，竞争激烈，在每一个金融子市场都充斥着诸多竞争者；而外围区域金融竞争程度低，金融体系不完善，产品缺失，存在许多尚待开发的子市场，市场潜力巨大。除此以外，由于金融效率方面存在差距，即使外围区在某些领域已经存在许多竞争者，中心区金融机构依旧可以凭借其技术、人才、创新力和效率方面的优势，在外围区获得发展机会。因此，对于中心区金融机构而言，外围区潜藏无限商机，区域金融协同发展可以创造区域金融交往的有利条件，在促进外围金融发展的同时为中心区金融扩张提供巨大市场。中心区金融机构可以通过设立分支,参股外围金融机构等形式,获得扩张与发展的机会。

2. 金融资源的反馈。外围区金融长久处于低效运行状态,本地金融资源未得到充分开发和有效利用。区域金融协同发展促进中心效率溢出,提高外围地区金融资源总量和利用效率,扩充中心区和区域整体可利用的金融资源总量。

(三) 区域金融协同发展促进区域金融发展的合作机制

区域金融协同发展的合作机制强调中心区域与外围区域通过金融机构、金融监管和金融环境及基础设施等方面的交流互通,共建各取所长、互利共赢、共同发展的局面,取得"1+1>2"的效果。

1. 中心区与外围区金融机构之间的交流合作。中心区与外围区金融机构在主营方向和经营特点方面具有较大差异:中心区金融机构自身实力强、规模大、经营理念先进、技术含量较高,适合为大企业、大项目、跨区域业务提供金融服务,拥有进行金融创新的软件和硬件条件,善于处理"硬信息";而外围区金融机构则依赖地缘、人缘优势,更加有效和稳健地为地方性企业和中小企业提供服务。区域金融协同发展为两类企业交流与合作提供了有利条件,在发挥各自优势的基础上实现互利共赢。中心区大型金融机构发挥"总部经济效应",致力于金融创新、产品开发、跨区域金融服务;外围区金融机构利用中心区的金融资源和金融创新成果,结合自身优势服务地方发展,最终提高区域整体的金融效率和金融发展水平。

2. 中心区与外围区金融监管的合作机制。现行金融监管体制受到管辖权限的地域限制,缺乏金融监管的合作交流机制,对于整体性金融风险难以有效识别和预防。一旦出现整体性金融风险,各地金融监管机构缺乏统一行动,各自为战,无法有效应对和排除风险。因此,在促进金融机构交流合作的同时,还要加强金融监管合作机制,提高区域整体金融监管水平。

3. 中心区与外围区在金融基础设施和金融制度环境方面的合作。中心区往往拥有良好的金融基础设施和金融环境，而外围区与之差距较大，导致区域整体无法发挥中心区优良条件带来的协同效应。区域金融协同发展促进区域金融基础设施和金融环境的整体提升，强调缩小地区差异，发挥协同效应，将中心区与外围区置于同样的金融环境中，以促进各地金融交流合作，实现金融资源的高效流动。

区域金融政策制定合理、区域金融市场开放、区域金融组织结构多元化、区域金融生态环境改善作为区域金融协同发展的四大支柱，在促进区域金融发展中起到了不同作用。溢出机制以金融政策扶持，开放统一的金融市场，金融机构扩张与创新以及金融生态环境改善与协调为必要条件；反馈机制主要依赖于区域金融市场的开放和统一以及金融环境的改善；合作机制的发挥则与金融市场开放和金融组织结构的多元化密切相关。因此，可以将区域金融协同发展四大支柱与三个促进机制之间的关系概括如图5-1所示：

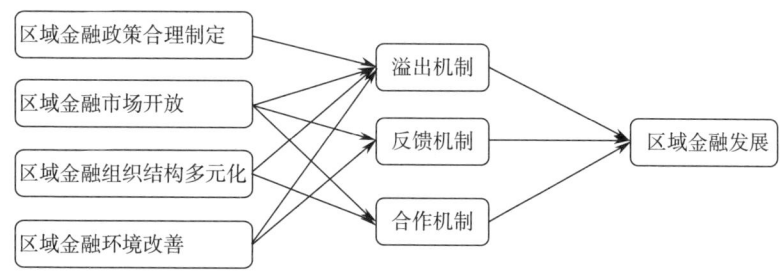

图5-1 区域金融协同发展促进区域金融发展机制

（四）区域金融协同发展对区域金融系统功能的促进作用

区域金融协同发展可以强化区域金融系统功能，其作用主要体现在以下几个方面：

1. 区域金融市场开放对于区域金融系统功能的作用。长久以来，我国金融市场存在着严重的区域分割和市场壁垒，呈现出不完全竞争格局。地方金融机构往往凭借其本地优势和信息优势享有强大的垄断力，这就必然损失金融资源配置效率。同时，由于目光囿于区域金融市场，地方金融机构无法全面准确地搜寻和分析经济信息，金融系统提供信息的功能减弱。

相反，地方金融市场开放，破除区域壁垒，允许金融要素跨区流动和金融机构跨区经营，将显著提高地区金融市场竞争程度，促进效率提高。同时，开放的市场促进了金融机构之间信息的共享与交流，金融技术和管理经验的外溢，有助于提升区域金融系统的信息功能和经营效率。

2. 区域金融组织结构多元化对于区域金融系统功能的作用。不同类型的金融机构具有不同的经营方向和目标市场。区域金融协同发展可以促使地方金融机构多样化，填补地区金融空白，满足经济多元化的金融需求；弥补薄弱环节，强化区域金融体系集聚和配置金融资源的能力，对于完善金融系统功能具有重要意义。

3. 区域金融政策的合理制定对于区域金融系统功能的作用。金融行业体现出显著的规模经济和集聚经济特性，这决定了区域金融具有强大的极化倾向，会扩大区域金融发展的不平衡状态，因此需要合理的政策干预，实现区域金融均衡发展。金融政策应在营造良好的市场条件和竞争氛围的基础上，向金融发展滞后的地区适当倾斜，全面均衡调动区域金融资源，形成合理的金融结构和空间格局。

4. 区域金融生态环境逐渐改善对于区域金融系统功能的作用。无论是区域金融自身发展，还是其对经济增长的服务作用，都离不开良好的金融生态环境。例如，严密的会计制度，将强化金融系统的信息提供功能；完善的法律体系，对于保障投资人和债权人权益至关重要，提升了公众对金融体系的信心，进而增强其获取金融资源的能力；良好的市场环境，将在金融机构有序竞争的基础上，提高区域金融资源的配置效率，强化金融系统聚集资金、配置资源、支付清算以及信息提供等功能。

第二节　京津冀区域金融协同发展程度分析

区域金融协同度较高意味着区域金融之间联系紧密，区域内不同地区金融发展差距较小且日趋缩小，整个地区金融发展程度逐步提高。本章借鉴国内外研究成果，结合京津冀金融发展实际，从区域金融一体化程度、区域金融发展差异度两方面对京津冀金融协同发展程度进行定量分析。其中，区域金融一体化程度指标用于衡量区域金融联系程度和分工合理度；区域金融发展差异度指标用于衡量区域金融发展的均衡程度。

一、京津冀区域金融一体化程度的度量

目前衡量金融一体化程度的方法主要有价格法和数量法。价格法假定，如果金融市场完全一体化，则一价定律存在，区域内不同地区资金价格差异较小甚至没有差异。数量法从银行存款和贷款相关性的角度研究区域金融一体化问题，假定区域内资本流动为零，那么当地贷款只能来源于当地存款，当地贷款和存款相关系数较高；但如果资本流动非常充分，某地的存款可以用到任何地方，则本地存款和贷款的相关性较弱。以下分别利用价格法、数量法动态衡量京津冀区域金融一体化程度。

（一）基于价格法的区域金融一体化测度

鉴于目前中国金融融资结构仍以间接融资为主，证券市场直接融资比重还较小的现实，可以通过比较京津冀三地贷款利率水平差异考察区域金融一体化程度。2013年，我国金融机构贷款利率全面放开，由于难以掌握各地区贷款利率实际水平，在全国基准利率相同的情况下，可以

通过间接比较各地区贷款利率上浮和下浮的比例来考察贷款利率差异（见附录附表1）。

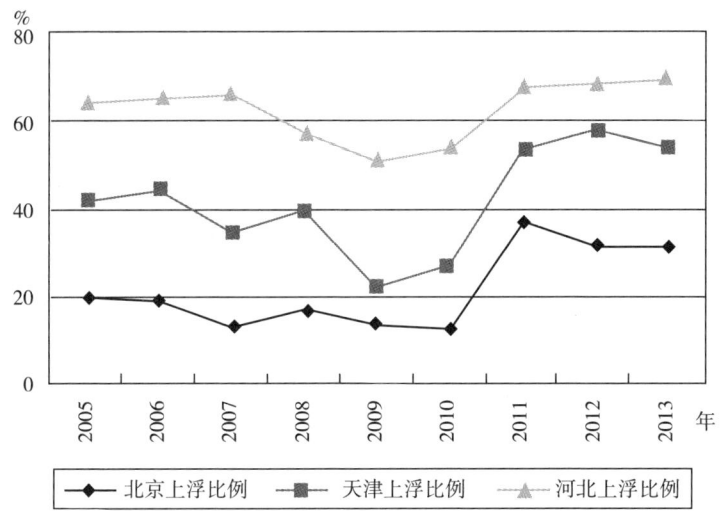

图 5-2　2005~2013 年京津冀银行贷款利率浮动情况表

从图 5-2 可以看出，2005~2013 年京津冀三地银行贷款利率浮动存在明显差异，河北上浮比率最高，天津次之，北京最低。2005~2013 年，河北利率上浮比率在 50%~70%，除 2008~2010 年三年外，其余年份上浮比率均超过 60%；同期北京利率上浮比例在 12%~40% 的区间内波动，除 2011~2013 年三年外，其余年份上浮比例不超过 20%。不同性质的银行客户议价能力是三地利率浮动差异的主要原因。河北地区农村金融机构占全部金融机构资产的 20%，意味着存在大量以支持"三农"为主的农信社贷款，农业生产经营受自然条件影响大、风险高，按照风险和收益相匹配原则，农信社会提高贷款利率；而北京地区农村金融机构资产仅占全部金融机构资产的 3%，主要以服务于大型、优质企业的国有银行贷款为主，其贷款议价能力较强，贷款利率多为下浮或基准利率。

图 5-3 从动态角度描述了三地资金价格差异情况。三地贷款上浮比例方差有所缩小，特别是 2010 年以后，三地贷款利率浮动差异明显收

窄,方差值低于300。

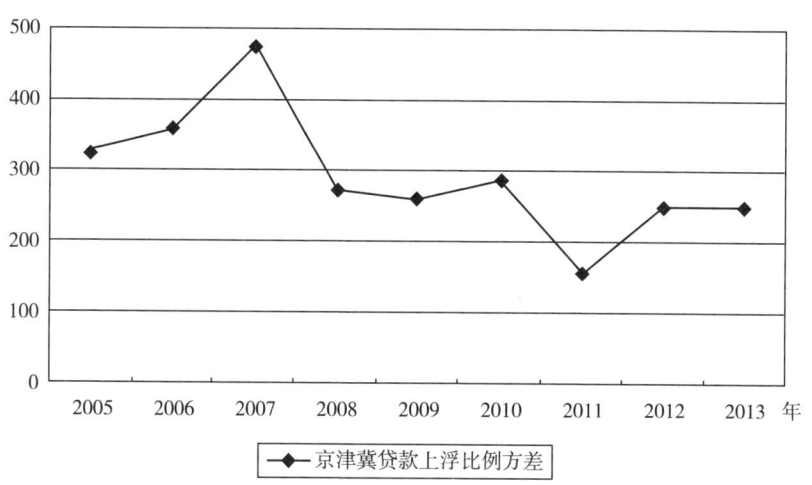

图 5-3 2005~2013 年京津冀银行贷款上浮比例方差走势

(二)基于数量法的区域金融一体化测度——存贷款分析法(F-H 法)

1980 年 Feldstein 和 Horioka 通过验证投资与储蓄相关性考察区域金融一体化程度(F-H 法)。该方法对区域内储蓄、投资与资本流动之间的关系进行了假定,若区域整体已实现高度金融一体化,则资本完全流动,区域内任何一地的储蓄都能跨区域流动投资,正所谓"取之于此,用之于彼",因此地区的储蓄和投资是相互分离的,其相关系数较低。基于此,Feldstein 和 Horioka 提出了如下回归方程检验区域内某地的开放程度:

$$(I/Y) = a + b(S/Y) + e$$

其中,I/Y 为地区投资与 GDP 之比,S/Y 为地区储蓄与 GDP 之比。如果区域实现完全一体化,则储蓄和投资的相关系数 b 应等于零或接近于零。因此可根据 b 的大小,判断区域金融一体化程度。

由于我国金融体系依然以银行为绝对主导,因此可以用银行存贷款相关性代替储蓄-投资相关系数,通过研究京津冀三地金融机构存贷款相关性,考察三地金融一体化程度。图5-4、图5-5、图5-6和图5-7展现了1981~2014年京津冀三地及区域整体存贷款趋势图(详细数据见附录附表2和附表3)。

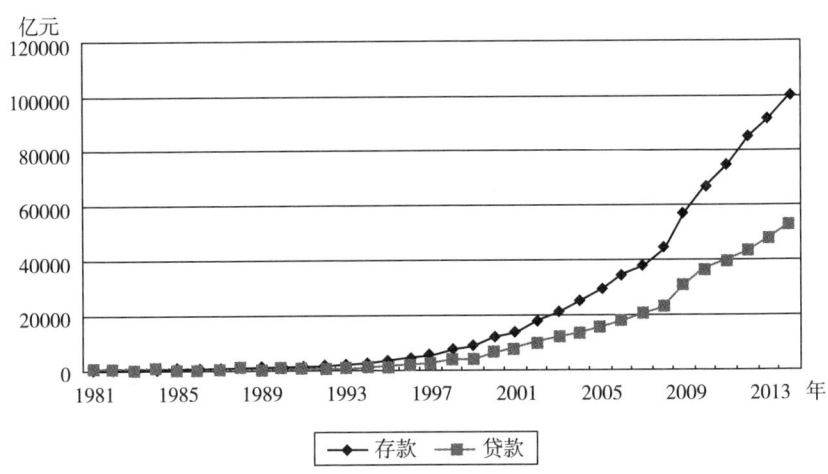

图5-4　1981~2014年北京金融机构存贷款走势

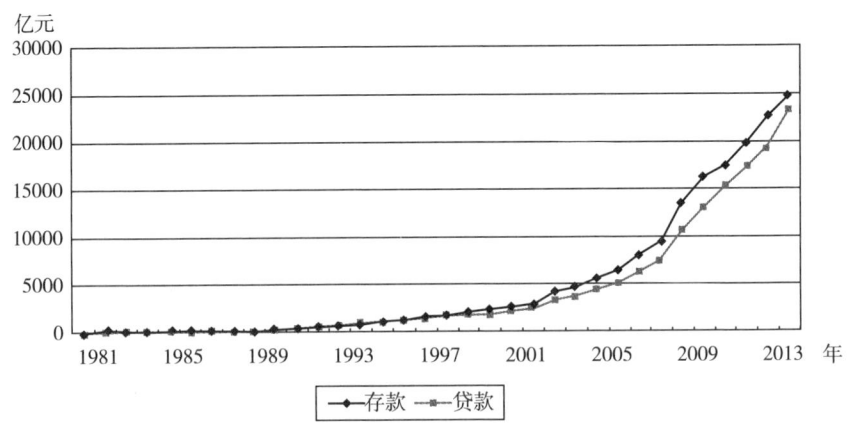

图5-5　1981~2014年天津金融机构存贷款走势

分析京津冀三地历年存贷款走势可以看出,长期以来,三地存贷比高低排序较为稳定,天津存贷比最高,河北次之,北京最低。从1981年

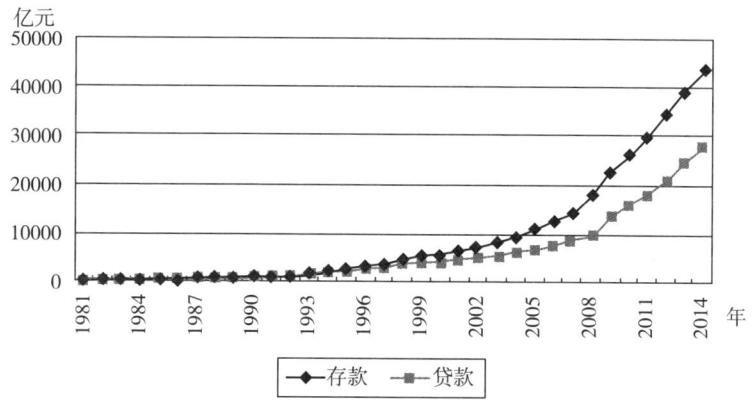

图 5-6　1981~2014 年河北金融机构存贷款走势

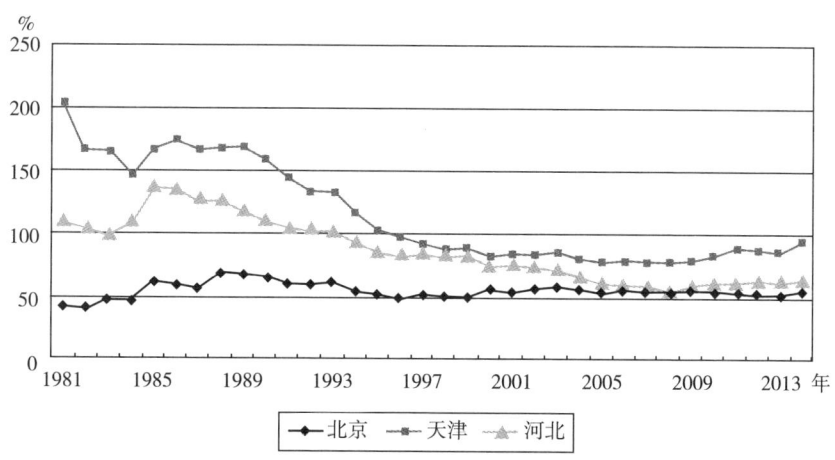

图 5-7　1981~2014 年京津冀三地存贷比走势

至今,北京一直保持存差,即存款大于贷款,存贷比在 50%~55% 内波动。而天津、河北走势与北京有所不同,20 世纪 80 年代至 90 年代中期,两地贷款均大于存款,呈现贷差;河北于 1994 年、天津于 1996 年开始出现存差,之后存差不断扩大;而到 2008 年两地存贷比双双达到阶段低点;2009 年开始,两地存贷比有所回升。北京存在巨大存差的主要原因是北京的总部经济效应沉淀了大量资金,提升了存款规模,导致北京存贷比数据具有异常值特征。而河北、天津两地由贷差转变为存差并延续至今，则主要是由于金融体制改革。1995年《商业银行法》出台，商业银行股份制改革逐步加快，公司治理不断完善，不良贷款剥离与核销力度加大。《巴塞尔协议》8%的资本充足率等多重因素要求商业银行限制资产规模，增强信贷管理内部约束。同时随着金融市场发展，银行资产多元化趋势日益加强，非信贷资产如有价证券比重不断增加，信贷资产比重自然相应缩小。

1998年中国人民银行取消了对商业银行信贷规模控制，调控方式由直接信贷计划调控全面转向货币供应量的间接调控，加之银行体系垂直化管理体制改革，地方政府对银行行政干预逐渐减弱。根据F-H法假设，若地区间资金流动不再有严重的政策倾向和行政壁垒，每个地区内部银行存款和银行贷款相关性应该减弱。以下通过定量分析验证该假设是否成立。

以1997年为节点，计算1981~1997年、1998~2014年两个时间段京津冀三地存贷款相关系数。由表5-1可以看出，1998年之后，三地存贷款相关系数均有所下降，但相关度依然很高。

表5-1　　　　　　　不同时段京津冀三地存贷款相关系数

单位：%

年份	北京	天津	河北
1981~1997	99.92	99.49	99.64
1998~2014	98.05	98.18	98.89

考察央行调控方式转变及地方政府对银行干预减弱对地区存贷款相关性的影响，可以建立如下方程：

$$Y_i = a + bX_i + dX_4 + e \quad (i = 1, 2, 3)$$

Y为存款余额，X为贷款余额，其中Y_1、Y_2、Y_3，X_1、X_2、X_3依次为北京、天津、河北三地存款余额、贷款余额。X_4为虚拟变量，代表央行调控方式及地方政府对金融的干预度。以1998年为节点，1998年之前，X_4 取值 0；1998 年之后，X_4 取 1。分别将京津冀三地存贷款数据带入方程，通过 Eviews 软件得到分析结果（见表 5-2）。

表 5-2　　　　信贷调控方式转变、地方政府金融
干预减弱对存贷款关系影响检验

方程	T 统计量		拟合优度检验	F 统计量
	X	X_4		
北京方程 1	124.04（0.000）	1.27（0.2）	0.9989	14844（0.000）
天津方程 2	63.4（0.000）	3.29（0.0025）	0.9956	3523（0.0000）
河北方程 3	51.05（0.000）	5.78（0.0000）	0.9941	2551（0.0000）

实证结果显示上述三个方程拟合优度很高，回归系数合理，方程总体可靠。除北京外，天津、河北两地虚拟变量 X_4 均通过 T 检验，说明信贷调控方式转变、地方政府金融干预减弱对存贷款关系有显著影响。通过对京津冀银行存贷款相关性的分析发现，1998 年以后，随着央行调控方式的改变以及地方政府对金融干预程度的减弱，京津冀三地存款和贷款的相关性变小，金融资源跨地区流动较之以前有所增加。

二、京津冀区域金融发展水平差异度量

（一）京津冀三地金融发展水平比较

1969 年，戈德史密斯提出用金融相关率（FIR），即金融资产总量与 GDP 比值，衡量一国金融发展水平，金融相关率越大，说明金融发展水平越高。就我国现实情况而言，银行一直占据金融体系的主导地位，银行信贷资产在金融资产中占有绝对比重，同时存贷款总额具有良好的稳定性，可以作为金融资产的替代指标，因此，可以利用区域存贷款总额占 GDP 的比重衡量区域金融发展水平。根据京津冀三地存贷款以及 GDP 统计数据，计算得出 2001~2014 年京津冀三地金融发展水平（见图 5-

8，详细数据参见附录附表4）。

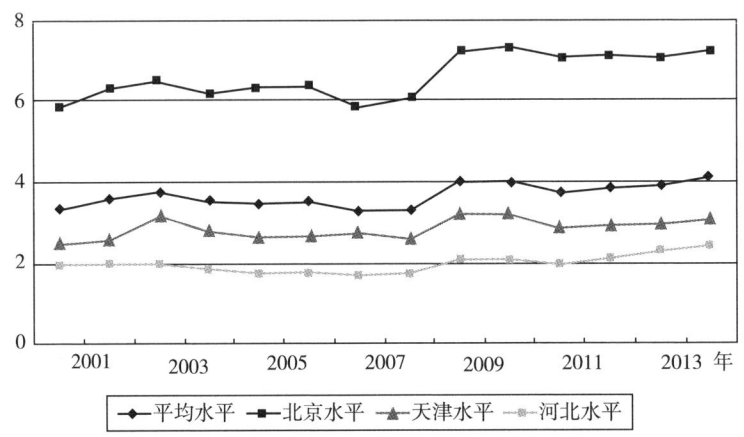

图5－8　2001～2014年京津冀金融发展水平走势

由图5－8可知，京津冀三地金融发展水平走势保持一致：2008年之前，金融相关率变化不大；2008年后为应对金融危机，国家4万亿元投资、银行信贷投放扩张，金融相关率明显提升。横向比较，北京作为多数全国性银行、证券、保险金融机构的总部所在地，资金集聚效应明显，金融发展水平最高；天津依靠滨海新区国家金融改革创新试验区的政策、区位优势，建设现代金融服务体系，近年来金融业发展加快，水平显著提升；而河北省金融业与自身相比有了较快发展，但与京津两地差距仍很悬殊，依然没有摆脱相对落后的地位。

（二）京津冀三地金融发展水平差异度量

借鉴测度区域收入分配差异的方法，构建相对数指标：区域金融发展基尼系数和区域金融发展泰尔指数考察京津冀三地金融发展差异程度。

区域金融发展基尼系数公式（Gini）：

$$Gini = \frac{-(n+1)}{n} + \frac{2}{n^2\mu}\sum_{i=1}^{n}iy_i$$

其中，n 表示地区个数；y_i 表示金融发展水平从低到高排序第 i 个个体的金融发展水平；μ 为京津冀三地金融发展水平的平均值。

区域金融发展泰尔指数公式（Theil）：

$$Theil = \sum U_i \ln \frac{U_i}{F_i}$$

其中，U_i 为第 i 个地区 GDP 占京津冀三地 GDP 总额的比重；F_i 为第 i 个地区存贷款总额占京津冀三地存贷款总额的比重。

基尼系数、泰尔指数从不同角度衡量地区间金融发展水平差异程度。两指数均在 0 和 1 之间，数值越接近于 0，表明地区间金融发展水平越相似，而越接近于 1，则说明区域间金融发展水平差异越大。

将 2001～2014 年京津冀三地金融机构存贷款数据及 GDP 代入基尼系数和泰尔指数公式中，可以得到如图 5-9 所示的趋势图（详细结果参见附录附表 5）。

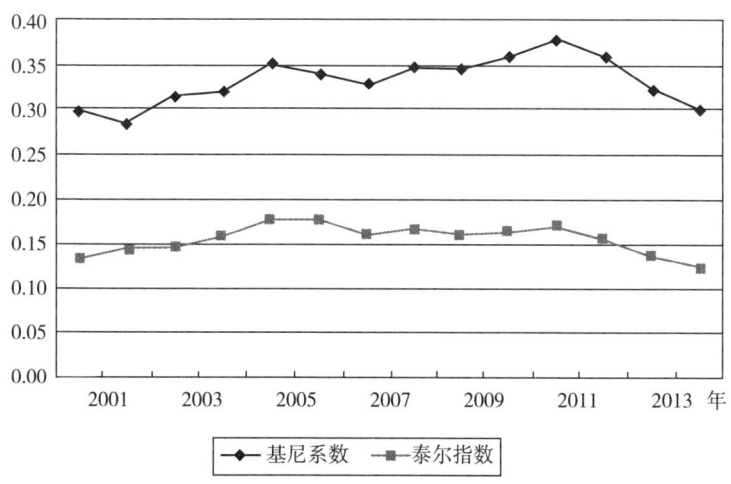

图 5-9　2001～2014 年京津冀区域金融发展基尼系数、泰尔指数走势

从图 5-9 可以得知，基尼系数与泰尔指数走势保持高度一致。总体看，2001～2014 年京津冀三地金融发展差异呈现先扩大后缩小态势，

2001~2011年，三地金融发展差异度小幅增长，2011年以后，三地金融发展差异度逐年收窄。为更加充分说明京津冀区域金融发展差异程度，我们将京津冀与区域金融一体化程度较高的长三角地区作比较，计算2014年京津冀、长三角区域金融发展水平基尼系数、泰尔指数。由计算可得，长三角区域基尼系数、泰尔指数分别低于京津冀0.15和0.09，说明京津冀区域金融发展水平差异程度明显高于长三角（详细结果参见附录附表6）。

三、结论分析

以上分别对京津冀区域金融一体化、区域金融发展差异程度进行了定量测度。通过价格法可以看出在各地区金融机构执行同等基准利率的情况下，近几年京津冀三地资金价格差有所缩小，但仍然存在明显差异，资金流动不够充分。这主要是京津冀三地经济金融结构不同所致，京津作为经济相对发达地区，利率优惠较大，而对于欠发达地区河北，资金成本相对较高。通过数量法分析京津冀三地存贷款相关性，发现随着1997年之后央行对商业银行信贷调控更加市场化以及地方政府对金融干预减弱，三地存贷款相关系数较以前有所降低，但仍大于0.9，相关性依然很高。价格法和数量法的实证结果都表明，虽然近年来金融市场化进程加快，京津冀区域金融合作有所加强，但京津冀区域金融一体化程度仍处于较低水平。而通过构建区域金融发展基尼系数和区域金融发展泰尔指数发现，京津冀三地金融发展差异程度有缩小趋势，但与长三角相比差异度仍较为明显，区域金融发展不平衡。河北金融业整体规模远低于北京，与天津也存在较大差距。区域金融结构不够合理，金融组织体系不够完善，河北过度依赖间接融资，2014年社会融资总量中直接融资比例仅为14%（股票融资与企业债券融资之和除以社会融资总量），分别低于天津、北京7.6和18.4个百分点。综上所述，京津冀区域金融一体化程度较低，区域金融发展不平衡，差异明显；区域金融协同度不够理想，影响区域经济平衡发展。京津冀区域经济协同发展，必须推动京津冀区域金融合作创新，合理配置金融资源，缩小河北同京津金融发展差异，提升区域金融协同度。

第三节 区域金融发展对区域经济增长的作用

本节从区域金融发展对区域经济增长作用的角度进行分析，旨在构建从区域金融协同发展到区域金融发展，并最终落脚于区域经济增长的整体逻辑框架。

一、区域经济增长的动因

（一）区域经济增长的一般性动因及其作用机制

1. 区域经济增长的一般性动因。古典主流经济学理论认为投入要素在数量上的增加是经济增长的主要动因，包括资本、劳动力和技术等。新古典学派则强调外生技术进步对经济增长的重要性。而新增长理论从经济活动的外部性、规模报酬递增以及内生技术进步等角度对经济增长进行了解释，阐述知识外溢、内生技术进步以及人力资本对经济增长的作用，强调了古典理论增长要素在质量方面的提高。结合以上观点，可将影响经济增长的一般性因素概括为以下三点：

（1）资本。资本是各派经济增长理论普遍关注的要素，主要包括实物资本和金融资本两个方面。实物资本主要指设备、厂房等，在经济中与劳动力要素发挥协同作用，其投入和积累将提高劳动力的生产率和边际产量。根据新古典增长理论，在技术不变的情况下，资本的深化与广化将促使经济向"稳态"发展。对于金融资本，传统理论普遍忽略其对经济增长的作用，认为其不过是"实体经济的面纱"。然而金融发展理论等学说则强调金融资本的意义——高效的金融体系能够促进金融资源的有效配置，有利于实体资本的形成、积累，进而对经济增长产生正向影响。

（2）劳动力和人力资本。古典增长理论分析了劳动力投入量对经济增长的影响，新增长理论阐述了人力资本积累对经济增长的意义。人力资本由教育、职业培训、医疗等方面的投入形成，能够提高劳动生产率，促进劳动力在质量方面的提升并推动经济增长。

（3）技术进步。技术进步体现为生产率整体水平的提升，对于资本和劳动力的边际产量均产生促进作用。广义的技术进步包括提升要素生产率的一切因素：第一，知识的进展，即发明和创新对于增长的促进。第二，资源的有效配置，如劳动和资本从低效率部门向高效率部门转移带来的收益，以及影响这一机制的制度性因素。第三，规模经济，即由生产规模扩大带来的效率提高和成本降低。第四，管理水平，既包括企业管理水平的提升，也包括政府干预经济的政策水平。

2. 区域经济增长一般性动因的作用机制。第一，各类经济增长驱动因素在"量"上的增长，特别是资本形成，将直接带动经济总量增长。新古典增长理论假定经济活动具有规模报酬不变和要素投入边际报酬递减的特性。由于规模报酬不变，整体经济可以被分解为无数同质的个体。而个体经济产量的变化取决于由储蓄形成的资本投入量，并最终趋于稳态。

第二，创新、技术进步和人力资本积累促进各类要素边际生产率和全要素生产率的提高，并通过"外部性"在企业之间传播和学习，突破边际报酬递减的限制，从"质"上为经济注入发展动力。新古典增长理论认为经济持续增长的重要源泉是外生的技术进步，可以提高要素生产率和边际报酬，促进稳态的移动和经济增长。而内生增长理论认为，知识和人力资本的产生与投资相关，单个厂商的投资行为会增加自身知识存量。同时由于知识和人力资本具有"外部性"，个体厂商所创造出的知识和人力资本会为其他厂商所学习和模仿，最终提高全部厂商的生产率。

第三，技术进步和人力资本形成都是"内生性"的，投资是其发展和积累的源泉。内生增长理论重视技术进步的内生性，指出技术进步不是偶然发生的，而是企业有目的的投资活动的结果（如研发活动等），取决于企业的目标函数。

第四，良好的外部制度环境为企业创新投资行为提供了有效的激励机制和融资环境。例如拥有良好专利保护制度的国家，企业有动力进行技术创新活动，并利用这一创新获得一定的垄断地位，进而提升利润。

（二）经济增长的区域性动因及其作用机制

1. 经济增长的区域性动因。从区域层面研究经济增长，必须考虑区域经济发展的特殊规律。孙久文（2006）概括了区域经济理论的三个基石，即生产要素的不完全流动性、生产活动的不完全可分性以及产品与服务的不完全流动性。生产要素以不均匀的方式分布，其不完全流动性意味着区域经济增长受到资源禀赋的制约。生产活动的不完全可分性导致区域经济活动呈现显著的规模经济效应和集聚经济效应。一个产业部门或产业集群只有形成空间上的集聚，才能够享有由于信息和技术的外溢、基础设施的共享以及上下游产业关联所带来的效率提高。这种区域经济活动的"向心力"形成了区域经济特定的产业结构和布局，其稳定性影响着区域产业结构的形成和经济发展。产品和服务的不完全流动性则说明区域经济活动中各种要素和信息的流动与传播必须付出相应的运输或信息成本，而此类成本的大小由区域交通信息网络等基础设施和信息环境等制度性因素决定。因此，影响经济增长的区域性因素可概括为以下三个方面：

（1）资源禀赋。自然资源是区域经济发展的基本条件，其种类、数量和分布决定了区域产业结构和空间格局。丰富的自然资源是区域经济增长的有效助力。然而自然资源禀赋是客观存在、无法改变的，它在经济增长中不起决定性作用，只有配合充裕的资本、劳动力，合理的产业结构以及先进的技术，才能使其作用充分发挥。

（2）区域产业结构。区域产业结构是经济增长的现实条件。受到集聚经济效应的影响，区域产业结构具有稳定性，改变和提升要付出较大的成本。因此，形成优势产业结构基础的区域，如拥有高附加值、技术密集型或市场前景广阔的朝阳产业的地区，势必表现出强劲的增长动力。相反，产业结构不合理，产业低端化则会成为区域经济增长的桎梏。因此，区域的产业结构基础，既是区域经济发达程度的直接体现，也是区域经济发展的重要影响因素。

（3）区域基础设施和制度环境。基础设施是区域经济发展的硬件环境，它决定了区域要素流动和信息传递的成本，影响着经济格局和经济往来的密切程度，包括交通、通信、电力等系统。拥有良好基础设施的区域，能够以较小的代价实现要素的转移和资源的有效配置，进而有助于经济增长。制度环境则是区域经济发展的软件环境，影响着区域资源的配置方式和效率，包括政策环境、法律环境、市场环境以及社会环境等方面。市场开放、法律秩序良好并享受政策扶持的区域往往表现出较强的增长态势。

2. 经济增长区域性动因的作用机制。第一，区域经济增长各类决定因素之间存在紧密的相互联系，共同决定经济发展的均衡结果，单一因素的发展无法突破低水平均衡，因此必须全面推动要素和产业进步。区域平衡发展理论指出，区域经济发展过程中，各类驱动因素均处于欠发达状态，相互掣肘。例如人均收入提高会使人口增长率上升，而人口增长率上升会降低储蓄和投资，阻止人均收入的进一步提高；再如，某一产业的潜在市场规模同时受制于其他产业的发展。因此，区域经济发展水平是多因素共同决定的结果，单一地改善某一类因素或者发展某一行业无法使经济突破发展瓶颈,只有针对各因素、各行业均衡的推动和发展才能使经济振兴。

第二,区域经济发展过程中存在着相互对抗的"向心力"和"离心力"。区域不平衡发展理论认为,很难获得同时对各类经济增长因素进行大规模投资所需要的资本和信息,主张利用有限资源着力推动关键产业和关键地区发展,并利用产业之间的关联关系和地区集聚、辐射关系拉动其他产业与地区发展。因此,集聚经济构成区域经济发展的"向心力",产业和企业在核心地区聚集,共享劳动力市场和基础设施以及知识和创新的外部性,提高生产率,降低成本,促进区域经济增长和发展极形成;自然资源的分散分布和运输成本构成区域经济发展的"离心力"。两种力量相互作用塑造了区域经济发展的空间格局。

第三,区域经济发展导致"中心——外围"的二元结构形成,中心区对外围区各类经济发展要素既有"虹吸效应",也有"辐射效应"。合理的区域经济关系使得中心区在吸收外围区要素的同时,将部分自身要素反馈给外围区,拉动其经济增长,形成区域经济协同发展的局面。而不合理的区域经济关系却只有中心区大量吸收周边要素进行发展,遏制外围区发展,加剧区域经济发展差异。

二、区域金融发展促进区域经济增长的一般性机制

推动区域经济发展的一般性因素包括资本、劳动力和人力资本以及技术进步三类。而区域金融体系的发展,特别是区域金融功能的强化和完善,对于这些因素的形成和开发具有十分重要的意义。

(一)区域金融发展促进资本形成和有效配置

1. 区域金融系统最主要的作用在于促进资本流动,将资本从生产率较低的部门向生产率较高的部门配置,从而提高整个区域资本利用效率。

金融系统具有搜集和提供信息的功能，可以有效鉴别出最有潜力和价值的资本投向。而金融机构汇集大量资金，实现投资活动的规模效益，一方面能够分散投资抵消个别项目的风险，另一方面还可以通过观察大量项目识别整体风险和波动。这是金融系统资源配置、风险管理和提供信息功能的具体体现。

2. 区域金融发展可以推动储蓄向投资的转化，促进资本形成。第一，金融机构可以通过信贷形式或金融创新，放松个人投资者的流动性约束，设计出具有合理风险和流动性特征的金融产品，使原本无法进行投资的项目变得可行，从而促进投资和资本形成。此外，金融体系还为许多金融资产提供了发达的二级市场，提高流动性，使投资可行性得到进一步增强。第二，金融系统的风险管理功能可以实现对投资风险的有效控制，使得某些项目由于风险的下降而变得具有投资价值。第三，金融发展、金融运行效率提升，能够有效降低金融活动的交易费用和信息成本。由于金融机构自身的运营成本以及金融业务中固有的交易和信息成本，金融系统只能将家庭储蓄的一部分转化为有效投资，漏出部分则体现为金融体系的效率缺失。随着金融体系的不断发展，金融机构将逐渐改进效率，提高储蓄向投资的转化率。第四，金融系统的公司治理功能有助于解决投资过程中的信息不对称问题，降低代理成本，使更多储蓄转化为投资。第五，金融发展能够解决金融抑制问题。发展中国家的金融抑制政策扭曲了金融市场机制和金融机构行为，滋生垄断，损害金融资源配置效率，增加金融活动交易成本。随着金融体系日益完善，金融环境不断优化，金融机构运行规范稳健，政府干预金融市场的动机和程度不断弱化，金融抑制带来的效率损失和交易成本将被消除，储蓄转化为投资的效率得到提高。以上这些方面体现了金融系统提供信息、风险管理和公司治理功能。

3. 区域金融发展有助于提高储蓄率。金融系统整体发展水平和规模决定了储蓄动员力，金融机构经营理念和管理水平的提高有助于其吸收社会闲散资金,降低交易费用。同时,金融产品和服务的创新和深化可以满足人们日益多样化的金融需求,提高家庭和个人的储蓄意愿。这是金融系统动员储蓄功能的体现。

(二)区域金融发展促进创新和技术进步

技术进步带来的资源利用效率提升和产业结构升级是经济发展和社会进步的动力源。企业是创新的主体,而资金则是企业技术创新活动的关键投入要素。熊彼特的理论认为经济增长源于"创造性破坏",这是新的要素组合方式或者新生产函数的创造,而金融系统(银行)的作用在于,"银行家介于想要形成新组合的人们和拥有生产手段的人们之间……他使新组合成为可能,仿佛以社会名义授权企业家去实现这种新的组合"。希克斯也强调,英国产业革命发生之前,相关技术早已存在,真正导致产业革命发生的是金融创新和金融市场的快速发展。新增长理论将技术进步解释为企业投资和研发活动的结果,罗默和卢卡斯等经济学家认为,技术进步是企业投资活动的"副产品",并且通过"知识外溢"等外部效应,在企业之间相互传导,使生产具有边际报酬递增的特点,是经济不断增长的源泉。

区域金融体系的发展和功能的强化对技术创新的促进作用主要体现在以下四个方面:

1. 区域金融系统的融资功能对创新活动的促进作用。企业创新活动需要大量资金且占用周期较长,在创新活动产生收益之前,企业都将面临流动性约束问题,降低了其开展创新活动的积极性。区域金融体系通过汇集资金的功能,为企业创新活动提供支持,既满足了企业对资金的需求,也放松了流动性约束,增强了企业创新意愿。

2. 区域金融系统的风险管理功能对创新活动的促进作用。企业创新活动天然蕴含较高风险,创新主体不仅面临研发失败的危险,还要应对大量投资带来的流动性风险和未知的市场前景,因此风险问题始终是企业创新的阻力。金融系统的风险管理功能可以合理控制企业创新风险，解除企业束缚，促进其创新。例如"风险投资"等金融模式的出现，有效克服了传统金融模式的弊端，对鼓励中小企业的创新行为大有裨益；金融市场和证券行业的发展、金融衍生品的开发和运用也使投资者和金融机构通过持有创新企业的股票实现投资多元化，进一步分散和控制风险。

3. 区域金融系统的信息提供功能对创新活动的促进作用。企业的创新行为具有信息不对称的特征，投资者对于技术创新本身及其市场前景认识不清，对于企业经营状况和企业家个人信用不了解，因此很难获得融资。金融体系的信息提供功能较好地解决了这一矛盾。银行通过专业信贷人员调查和信息分析技术，获取创新活动的相关信息并有效传递给投资者，投资者根据这些信息对项目进行筛选、甄别，最终确定投资方向。资本市场在企业创新活动的信息传递方面更具优势。资本市场通过企业财务信息和重大事项披露等制度，保证了信息的质量和数量；同时，资本市场还是不同来源信息的汇集之处，各类投资者对于不同信息的理解和整合也充分反映在证券价格当中，具有集中性和综合性的特点。

4. 区域金融系统的公司治理功能对创新活动的促进作用。创新型企业大多处于初创期，管理水平较弱，金融体系的公司治理功能可以整合企业资源、激励企业员工和管理者，促进创新企业更快速成长。例如采用分段投资，可转换优先股和股票期权等，构成企业治理机制的有机组成部分。在以可转换证券和期权为主要激励手段的治理结构下，企业管理层的主要收入来源于企业价值增值，形成有效的激励和约束。同样，风险投资等金融组织模式，由于企业成功上市之后的退出机制，本质上相当于赋予投资方创新企业经营者控制权的看涨期权，激励经营者为企业的发展努力。

(三) 区域金融发展促进人力资本积累

与技术创新相似,人力资本的积累和形成需要长期投入大量资金,且由于人力资本难以直接衡量,在获得收益过程中充满不确定性。金融系统凭借自身功能,对于资金需求量大、不确定性强的项目拥有优势,其对人力资本积累的推动作用主要体现在以下三个方面:

1. 金融系统的融资和资源配置功能有利于人力资本形成。人力资本形成离不开家庭自身在医疗、教育等方面的投入,低收入家庭难以支付这些费用,人力资本往往无法得到有效开发。金融机构通过资源重新配置,为低收入家庭提供信贷,放松资金约束,有利于低收入家庭人力资本形成。由于社会贫富差异客观存在,金融体系配置信贷资源的功能势必有助于提高全社会人力资本投资效率。从社会年龄构成的角度看,处于年轻阶段的经济主体需要进行学习而放弃劳动,是资源的净需求者;处于重点阶段的主体进行生产和积累,是资源的净供给者;处于老年阶段的主体不再进行生产,也是资源的净需求者。金融体系为不同年龄阶段经济主体资源流动提供了渠道,放松了年轻人的信贷约束,使人力资本投资成为可能。

2. 金融系统风险管理功能与人力资本积累。金融系统的风险管理功能减少了家庭在经济活动中面临的不确定性,降低了预防性储蓄动机,从而鼓励家庭将更多资源投入于人力资本。例如,储蓄、信贷和保险等金融活动能够平抑家庭收入和总财富波动,为家庭人力资本投资提供持续的资金支持。

3. 基于物质资本外部性的促进机制。许多经济学家,如卢卡斯,罗默和莱文等,都指出物质资本对于人力资本的积累具有外部性,而个别企业的人力资本水平对于企业人力资本总体水平具有外部性。也就是说,企业物质水平的提高对于人力资本的形成具有促进作用。金融体系对物质资本形成的推动作用将间接影响人力资本。例如当企业面临意外经营风险时，不得不将物质资本变现，与物质资本紧密联系的人力资本将无法得到充分利用。金融系统通过其配置资金、风险管理等功能，降低企业经营的不确定性，刺激企业物质资本投资活动，间接促进了人力资本积累。

三、区域金融发展促进经济增长的区域性机制

（一）区域金融发展有利于区域基础设施建设

由于基础设施建设资金需求量大，建设周期长，且具有公共物品的性质，个人投资者无法直接进行基础设施建设。在基础设施建设中，金融机构一方面可以发挥资金汇集和配置资源的功能，满足大量资金需求；另一方面其管理和分散风险的功能可以降低基础设施建设的不确定性。此外，金融工具和模式的创新，也为基础设施建设提供了便利，例如资产证券化、城投债券等金融模式，实现化整为零，迎合了资金供需双方的意愿。因此，区域金融发展带来的金融体系资金动员能力增强，风险管理和金融创新能力提高，有助于区域基础设施建设。

（二）区域金融发展有利于区域产业结构升级

区域产业结构升级体现为区域产业结构不断合理化和高级化。金融体系在这一进程中起到了引导资源配置，管理和分散风险，揭示信息等作用，有效推进了区域产业结构升级。

1. 区域金融体系发展促进产业资本形成和有效配置。高效的金融体系不仅能够吸收社会资金，满足产业结构升级的资金需求，更重要的是引导资金流向市场前景好、技术含量高、附加值高的优势产业，使资金价格正确反映相对稀缺的程度。

2. 区域金融发展有助于技术创新。产业结构变迁往往源于或伴随着

技术进步。一项新产品的开发，可能引领一个产业链的诞生；一项新工艺和新技术的采用，可能对既有产业格局产生根本性改变。正如上文所述，区域金融发展对创新和技术进步具有重要的推动作用，进而鼓励技术进步促进产业升级。

3. 区域金融发展可以有效获取并传递信息。金融体系是经济体系的信息枢纽，汇集了不同行业、不同地区的信息。高水平的金融体系将有效吸收、综合、分析各类经济信息并将之传递给投资者，从而使投资者从不同地区、不同产业的发展态势中分析出产业变动趋势，为区域产业结构升级提供方向。此外，在技术开发、企业融资和运营等过程中无所不在的信息不对称问题，可能扭曲资源配置，阻碍技术进步和产业升级。而金融体系发展，则可有效解决信息不对称问题。

4. 区域金融发展可以有效管理产业结构变化带来的风险。产业结构变迁往往蕴含多方面风险，而金融发展则为各类经济主体提供了风险管理手段。例如，保险活动可以使劳动者和家庭避免因为产业结构变迁和失业而面临的收入波动；资产证券化则可将较为集中的风险重新配置和分散。因此，金融系统通过有效管理风险，减少产业结构变化过程中的摩擦和成本，促进产业结构升级。

（三）区域金融发展有助于突破地区发展瓶颈

区域平衡发展理论认为区域经济发展是由一系列相互关联的因素内生决定的，区域欠发达状态是多种因素的综合结果，单一因素的改变无法突破发展瓶颈。因此，要实现区域经济振兴，需要对区域经济的多种因素同时做出显著推进，诸如推进技术进步、注重相关物质资本形成和人力资本培养。所以，在突破区域经济发展瓶颈的过程中，单靠市场自发力量是不足的，需要借助外力推动。而金融体系则扮演了区域经济起飞助推器的角色。金融系统通过其资金动员和配置职能，帮助落后地区获得足够资金支持，发挥信息优势，将资金以适合的方式投入于不同的产业，帮助落后地区积累资本，形成产业优势，并有效控制风险。

(四) 区域金融发展有利于增长极的形成

在推动区域经济发展过程中，应当充分利用区域经济增长的特殊规律，发挥集聚经济效应和产业之间、不同地域之间的产出联动效应。培养地区经济增长极，激活周边要素，拉动上下游产业联动发展。区域经济增长极的建立需要若干条件。首先是基础设施的建立和完善。只有拥有良好的基础设施，才能够引起优势产业和企业聚集，形成规模经济效应，提高生产率。其次是优势产业的培养。优势产业的形成将带动上下游产业和相关服务行业发展，形成合理的产业结构和产业集群。金融系统通过动员资金、风险控制、公司治理等职能，可以有效帮助区域形成自身的优势产业。集聚经济和优势产业形成后，区域经济将在增长极的带动下，激活和吸引更多要素流动，技术创新不断涌现，市场不断扩大，从而实现区域经济的持续增长。因而，金融体系是区域经济增长极的"发动机"。

至此，本章对区域金融协同发展促进区域经济增长的机制进行了一般性分析。整体来看，区域金融协同在协调金融关系、打破金融二元分立格局的基础上，通过溢出、反馈与合作等一系列机制，促进区域金融发展水平和金融系统功能提高，进而推动区域经济发展的驱动因素，成为区域经济发展的有效助力。我们可以将区域金融协同发展促进区域经济发展的机理概括见图5-10。

第五章 京津冀区域金融协同发展机理分析

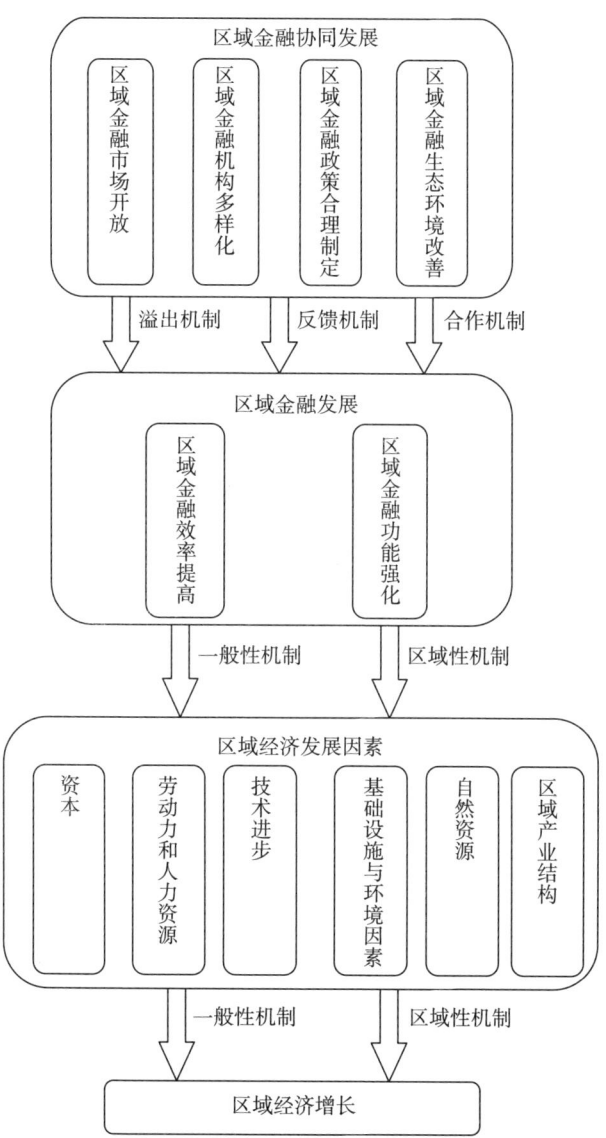

图 5-10 区域金融协同发展促进区域经济发展机制

第四节　京津冀区域金融发展与
经济增长关系的实证分析

一、指标设置

通常用 GDP 衡量经济增长，为消除地区人口差异影响，选取京津冀三地人均 GDP 作为经济增长指标。

根据戈德史密斯、麦金农等的金融发展理论，借鉴国内外研究成果，选取三个指标，即金融相关率指标（FIR）、金融发展效率（JRXL）、直接融资发展程度指标（ZRCD），衡量金融发展程度。

1. 金融相关率指标（FIR）。使用区域存贷款余额与 GDP 的比值表示金融相关率。

2. 金融发展效率指标（JRXL）。金融发展效率高低体现了金融体系调剂分配金融资源的能力，金融中介机构将储蓄转化为投资越多，金融效率越高。本文用贷款与存款的比值衡量储蓄向投资转化的效率，即 JRXL = 贷款/存款。

3. 直接融资发展程度指标（ZRCD）。该指标重点分析金融结构的调整，更多地体现为间接金融与直接金融比重的变化。本文采用非金融企业直接融资占全部融资的比例反映金融结构调整程度。

考虑历史数据可得性，本章采用了 2001~2014 年的北京、天津、河北年度数据作为样本，数据来源为各地历年统计年鉴以及各地区金融运行报告。实证部分主要采用 Eviews6.0 计量软件进行数据检验分析，为消除异方差影响，对以上指标取对数，转换为 $LNRGDP$、$LNFIR$、$LNJRXL$、

LNZRCD 。

二、模型检验

本章采用面板数据模型（Panel Date）分析金融发展与经济增长关系。与单独使用横截面数据或时间序列数据相比，采用面板数据模型设定更合理、参数估计更准确，还可以有效消弱多重共线性影响。

（一）面板单位根检验

直接对非平稳时间序列进行回归分析，会产生伪回归问题，为避免此类现象发生，首先对面板数据进行单位根检验以确定其平稳性。单位根检验的具体结果如表5-3所示，京津冀三地所有变量均为一阶单整 I(1)，各个变量之间很可能存在协整关系。

表5-3　　　　　　　　变量 ADF 检验结果

变量	ADF 检验	P 值
LNRGDP	15.8708	0.9838
LNRGDP（1）	79.9854	0
LNFIR	27.5839	0.5925
LNFIR（1）	96.9483	0
LNJRXL	2.97424	2.97424
LNJRXL（1）	83.9472	0
LNZRCD	5.20458	5.20458
LNZRCD（1）	126.278	

（二）协整检验

采用 Pedroni 检验、Kao 检验和 Fisher 检验三种方法检验变量间协整关系，查看结果可知，Pedroni 协整检验中，Panelv - Statistic 统计量 P = 0.1887 > 0.05，Panel rho - Statistic 统计量 P = 0.3061 > 0.05 外，其他的统计量的 P 值均小于 0.05，说明各变量之间存在协整关系。

(三) 面板数据模型选择

首先检验固定效应模型与混合模型：同时检验个体和时点固定效应，F 和卡方检验的结果均大于显著性 0.05 的临界值，应接受原假设，不应选择个体和时点固定效应模型。接下来检验时点固定效应，F 检验和卡方检验仍显示接受原假设，时点固定效应模型被排除。最后检验个体固定效应发现 F 检验在显著性水平 0.1 的情形下拒绝原假设，而卡方检验在 0.05 的显著性水平下拒绝原假设，因此，应当选择个体固定效应模型（见表 5-4）。

表 5-4　　　　　　　　面板数据模型检验结果

统计量	个体和时点固定效应	时点固定效应	个体固定效应
F 统计量	1.23	1.13	2.84
卡方统计量	24.69	19.47	6.14
F 统计量 P 值	0.3206	0.3784	0.0719
卡方统计量 P 值	0.0542	0.1092	0.0463

由于需要考察截面差异，最终选择变截距个体固定效应模型，具体形式如下：

$$LNRGDP_{it} = \alpha_i + \beta LNFIR_{it} + \delta LNJRXL_{it} + \lambda LNZRCD + \varepsilon_{it}$$

变截距个体固定效应模型运行结果见表 5-5。

表 5-5　　　　　　　变截距个体固定效应模型运行结果

变量	系数	t 统计量	P 值
C	6.5879	2.4836	0.0178
LNFIR	4.1925	2.1456	0.0387
LNJRXL	4.1641	1.7506	0.0885
LNZRCD	1.4817	4.1219	0.0002
BJ—C	2.5827		
TJ—C	-1.9220		
HB—C	-0.6607		

表 5-5 中相关参数估计并不显著，且 DW 值并非接近于 2，存在自相关，通过引入自相关因子消除自相关，最终的估计结果见表 5-6。

表 5-6　　　消除自相关后变截距个体固定效应模型运行结果

变量	系数	t 统计量	P 值
C	6.6258	2.6537	0.0130
LNFIR	4.3753	2.3369	0.0268
LNJRXL	4.7786	2.1978	0.0364
LNZRCD	1.7737	5.3664	0.0000
AR（1）	-0.2462	-1.3419	0.1904
AR（2）	-0.1725	-0.9556	0.3475
BJ—C	2.7119		
TJ—C	-2.2411		
HB—C	-0.4708		

观察模型整体运行结果，总体上，回归方程的可决系数 R 平方为 0.707，回归方程整体拟合度较好；F 统计量 4.11，小于 1% 置信度，回归方程显著性明显；自变量和因变量存在显著正相关关系。金融相关比例对经济增长促进作用明显，每提高 1% 的金融相关率，经济增长速度提高 4.3 个百分点。

三、结论分析

通过实证分析得出以下结论，金融作为现代经济的核心，其发展能够很好地促进经济增长。金融相关率、直接融资比例、金融发展效率三个指标中，金融相关率、直接融资比例作用较为明显。金融相关率作为整体指标反映了金融资源的总量提升。长期以来以银行为主的间接融资比重大，信贷规模扩张，导致经济货币化程度加快，金融资源总量增加。金融规模的扩大和金融服务对象的增多，促进了资源优化配置，储蓄和投资稳步增长，带动经济增长。同时，金融发展还进一步优化了金融结构，直接融资比例作为相对指标反映了金融结构的优化。当前金融脱媒、金融创新日新月异，金融市场化程度不断提升，直接融资在金融体系中的重要性日益上升。直接融资比率提升，使金融内部分工更加细化，融资渠道更加多样化。当前，直接融资发展对经济增长的作用仍然处于边际递增阶段，其对创新型、高新技术中小企业的支持作用尤其明显。而在京津冀区域内，金融相关率、直接融资比例对区域经济增长的作用也是较为明显的。同时，实证表明，金融发展效率的提高，即存贷比的提升对经济增长的促进作用不明显，这也与之前分析相吻合。近年来，随着金融机构金融创新的不断深化，银行资产配置多元化，非信贷类资产比重明显提高，仅用存贷比指标无法衡量金融对实体经济的支持力度，地区社会融资总规模与地区存款总额比值的高低较存贷比指标更有说服力。但2012年之前分地区社会融资总量数据没有统计，随着时间推移有待样本增多后作进一步研究。

第六章　金融协同支持京津冀区域经济发展路径

——金融政策的区域化调整

第一节　政府行为对区域金融发展的作用机理

一、金融发展的内生机制和外生机制

根据发展机制的不同,金融发展模式可分为内生机制和外生机制两种。一般来说,基于市场自身需求对金融发展产生的推动和促进作用,归结为金融发展的内生机制;基于社会管理手段等非市场要素对金融发展进行的约束、修正等措施,归结为金融发展的外生机制。从世界各国的金融发展经验来看,金融发展既可以发端于经济增长的内生需求,也就是内生机制推动;也可以根植于政府制度安排,即外生机制安排。

(一)金融发展的内生机制

所谓金融发展的内生机制,是指金融资产和负债量的增长及其结构优化主要基于微观经济主体的积极参与和金融偏好。这种发展模式与一国或地区的经济社会文化环境变迁密切相关,即金融发展是对一国或地

区的经济社会文化环境变迁的自觉反映。在这种模式中，微观经济主体，尤其是非金融微观经济主体的参与意识、金融偏好以及现实经济的发展状况、发展阶段、结构等基础性因素起着关键性作用；政府及其金融管理机构基本"退出"具体的金融运作，主要通过建设和改善金融发展环境发挥作用，金融发展的持续推动力主要源于金融发展环境的改善和微观经济主体金融偏好的持续变迁。高效的金融产权制度安排和完善的金融创新激励机制是金融内生发展的必备前提。从形成逻辑来看，内生金融发展是以自下而上的方式渐进形成的，换言之，它是在长期的金融制度进化和微观经济主体的金融偏好变迁过程中逐渐形成的。

（二）金融发展的外生机制

所谓金融发展的外生机制，是指金融资产和负债量的增长及其结构优化主要基于政府及其金融管理机构的行为和推动力。这种金融发展模式与一国或地区的经济社会文化环境变迁并不直接相关。微观经济主体的参与和偏好仅是促进这种发展模式进一步改进的若干因素之一，政府及其金融管理机构有意识的金融推动行为对金融发展起关键性作用。在这种金融发展模式中，微观经济主体的金融参与意识、金融偏好变迁、金融产权制度安排、金融创新激励机制等在内生金融发展模式中起决定性作用的因素都与金融发展水平、金融发展路径并不相关或不直接相关。从形成逻辑来看，外生金融发展以自上而下的方式一次性形成，缺少制度安排和实体经济演进的支持而造成金融偏好、金融风险与金融发展高度不匹配是这种金融发展模式的基本特征。

（三）内生机制与外生机制的关系

从金融产生、发展的过程来看，金融发展的内、外生机制间存在着既相互对立又相辅相成的关系。其相互对立是指，金融在微观经济主体的参与和金融偏好的共同推动下，自发发展，其方向由微观经济主体的

第六章　金融协同支持京津冀区域经济发展路径——金融政策的区域化调整

需要而非社会总体的资源配置导向决定，容易产生与整个社会的配置需求和管理需要相悖的状况，这时候就需要社会管理阶层通过非市场手段进行制约和纠正，从而形成内生推动力与外部制约力的相互对立。其相辅相成是指，金融的发展方向与社会文明的发展方向相一致。在金融内生需求的推动下，金融业发展实现着从简单到复杂的不断演变，进而融入到社会经济的各个环节，推动社会文明不断前进；而随着社会文明的不断进步，管理层也迫切需要金融业为社会经济发展提供支撑，通过行政和其他非市场手段对金融发展模式和方向进行修正，推动其规范有序发展。

纵观漫长的金融发展史，既不存在纯粹的内生金融发展模式，也不存在纯粹的外生金融发展模式，两者始终相互依存，只是在不同时期、不同发展阶段具体表现形式不同：在金融产生和初始发展阶段，金融发展更多地需要适应经济的内在推动力，但同时也受当时社会发展规则及道德规范的外在制约，这个阶段内生机制的作用大于外生机制；在金融快速发展阶段，经济社会不断进步、社会管理体制不断完善，金融发展的内在推动力不断增强，发展的盲目性风险趋于增加，管理层结合社会资源配置的需要，加大对金融发展的约束和修正，外生机制作用大于内生机制作用；在金融业高度发达的现代社会，经济发展日趋多元化，金融发展不断完善且渗透程度逐渐加深，外部金融管理手段趋于健全，内生机制与外生机制的协调性进一步增强，从一个较长的时期来看，内生机制与外生机制的作用总体处于平衡状态。

二、我国区域金融发展差异的内生性与外生性

我国区域金融发展是内生机制与外生机制共同作用的结果。但受体制转轨等因素的影响以及所处发展阶段的不同，与当前发达市场经济国家或地区相比，我国区域金融发展体现了更多的外生特征，区域金融差

异主要反映了政府对金融机构的外在驱使程度。

改革开放前的计划经济体制时期，中央政府、地方政府、金融机构、国有企业具有一致的利益认知，中央政府处于绝对支配地位，以行政手段掌控着社会资源配置的方向和力度。就金融而言，国家银行的分支机构严格按照行政区划设置，货币与信贷资金运行按照计划要求进行行政式配置，金融发展难以体现自身的内生需要，总体发展极为缓慢。中国区域金融基本上处于行政性平衡状态，地区间金融差异并不明显。

1978年底，党的十一届三中全会在总结社会主义建设基本经验的基础上指出，改革的基本方向和原则是在中央计划指导下，扩大地方、企业和劳动者的自主权，形成了"简政放权"和"放权让利"的改革思路。在这一思路的指引下，我国逐步放松了金融计划管制，但在改革开放初期，行政介入程度仍然较深，金融发展仍具有很强的外生性。中央政府不仅拥有强大的经济控制权，而且有着强烈的经济发展偏好。为了实现区域经济发展的效率目标，中国人民银行在中央政府的指导下，采取了诸如优惠利率等差别金融政策，大量金融资源从产出效率低下的落后地区迅速转移到产出效率较高的沿海发达省区，区域金融原有的行政性平衡布局逐步被打破。受金融资源的积聚效应、产出效应、就业效应的影响，我国区域经济差异迅速扩大，而区域经济差异的扩大又进一步加剧了区域金融发展差异。中央政府的非均衡金融制度安排成为区域金融差异形成的制度根源。

在我国经济体制变迁过程中，地方政府获得了大量的经济管理权。特别是中央和地方"分灶吃饭"后，地方政府的利益相对独立化。出于自身利益最大化的考虑，地方政府想方设法增加区域内投资规模。事实上，在中央与地方财政收入分配比例既定的情况下，地方政府追求自身可支配财政收入最大化依赖于企业利润最大化的实现，且政府垄断租金最大化目标受制于本地经济发展水平。因此，地方之间的经济竞争表现为投资竞争，投资竞争表现为金融资源竞争，金融资源竞争又表现为金

第六章　金融协同支持京津冀区域经济发展路径——金融政策的区域化调整

融机构的竞争。究其原因是金融制度变迁赋予了金融机构特殊的集聚和配置资金的"政策禀赋",多一个金融机构就等于给本地区增加了一条"讨价还价"争取资金的途径。而地方政府的金融寻租能力又取决于地方政府的政治影响力与经济实力。东部发达省区地方政府与中央政府的讨价还价能力要远高于中西部省区地方政府,因此,大量新兴金融机构创设于东部沿海省区。地方政府金融寻租能力的强弱成为区域金融差异扩大的重要原因。

当前,我国已进入全面深化改革的关键时期,党的十八大作出了全面深化改革的战略部署,强调发挥市场在资源配置中的基础作用,中央政府不断加大对我国金融体系的改革力度,经济内生机制对金融发展的推动作用不断增强。十八大召开两年来,中国经济总量、综合国力和人民生活都跃上一个新台阶,市场经济体制不断完善,金融监管体制进一步健全,金融改革迅速推进,金融发展已进入了由外生机制为主向内生机制为主转变的新阶段。

第二节　中央政府在区域金融差异中的作用

一、区域开发政策

区域政策是指中央政府为推动经济发展、调控区域经济运行而采取的一系列方针、政策和措施的总称。从东南亚和一些拉美国家的发展路径来看,经济发展相对落后的国家,要实现赶超,一般都采用不平衡的增长战略。我国作为最大的发展中国家,地域辽阔,各地区的资源禀赋差异性较大,经济社会发展水平高低不一。因此,中央政府科学制定并实施差异化的区域政策就有很强的现实意义。

（一）"让一部分人先富起来"的政策效应分析

从我国经济发展进程来看，改革初期，实现总量增长最大化是中央政府的重要目标，探索出台的一系列区域政策都围绕这一目标展开，"让一部分人先富起来"就是一项重要突破。东部沿海地区是我国体制变革的试点地区，在这些区域，中央给予了一系列探索性的、先行先试的优惠政策扶植，也就是说，该区域的发展机会远远高于国内其他地区。在国内内陆地区仍然按照计划经济体制运行的时候，东部沿海地区指令性计划调节作用慢慢变弱，市场调节不断增强。例如，设置"经济特区"和"试点"地区，在战略上给予优先发展；"分灶吃饭"的财政体制，赋予了地区更多财政自主权；政府投资向该区域"重点倾斜"等。这些偏向东部区域的优惠政策和制度差别性安排，导致其与全国其他区域经济金融运行的制度环境差异较大。这意味着，在一定程度上，我国东部沿海地区的先发优势并不完全建立在其自身资源禀赋和文化传承基础之上，而是来源于中央政府允许它们"先富起来"的特殊优惠政策的外部促进力量。

此外，在改革开放初期，我国的产业布局也存在比较鲜明的区域特征，上下游产业在各地分布很不均衡，如作为重工业基地的东三省、山西的煤炭、中部地区中小企业多等。历史形成的产业布局模式，使得一些以重工业、基础产业以及资源性产业为主的省份在以消费品开始的价格改革中蒙受了巨大的利益损失。相比这些地区，利用政策优势率先开放和改革的东部沿海地区，先行建立起了市场经营体制，并利用自己的终端产品在国内市场上获取巨额利益，为下一步改革的深入推进奠定了坚实的经济基础，在卖方市场与买方市场转变过程中获得了很强的竞争优势。

从金融层面看，为了保障东部地区在经济发展过程中的资金投入，中央政府在制度安排上先行先试，这在客观上降低了一些政策在中西部

第六章 金融协同支持京津冀区域经济发展路径——金融政策的区域化调整

地区的效用。在投资乘数的作用下,东部地区采取的发展要素市场、大力发展非公有制经济,在金融机构设立、金融业务创新、融资模式拓展等方面给予自主权,使得金融差异在东部沿海地区和中西部内陆地区呈现不断扩大的趋势。无论在理论上还是在实践中,区域优惠政策、"先富起来"政策等局部先行的改革方略,从客观上拉大了东、西部地区间经济发展水平差距。

(二) 市场机制的先发优势效应分析

从理论上来说,在市场经济体制中,随着经济体制改革的不断深入,先行地区的先发优势将逐步削弱,后进地区的后劲足,后发优势逐步扩大,其获得的发展机会逐渐增多。然而,从我国经济运行的现实来看,市场经济体制虽已初步建立,但距离市场发挥对资源配置的决定性作用还有较长的一段路要走,全国无差别制度的建立也需要一定的时间。在这样的转型时期,东部沿海地区借助先发优势,体制机制不断完善,经济利益的获取也就相对容易;而其他内陆地区后发优势发挥作用的配套制度还未全面建立,从而使其面临的发展机会再次落后于东部沿海地区。诺贝尔经济学奖得主米尔达尔(Cunnar Mydal)认为,如果某个国家只是让市场自由发挥作用,工业、服务业等领域的经济活动都能获得高于平均利润的收益,体现软实力的科技创新、教育文化等要素资源将麇集在该国某些地点和地区(如我国的北京、上海等地),从而使该国的其他地区经济社会发展处于相对落后的状态。

从以上理论和现实分析来看,我国地区之间发展机会具有非均等性,而进一步的循环积累扩散效应,会使东部沿海地区的发展机会越来越多,其他内陆地区的发展机会则相对减少。在未来一段时间内,虽然发达地区已利用先发优势取得了经济社会的迅速发展,但离成熟发展期还有较大距离,要发挥扩散效应还需要一段时间。从当前经济发展形势来看,发达地区经济聚集效应显著,内陆地区大量人才、资金、资源向其汇集,并未形成"扩散效应",更多地表现为"虹吸效应"。此外,作为对外开放前沿地区,发达地区已初步形成了外向型大循环的增长格局,在目前的条件下,很难实现向内陆地区转移的"涓流效应"。

从金融层面来看,20世纪80年代后期开始,中央政府在金融政策方面给予了东部沿海地区多方面的支持。东部沿海地区在区域金融机构的设立、债券发行规模、企业发行股票、外汇业务等多个领域上拥有了自主创新权。金融市场及多样化金融工具快速发展,创新推出多种新的渠道,为资金跨区域流动带来了很大便利。在要素趋利天性的驱动下,内陆地区的资金通过银行、股票、债券、投资等多种形式大量流入东部沿海地区,尤其是经济特区和开放城市,为这些地区的发展提供了强有力的资金支持。随着资本市场化改革的逐步深入,金融投资行为日趋活跃,内陆地区资金流出速度加快,对同样需要资金支持的内陆地区而言,资金短缺的固有缺陷显得更加严重。

从京津冀来看,北京和天津都是直辖市,河北与京津在行政级别上不对等,在话语权上偏弱,在与京津的合作谈判中处于不利地位;由于长期受政治、历史等因素的惯性影响,河北从属经济特征比较明显,经济发展上与京津的差距比较大,在承接北京产业转移上面临着"产业对接悬崖";此外,资源依赖型和政府投资推动型的经济发展运行模式也弱化了河北主动融入京津的积极性。

二、金融政策倾斜效应

我国东部沿海地区在区域经济发展中,借助金融创新,吸引了大量金融资源,从而带动经济发展,这一发展模式为其他区域提供了很好的可借鉴经验。从我国长三角、珠三角地区的发展规划来看,都提出要有强力的金融支持,力求建立多层次的金融机构、比较发达的金融市场、比较完备的金融基础设施、比较完善的金融信息体系等,实现经济发

第六章 金融协同支持京津冀区域经济发展路径——金融政策的区域化调整

带动金融发展、金融发展推进经济健康可持续发展的良性循环。当前,发挥市场在资源配置中的决定性作用已成为主流,短期内,金融资源向发达地区流动的趋势不会有大的改变。

在推动区域经济的政策体系中,金融政策倾斜是中央政府采取宏观干预的一种方法。金融政策与产业政策、财政政策相结合,把一定的优惠政策或者优惠策略转移到企业发展上,利用金融资本集聚、资金配置功能,促进产业快速发展,实现提高资金使用效率和经济快速发展的双重目标。金融产业发展与经济发展相互依存,联系密切,因此,在区域经济发展中,即便没有国家政策倾斜,为有效利用金融资源,也需要打造良好的金融发展环境。例如,建立有效的协作机制,建立多层次的市场体系,建立完备的人才吸引和储备机制,严厉的法律保障机制等。只有这样,经济与金融才能实现联动,区域经济的率先和快速发展才能达成。

从金融政策倾斜的内容上来看,改革开放初期,以放宽原有限制为主,允许需要支持发展的地区先行先试,在当时的条件下,其效用影响很大,为区域吸引了大量资金;随着金融领域越来越多的限制政策放开以及信息技术的发展,全国执行更多的是统一的金融政策,地区间差异越来越小。从金融政策制定者——"一行三会"的角度来看,实施倾斜的金融政策需要承担一定的风险,也增大了监管难度,管理和监管的双重性还会增加工作的难度,所以,在给予某些区域倾斜政策时都比较谨慎。一般来讲,在研究制定金融倾斜政策时,对区域的经济特点和发展现状需要做深入研究和分析,在此基础上,探索制定一些针对地方特点的倾斜政策。例如,货币政策工具应用的差异化,监管标准的差异化,以及建立一些新的金融服务组织,新的金融产品先行先试等。

从京津冀来看,2001年6月,在北京建立了三板市场(又叫代办股份转让系统)。2006年1月,中关村科技园区非上市的股份公司进入转让系统进行股份报价转让,形成新三板,为科技型企业价格发现和资金融通提供了有效渠道。2012年8月,又将其扩展到上海张江高新产业开发区、天津滨海高新区和东湖新技术产业开发区。2013年12月向全国推开。相比全国其他地区而言,北京具有了非常好的比较优势。天津得到了国务院批复的《天津滨海新区综合配套改革实验总体方案》,明确提出"在搞好渤海产业投资基金试点基础上,发展各类产业投资基金、创业投资基金,发展各类资金信托业务,把天津逐步建成我国产业投资基金发行、管理、交易、信息和人才培训中心",以及"积极支持在天津滨海新区设立全国性非上市公众公司股权交易市场"两项在全国具有较大影响的支持政策。而河北还没有金融方面的特殊政策,金融创新开展比较滞后。

第三节　地方政府行为与区域金融协同

我国是一个处于转轨进程中的市场经济国家。随着中央的放权让利,各级地方政府逐步拥有了自己的利益诉求和明确的利益目标,使其成为影响区域资源配置和经济金融运行的重要行为主体。在此背景下,考察京津冀金融协同发展问题,除了经济基础、历史文化、地理区位、中央非均衡发展战略、行政层级等因素外,作为区域制度创新主体和经济社会发展重要推动力的地方政府,也是一个必不可少的变量。

一、地方政府介入金融的制度诱因及主要形式

从历史的视角看,地方政府介入金融活动有其特定的制度环境诱因。在计划经济体制下,我国实行的是"公平优先"的区域发展战略,国家以行政手段推进区域间同步发展,财政是政府控制经济剩余、调配社会资金的主要方式。与之相适应,货币信贷体制实行"大一统"的银行管

第六章　金融协同支持京津冀区域经济发展路径——金融政策的区域化调整

理体制,中国人民银行集中了一切信用资源,信用规模的大小、资金价格的高低均受到政府严格控制。金融结构的单一性、机构设置的行政性、资金调度的统一性成为这一时期区域金融运行的基本特征。在这种制度环境下,地方政府既缺乏介于金融活动的意愿,也缺乏介入金融活动的能力。

改革开放以后,随着市场化改革的逐步深入,国民经济得到快速发展,经济成分日趋多样,收入分配格局发生重大变化,居民逐步成为社会中最大的资金盈余部门,而政府和企业则成为主要的资金欠缺部门,以国家财政控制经济剩余推动经济发展的模式开始显得力不从心。为弥补改革出现的财政能力下降问题,中央政府大力推动国有银行体系重建和扩张,由国家控制并占垄断地位的国有银行体制开始发挥制度替代作用。与金融改革同步并行的是财政分权改革。始于20世纪80年代的"分灶吃饭"财政体制改革,存在明显制度缺陷,导致中央财政收入大幅下降,到1993年中央财政收入占总财政收入的比重仅为22%。为解决该问题,1994年实行了以"财政收入权力集中、财政支出责任不变"为特征的分税制改革,中央政府财政收入困境随之得到有效解决,但地方政府财政收入则明显下降。在财政收入萎缩,而事权没有太大变化甚至增加的背景下,为给地方经济注入活力,地方政府普遍开始介入区域金融活动以寻求资金支持。其基本形式主要有以下几种:

(一) 介入银行信贷业务

一些地方政府忽视当地金融生态环境、经济承载力、银行资金运用渠道变化等因素,片面强调域内存贷比、存贷差等信贷指标,并以此作为衡量银行对当地经济发展支持力度和服务质量的标准,采取各种方式对银行信贷行为进行"干预",促使银行扩大在当地的信贷规模。例如,通过召开协调会、约见高管谈话等形式促使银行向上级行争取更多信贷规模指标;通过开展金融单位评比、设立"奖励基金"等方式激励金融机构扩大授信规模；以财政存款存放换取银行放贷承诺；以成立各种地方投融资平台为基础设施和市政设施建设"曲线"融资等。

（二）发展地方性金融组织

各地方政府在建设发展金融组织方面表现出了极高的积极性。例如，20世纪80、90年代各地方政府为动员储蓄，纷纷组建各类信托投资公司和农村合作基金会；20世纪90年代末在国有银行机构裁并、权力上收等商业化改革背景下，普遍加大了对城市商业银行和农村信用社等地方金融机构的建设力度；近年来，又通过财政注资、资本重组、增资扩股和引进境内外战略投资者等方式，在原城市信用社或地方性金融服务机构的基础上，组建大批城市商业银行。此外，地方政府在推动区域金融创新、培育新型金融组织和建立地方性产权交易市场等方面也发挥了重要作用。

（三）推动企业上市

随着我国资本市场功能的不断完善，股权融资已成为我国企业继银行信贷之后的第二大融资途径。各地方政府纷纷采取措施扶持当地企业上市，以扩大本地资金来源。主要措施包括建立上市企业后备资源库、建立财政补贴基金、给予税收减免、实行土地优惠、开辟"绿色通道"、简化办事流程等。

（四）打造金融中心

近年来，在金融发展极理论指导下，一些中心城市、省会城市地方政府本着搭建投融资平台、完善金融服务、大力发展现代高级服务业的宗旨，纷纷提出了建设金融中心的发展规划。就京津冀区域而言，北京市委、市政府在2008年4月出台的《关于促进首都金融业发展的意见》中明确提出，首都金融业的定位和工作目标是将北京建设成为具有国际影响力的金融中心城市；天津市也曾提出，在重点建设全国性非上市公众公司股权交易市场的基础上，成为内地首个离岸金融中心和北方金融中心；石家庄市政府在2014年制定的《加快省会现代服务业发展实施意见（2014~2017年）》中提出，发挥省会城市功能，进一步优化软硬件条件，打造区域性金融中心城市。

二、地方政府介入金融的效应分析

地方政府介入金融是把"双刃剑"。适度介入，可以凭借其信息、资源等优势，在完善地方金融组织体系，建设地方金融生态环境，推进金融体制改革等方面发挥重要作用。但如果介入过度，则可能演变为地方保护和行政壁垒，并由此带来不容忽视的负面效应。

总体来讲，地方政府介入金融活动的积极效应主要有以下四个方面：

（一）壮大金融产业

随着经济社会的不断发展，地方政府对金融的认识在不断深化，不再仅局限于把金融作为经济建设的资金融通渠道，一些地方政府，特别是经济发达地区的地方政府，更多的是把金融作为一个重要的现代服务产业进行扶持和发展。地方政府通过支持国有商业银行改革，发展地方法人金融机构，引进域外金融机构，推进农村信用社改革，支持金融机构开展产品和服务创新等措施，促进当地金融组织体系不断完善，金融产业快速发展壮大。

（二）缓解薄弱环节融资难题

中央对缓解小微企业和"三农"等薄弱环节融资难融资贵问题高度重视，但限于小微企业和"三农"的一些"天生"缺陷和不足，仅依靠金融系统，这一问题很难得到有效解决。地方政府可以通过发展融资担保体系、建立风险补偿基金等方式,分散金融机构支持小微企业和"三农"的风险,从而提高金融机构加大金融支持的积极性。

(三) 处置地方性金融风险

实践证明,在一些大的地方性金融风险处置工作中,必须发挥地方党委政府的统筹协调作用。只有地方政府高度重视,加强统一组织领导,才能迅速而充分地整合相关部门力量,从而确保风险事件快速妥善解决。

(四) 优化地方金融生态环境

地方政府在社会信用体系建设工作中可以发挥牵头和主导作用,整合各部门信用信息、建立失信惩戒机制等。党的十八届三中全会提出了"界定中央和地方金融监管职责和风险处置责任",更需要地方政府在提高金融资源配置效率,强化系统性金融风险处置能力,维护金融稳定方面积极作为。

不容回避,地方政府介入金融也存在一些负面效应:

1. 降低金融资源配置效率。优化资源配置是金融核心功能之一。但只有在市场化条件下,这一功能才能够充分发挥。如果地方政府对微观金融活动过度干预,导致市场机制受损,金融机构的信息优势、规模效应和专业化服务等信用中介作用就无法有效开展,市场机制优化金融资源配置的作用就会受到破坏。

2. 诱发金融风险。20世纪90年代以来,地方政府对金融的不当干预曾导致金融机构出现了大量不良资产。2002年中国人民银行调查显示:在国有银行系统改制前的不良资产形成中,由计划与行政干预造成的约占30%,政策要求国有银行支持国有企业造成的约占30%,国家安排的关停并转等结构性调整造成的约占10%,地方干预,包括司法、执法方面对债权人保护不利导致的约占20%。近年来,为应对2008年金融危机,地方政府融资平台的无序发展给金融系统带来了隐患。

3. 造成区域金融布局与区域经济发展脱节。区域经济是区域金融的基础,区域金融的深化和发展依赖于区域经济的规模和水平。一些地方政府为给本地经济发展争取更多的金融资源,"盲目"复制或移植其他地区的金融组织与金融工具,而对基于本地经济现状的金融创新却着力不足,从而导致区域间金融组织结构趋同,金融布局不合理,对形成全国统一的金融市场也造成一定阻碍。

4. 弱化货币政策效果。国内学者研究表明,地方政府的金融干预行为,致使货币政策传导效率在发生机制的终端丧失了30%。改革开放以来我国宏观经济的五次过热都与地方政府干预银行信贷、扩大投资规模有关。

三、简要结论

地方政府介入金融活动有其制度必然,作用具有两面性,关键是趋利避害,核心是厘清政府与市场的边界。从避害的角度讲,一方面,应进一步完善财政分权制度改革和地方干部考核评价机制,降低地方政府不当干预金融的动机。另一方面,应深化金融市场化改革,完善金融机构法人治理结构,阻断地方政府过度介入金融机构微观运营通道。从趋利的角度讲,一方面,应进一步深化行政体制改革,推进服务型政府建设,促使地方政府将更多精力放在优化金融市场发展环境上来。另一方面,应加快中央与地方金融监管分权改革,明确地方政府金融监管责权,推动地方政府加强区域金融风险防控,提高风险事件处置水平。

专栏 6-1
创新设立小额票据贴现管理中心　缓解小微企业融资难题

近年来,随着商业汇票市场的不断发展,小微企业销售回款环节越来越多地通过小额银行承兑汇票结算,但金融机构由于操作成本高、风险大等因素，对办理小额票据贴现业务积极性不高，致使小微企业持有的小额票据难以及时变现补充经营资金。

2014年，中国人民银行石家庄中心支行与河北省金融办牵头，联合河北省财政厅、河北省工信厅、河北省工商联、河北省金融票据协会等部门，积极探索解决小微企业融资问题新思路，以票据融资为突破口，以创设专营金融服务机构为着力点，以多部门协作为助推剂，在全国率先创设"河北省小额票据贴现管理中心及分中心"，专门负责面值300万元以下的小额票据贴现融资和业务管理等工作。

小额票据贴现分中心为河北省小额商业汇票市场注入了新活力，带动辖内各个金融机构参与小票贴现业务，打破了以往金融机构只办理大企业持有或面值较大的商业汇票贴现业务的常规，也填补了河北省小额票据专营机构的空白。

小额票据贴现管理中心及分中心的设立得到了多个部门在资金、人力和物力等方面的大力支持。中国人民银行石家庄中心支行专项安排信贷规划和再贴现资金各20亿元支持分中心扩大业务规模，目前已累计办理再贴现业务35亿元，有效确保了分中心的流动性充裕，切实提高资金使用效率；河北省财政厅在全省中小企业发展专项资金中专门划拨一部分资金用于小额票据贴现风险补偿，2015年向小票中心下拨风险补偿金200万元，切实调动各分中心办理贴现业务积极性和主动性；河北省工信厅、河北省工商联积极开展银企对接活动，筛选推荐有实力、有需求的小微企业，增加分中心的优质客源，大力支持小额票据贴现市场做大做强。

河北省小额票据贴现管理中心及各分中心在多个方面明确了优先支持领域。在票据面值上，优先支持100万元以下的小额票据贴现。在区域统筹上，优先支持环京津、环渤海区域小微企业发展，大力推进京津冀协同发展步伐。在投向上，优先支持发展现代农业、规模经营的新型农业经营主体和优质涉农小微企业；重点支持新能源、电子信息、高端

第六章 金融协同支持京津冀区域经济发展路径——金融政策的区域化调整

装备、节能环保等战略性新兴产业、现代服务业骨干企业和重点核心大企业的上下游配套小微企业。

小额票据贴现中心的设立，大大提升了涉农及小微企业对小额票据的认同度。国有商业银行、股份制商业银行以及地方法人金融机构均大力开办此类票据贴现及转贴现，全年分中心累计办理涉农票据占比达30%，民营及小微企业占比高达90%以上，有效解决了其应收票据占款较高且流转难的问题，切实提高了涉农、小微企业营运资金周转效率。

小额票据贴现中心的设立，降低了小微企业融资成本。在小票贴现中心创设之前很长一段时间，小额银行承兑汇票的贴现利率往往会高于一般票据贴现利率2～3个百分点，甚至还会高于一般资产抵押贷款利率。目前，各分中心对小额票据贴现利率定价均给予了优惠政策，最高利率优惠较一般票据下降约1个百分点。据不完全统计，小票分中心共为小微企业节约融资费用近亿元，很大程度上缓解了小微企业融资贵的问题，有效降低了实体经济融资成本。

目前，小额票据贴现分中心均由当地的金融机构承办，在服务方式和金融创新方面推出了一系列便捷、优惠政策。如由石家庄汇融农村合作银行承办的石家庄小票贴现分中心，对现有贴现流程进行了优化再造，实行集约化、一站式、一条龙的服务模式，对小微企业客户做到了当天受理当天资金到账，大大提升了工作效率。由廊坊银行承办的廊坊小票贴现分中心，针对不同客户的资金需求，创新研发了"中小微企业成长伴侣—票赢通"、"小票接力贷"等一系列小微企业融资产品，助力当地的涉农和小微企业融资发展。其他各小票贴现分中心，也积极采取了加大宣传营销力度，提高小票分中心知名度；降低企业成本，执行优惠利率；集中本行资源优势，在信贷规模、贴现资金、信贷政策等方面向小票贴现业务倾斜等有力措施，确保了小额票据贴现业务的顺利发展。

自2014年6月26日正式挂牌营业以来，各分中心积极开展宣传营销活动，吸引了众多民营经济和小微企业的关注，纷纷上门办理小票贴现业务，取得了较为显著的成效。截至 2015 年 6 月末，设立了 16 家小额票据贴现分中心，累计为 929 家小微企业办理小额票据贴现业务 18987 笔，累计贴现金额 133.15 亿元，单笔平均 70 万元。其中 100 万以下 15835 笔，金额 52.45 亿元，单笔平均 33 万元。分中心月均贴现量 11 亿元，较去年同期翻了一番，切实将信贷资金直接注入民营经济之中，有效推动了河北省民营经济和小微企业快速发展。

第四节　京津金融政策对比与借鉴

北京作为我国政治中心，同时也是我国经济金融政策的发源地；天津作为我国四大直辖市之一，是华北地区最重要的重工业中心和港口城市。京津由于地位特殊，具备金融政策"先行先试"的巨大优势，并为当地实体经济持续发展提供源源不竭的巨大动力。深入研究分析京津地区特有金融政策的精华，尝试将河北融入京津高速发展的进程中，对建设京津冀协同发展宏伟蓝图具有重大的现实意义。本节在梳理北京中关村国家自主创新示范区与天津自由贸易试验区采取的科技与产业金融政策的基础上，对河北省未来金融政策改革方向提出建议。

一、北京中关村国家自主创新示范区科技金融政策

科技金融是促进科技创新和高技术产业发展的金融资源综合配置与创新服务，是实现科技与金融更加紧密结合的一系列体制机制安排。中关村具有全国领先的科技金融发展基础，集聚了大量的创新型金融机构，是我国创业投资最活跃的区域。推进中关村建设国家科技金融创新中心，为抢占全球科技创新和高技术产业发展新的战略制高点提供了强有力的支撑。

第六章 金融协同支持京津冀区域经济发展路径——金融政策的区域化调整

(一) 科技金融体系基本情况

中关村国家自主创新示范区起源于20世纪80年代初的"中关村电子一条街"。1988年5月,国务院批准成立北京市新技术产业开发试验区,它是中关村科技园区的前身。2009年3月,国务院批复同意建设中关村国家自主创新示范区,要求把中关村建设成为具有全球影响力的科技创新中心,努力培养和聚集优秀创新人才特别是产业领军人才,做强做大一批具有全球影响力的创新型企业。2011年1月,国务院又批复同意了《中关村国家自主创新示范区发展规划纲要(2011~2020年)》,进一步明确了中关村示范区今后十年的发展思路。

为大力发展实现科技创新产业这一战略定位,中关村示范区建立了"一个基础、六项机制、十条渠道"的中关村科技金融体系。"一个基础"是指以企业信用体系建设为基础,以信用促融资,以融资促发展。在拓宽企业融资渠道的同时,探索建立技术与资本高效对接的"六项机制":一是信用激励机制;二是风险补偿机制;三是以股权投资为核心的投保贷联动机制;四是银、政、企多方合作机制;五是分阶段连续支持机制;六是市场选择聚焦重点机制。"十条渠道"包括天使投资、创业投资、境内外上市、代办股份转让、担保融资、企业债券和信托计划、并购重组、信用贷款、信用保险和贸易融资以及小额贷款。

(二) 鼓励设置专营机构

为鼓励银行业金融机构在示范区核心区内设立专门为科技型中小企业服务的支行、信贷中心等信贷服务专营机构,中关村管委会、北京市金融工作局、中国人民银行营业管理部(北京)、北京银监局和海淀区人民政府联合发布《关于促进银行业金融机构在中关村国家自主创新示范区核心区设立为科技企业服务的专营机构的指导意见》,其中规定:

1. 审批绿色通道。北京银监局大力支持科技型中小企业金融服务成效突出的银行,在示范区内优先试行创新业务、增设分支机构和其他信贷服务机构,按照规定实施市场准入"绿色通道"政策。

2. 购(建、租)房补贴。专营机构购置或自建从事科技型中小企业金融服务办公用房的,享受每平方米1000元人民币的一次性补贴。专营机构租用从事科技型中小企业金融服务办公用房的,享受3年租金补贴。

3. 风险拨备补贴。对专营机构按照《银行贷款损失准备计提指引》(银发〔2002〕98号)提取的对科技型中小企业非担保公司担保信贷业务一般准备的50%给予补贴。

4. 业务增量补贴。专营机构每增加一个之前没有信贷业务记录的科技型中小企业客户,对其首笔业务一般准备的75%给予补贴。

(三) 加强信用体系建设

为加快推进"以信用促融资,以融资促发展"的中关村企业信用体系建设,中关村管委会会同中国人民银行营业管理部组织实施中关村企业信用星级评定计划,鼓励企业建立信用记录,提高企业融资能力。

1. 星级评定方式。初次申报企业信用星级评定的企业,在当年完成一个贷款周期并按期履行还本付息后,可申请获得"信用一星"级别。完成第二个贷款周期并符合本办法相关条件的,可申请增加一个星级,依次递增,最高可获得"信用五星"级别。企业一个自然年度内最多增加一个星级。

2. 建立信用激励机制。中关村管委会在实施担保融资、信用贷款、信用保险和贸易融资、小额贷款等专项公共政策时,按中国人民银行当期贷款基准利率给予企业一定的利息补贴。企业信用星级越高,贷款利息补贴比例越大。一星级企业贷款贴息比例为20%,每增加一个星级,贷款贴息比例增加5%,五星级企业贷款贴息比例最高为40%。

（四）制定"瞪羚计划"与"展翼计划"

为破解小微企业融资难、融资贵问题，改善中关村科技园区中小高新技术企业的融资环境，中关村科技园区管委会制定了"瞪羚计划"与"展翼计划"。

1. "瞪羚计划"。中关村科技园区将满足利润增速指标，并达到指定信用中介机构信用等级标准的高新技术企业纳入"瞪羚计划"。"瞪羚计划"成员企业可享受中关村科技园区管委会的贷款贴息；进入中关村科技担保公司的快捷担保审批程序，简化反担保措施；进入协作银行的快捷贷款审批程序，上浮幅度不得超过基准利率的20%。为加强"瞪羚计划"成员企业自律意识，实行"五星级"评定制度。企业首次获得"瞪羚计划"支持，即被评定为"一星企业"，贷款贴息率为20%。以后每完成一个年度的履约，增加一个星级，贴息率增加5%。

中关村科技园区将纳入示范区"瞪羚计划"的企业、年复合增长率位于"瞪羚计划"同一收入级别前200名的企业、中关村企业信用促进会评定的四星级（含）以上企业、在全国中小企业股份转让系统挂牌的企业或在境内外上市的企业列为"瞪羚"重点培育企业。这些企业除享有"瞪羚计划"奖励外，还享有如下优惠：贷款贴息率再次增加5%；发行直接融资产品，中关村管委会给予社会筹资利息30%的补贴；对企业融资租赁而发生的融资费用给予20%的补贴；支持投标承接重大建设工程，给予40%的贴息支持和保函手续费、评审费、担保费等综合成本20%的补贴；对企业改制、在全国中小企业股份转让系统挂牌、境内外资本市场上市的分别给予30万元、30万元和50万元的补贴。

2. "展翼计划"。中关村科技园区将未达到"瞪羚计划"标准，但无不良征信记录的科技型企业纳入"展翼计划"。"展翼计划"成员企业可享受实际贷款期限在9个月以上，并按期还本付息的贷款贴息；进入中关村科技担保公司的快捷担保审批程序，简化反担保措施；进入协作银行的快捷贷款审批程序，上浮幅度不得超过基准利率的30%；发行直接融资产品，给予社会筹资利息30%的补贴等优惠政策。企业首次获得"展翼计划"支持，即被评定为"一星企业"，贷款贴息率为20%。以后每完成一个年度的履约，增加一个星级，贴息率增加5%。

（五）设立小微企业信贷风险补偿资金

为进一步发挥科技金融支持战略性新兴产业发展的重要作用，设立了中关村小微企业信贷风险补偿资金。

1. 支持对象。各合作担保公司为符合条件的中关村小微企业提供融资担保业务而发生的代偿本金部分，各合作银行为符合条件的中关村小微企业提供贷款而发生的不良贷款本金部分，纳入补贴范围的银行不良贷款。

2. 分担比例。为总收入2000万元（含）以下中关村企业提供融资担保时发生代偿的，该笔业务代偿本金部分，由风险补偿资金承担40%，担保公司承担60%；为总收入超过2000万元且小于1亿元（含）的中关村企业提供融资担保时发生代偿的，该笔业务代偿的本金部分，由风险补偿资金承担30%，担保公司承担70%。为总收入2000万元（含）以下的中关村企业提供贷款时产生不良贷款的，该笔贷款的本金部分，由风险补偿资金承担50%，合作银行承担50%；为总收入超过2000万元且小于1亿元（含）的中关村企业提供贷款时产生不良贷款的，该笔贷款的本金部分，由风险补偿资金承担40%，合作银行承担60%。

（六）推进知识产权质押贷款

为缓解科技创新创业企业融资难的问题，北京市科委、市知识产权局、市财政局、市金融局、市经信委、市工商局、市版权局、中国人民银行营业管理部、北京银监局、北京保监局、中关村管委会等单位在中关村国家自主创新示范区联合开展知识产权质押贷款工作。

1. 贷款范围。企业通过将合法拥有的专利权、商标权、著作权等知识产权作为主要质押物，从银行、小额贷款机构等信贷机构获取资金支持的一种融资方式。金融机构在向企业提供知识产权质押贷款时，原则上知识产权质押所占信贷规模的比例应不少于30%。

2. 信用激励机制。根据企业信用状况不同，信贷机构实行差别化的利率政策，根据企业信用"星级"不同，政府部门实施20%至40%的差别化贷款贴息政策。

3. 风险补偿机制。建立财政风险补偿制度，符合条件的信贷机构在中关村开展知识产权质押贷款时，按照发放贷款的规模给予商业银行、担保机构、小额贷款机构一定的风险补贴。

4. 风险分担机制。建立再担保机制，凡以知识产权质押为反担保的，北京市中小企业信用再担保公司按60%至80%的比例提供再担保，知识产权质押在反担保中所占的比例越高，再担保的比例越高。

（七）建立改制上市和并购支持资金

为支持中关村企业借助资本市场实现规范运作和快速发展，建立中关村企业改制上市和并购支持资金。

1. 企业条件。企业已获得：同意企业进入全国中小企业股份转让系统的函、《中国证监会行政许可申请受理通知书》或已完成境外公开发行上市的相关资料。

2. 支持资金资助标准。一次性资助：改制30万元，挂牌30万元，境内、外上市50万元。并购中介费用资助：资助实际发生费用的40%~70%。并购贷款贴息资助：按照银行贷款基准利率的40%给予企业贷款贴息，"瞪羚"重点培育企业的并购贷款贴息比率为45%。

（八）成立天使投资和创业投资支持资金

为促进创新创业企业发展，培育战略性新兴产业集群快速发展，成立中关村天使投资和创业投资支持资金。

1. 天使投资风险补贴资金。补贴额度为创业投资企业以货币形式对中关村示范区企业的实际投资额的10%，单笔最高补贴100万元。

2. 天使投资引导资金。主要依托专业投资管理机构运作，采用参股方式设立天使投资基金，通过财政资金的杠杆放大作用，使更多社会资金投向中关村战略性新兴产业领域的专项资金。

(九) 中关村示范区金融政策的实际效果

中关村示范区金融政策实现了针对科技型企业与小微企业的精准金融支持。在夯实信用体系建设的基础上，通过"瞪羚计划"与"展翼计划"建立园区企业战略支持名单，综合利用信贷资源与资本市场迅速提升园区企业的资金实力，加速企业科研与发展速度。中关村示范区经济始终保持较快增长速度，成为北京市发展的重要战略支撑点。2013年，中关村示范区企业实现总收入3.05万亿元，同比增长20%以上；高新技术企业增加值超过4100亿元，占北京市GDP比重超过20%；企业利润总额2265亿元，同比增长26.6%；实现出口336亿美元，同比增长28.5%，约占全市出口总额的四成；企业科技活动经费支出1165亿元，同比增长27%。

二、天津自由贸易试验区金融政策

我国的自由贸易区是指在国境内关外设立的，以优惠税收和海关特殊监管政策为主要手段，以贸易自由化、便利化为主要目的的多功能经济性特区。天津自贸区着力打造成为北方国际航运中心和国际物流中心，推动京津冀海空港口一体化，促进错位发展和优势互补。天津自由贸易区采用融资租赁与涉外金融优惠政策，为实现其功能定位打下坚实基础。

（一）天津自由贸易实验区金融体系基本情况

2014年12月，国务院决定在天津市设立自由贸易试验区，总面积119.9平方公里，主要涵盖三个功能区，分别为：天津港片区、天津机场片区和滨海新区中心商务片区。2015年3月，中共中央政治局审议通过天津自由贸易试验区总体方案。根据《京津冀协同发展规划纲要》（以下简称《纲要》），天津的战略定位是"优先发展高端装备、电子信息等先进制造业，大力发展航空航天、生物医药、节能环保等战略性新兴产业和金融、航运物流、服务外包等现代服务业，打造全国先进制造研发基地与生产性服务聚集区"，天津自贸区更是被定义为京津冀协同发展的重要先行先试平台。

为成功实现天津自贸区北方国际航运中心和国际物流中心的战略定位，天津市人民政府于2015年4月17日，公布了《中国（天津）自由贸易试验区管理办法》，对深化金融体制改革、实施业务模式创新、培育新型金融市场、加强风险控制、推进投融资便利化、利率市场化和人民币跨境使用以及做大做强融资租赁业等方面进行了规划。

（二）降低金融机构准入门槛

推动金融服务业对符合条件的民营资本全面开放，在加强监管的前提下，允许具备条件的民间资本依法设立中小型银行等金融机构。支持在自贸区内设立外资银行和中外合资银行，条件具备时在自贸区内试点设立有限牌照银行。逐步允许境外企业参与商品期货交易。

（三）提升租赁业发展水平

率先推进租赁业政策制度创新，形成与国际接轨的租赁业发展环境。加快建设国家租赁创新示范区。在自贸区的海关特殊监管区域内，支持设立中国天津租赁平台，推进租赁资产公示等试点。支持设立中国金融租赁登记流转平台，推进租赁资产登记、公示、流转等试点。统一内外资融资租赁企业准入标准、审批流程和事中事后监管，允许注册在自贸区内由天津市商务主管部门准入的内资融资租赁企业享受与现行内资融资租赁试点企业同等的待遇。支持符合条件的金融租赁公司和融资租赁公司设立专业子公司。支持金融租赁公司和融资租赁公司在符合相关规定的前提下，设立项目公司经营大型设备、成套设备等融资租赁业务，并开展境内外租赁业务。经相关部门认可，允许融资租赁企业开展与主营业务相关的保理业务和福费廷业务。支持租赁业境外融资，鼓励各类租赁公司扩大跨境人民币资金使用范围。对注册在自贸区海关特殊监管区域内的融资租赁企业进出口飞机、船舶和海洋工程结构物等大型设备涉及跨关区的，在确保有效监管和执行现行相关税收政策的前提下，按物流实际需要，实行海关异地委托监管。

（四）开展利率市场化和人民币资本项目可兑换试点

将自贸区内符合条件的金融机构纳入优先发行大额可转让存单的机构范围，在自贸区内开展大额可转让存单发行试点。区内试行资本项目限额内可兑换，符合条件的区内机构在限额内自主开展直接投资、并购、债务工具、金融类投资等交易。深化外汇管理改革，将直接投资外汇登记下放银行办理，外商直接投资项下外汇资本金可意愿结汇，进一步提高对外放款比例。提高投融资便利化水平，解决自贸内企业特别是中小企业融资难、融资贵问题，统一内外资企业外债政策，建立健全外债宏观审慎管理制度。放宽区内企业在境外发行本外币债券的审批和规模限制，所筹资金根据需要可调回区内使用。

（五）发展跨境业务

鼓励在人民币跨境使用方面先行先试，允许企业充分利用境内外两种资源、两个市场，实现跨境融资自由化。支持跨国公司本外币资金集中运营管理。支持自贸区内符合条件的单位和个人按照规定双向投资于境内外证券期货市场。支持通过自由贸易账户或其他风险可控的方式,促进跨境投融资便利化和资本项目可兑换的先行先试。开展人民币跨境再保险业务,培育发展再保险市场。在完善相关管理办法,加强有效监管前提下,允许自贸区内符合条件的中资银行试点开办外币离岸业务。

(六)天津自贸区金融政策的实际效果

天津自贸区的战略定位是北方国际航运中心和国际物流中心,因此该区域的金融政策以支持港口、物流与进出口等大规模企业为核心任务。在大力引进专营机构的基础上,着力发展融资租赁业务,依托自身自由贸易区的政策便利,陆续推出具有竞争力的资本与跨境金融政策,实现国内外金融资源的综合利用,大力降低园区内企业融资成本。天津自贸区正式挂牌一个月以后,新登记市场主体4008户,同比增长96.66%,注册资本金共计837.47亿元,同比增长193.76%。根据天津自贸区的估算,2017年该区GDP将达到2700亿元,年均增长率20%以上。

三、河北省区域金融政策借鉴

为更好地落实《京津冀协同发展规划纲要》(以下简称《纲要》)相关要求,对接首都功能外迁与河北省产业转型升级,结合京津区域金融政策相关经验,建议河北省区域金融政策制定分两步走。第一步针对京津冀试点示范区建立金融创新制度清单,突出针对性和可操作性;第二步结合《纲要》中四个功能区的战略定位,做好金融政策匹配与完善,实现差异性与引导性。

(一)试点示范区域金融创新制度清单

《纲要》指出,要开展北京新机场临空经济区改革试点,推进曹妃甸协同发展示范区，推动北京市密云、延庆和河北省张家口、承德共建生态文明示范区，鼓励和推动中关村在天津和河北建立科技成果转化基地。鉴于以上四个试点区域的核心产业性质存在较大差异，建议针对各示范区特点制定差异化的金融政策清单。

1. 在北京新机场临空经济区建立运输物流金融政策区。北京新机场临空经济区位于北京市与廊坊市的交界地区，目标建设成为综合性的国际航运枢纽港，机场延伸的加工区将带动河北周边发展。临空经济区主要发展运输业、民航综合服务业，以及衍生的配套服务、物流配送、商务餐饮、住宅开发、高新技术等产业。建议该区域金融政策以支持运输物流为核心，具体包括：支持京冀两地建立企业化运营开发管理平台，带动民间资本参与机场建设；对在临空经济区设立物流中心的企业给予融资便利与政府贴息；鼓励各家银行在该区域设立贸易融资类产品的专业性金融机构，提供高质量金融服务；引导金融机构对该区域餐饮、房地产等产业给予信贷政策倾斜。

2. 在曹妃甸协同发展示范区推广天津自贸区金融政策。曹妃甸协同发展示范区，位于唐山市曹妃甸港口区域，目标为建设世界一流石化产业基地、首都功能重点承接平台。曹妃甸区主要发展以石油化工为代表的重工业、运输业、港口综合服务业，以及衍生的配套服务、物流配送、住宅开发等。建议该区域金融政策以支持工业、运输物流为核心，重点复制、推广天津滨海新区的相关政策。具体包括：支持区内企业在境内、外融资，实施资产证券化产品创新，降低金融机构准入门槛，提升租赁业发展水平，大力发展跨境业务等。

3. 在张承生态文明示范区建立旅游与文化金融政策区。北京市密云、延庆和河北省张家口、承德共建生态文明示范区，主要发展旅游、绿色农业、文化产业、清洁能源生产，以及衍生的配套服务、环境保护与涵养、物流配送、商务餐饮、住宅开发等。建议该区域金融政策以支持旅游、文化产业、餐饮为核心，具体包括：支持京冀两地建立企业化运营开发管理平台，带动民间资本参与旅游项目开发与环保项目建设；鼓励旅游、文化产业公司通过众筹、在证券市场上市等渠道筹集项目资金；针对旅游、文化创意企业给予融资便利与政府贴息；鼓励金融机构在该区域加大金融产品创新力度，提供高质量金融服务；引导金融机构对该区域餐饮、农业、房地产等产业给予信贷政策倾斜等。

4. 在中关村和河北的科技成果转化基地推广中关村金融政策。中关村和河北的科技成果转化基地，主要发展电子信息、生物医药、节能环保等产业。建议该区域金融政策以支持高科技企业发展为核心，重点复制、推广北京中关村的相关政策。具体包括：建立并加强信用激励机制，风险补偿机制，以股权投资为核心的投保贷联动机制，银、政、企多方合作机制，分阶段连续支持机制，市场选择聚焦重点机制；综合利用天使投资、创业投资、境内外上市等渠道。

（二）四大功能区域金融政策规划

《纲要》指出，结合京津冀各地的自然地理环境、产业发展特点和疏解北京非首都功能的需要，从区域长远发展和合理布局考虑，形成四个功能区。河北省应坚持"一区一策，服务实体"的指导思想，落实《纲要》的规划发展方向，做好试点示范区域成熟金融政策的复制与推广，从功能区划角度实现河北金融政策的精细化管理。

1. 在中部核心功能区建立金色金融区。该区域是要素资源聚集、产业层次高、创新能力强，引领京津冀协同发展的核心区域。该区域包括北京市平原地区、天津市平原地区、河北省廊坊市及保定市平原地区。金色金融区应充分发挥北京新机场临空经济区的示范带动作用，以金融支持仓储物流、金融与信息中心建设、教育、医疗、高科技企业、房地产业为核心任务。

2. 在东部滨海发展区建立蓝色金融区。该区域是对外开放优势明显、发展势头强劲、发展空间广阔、带动京津冀协同发展的重点区域。该区域包括天津市、河北省沿海地区。蓝色金融区应充分发挥曹妃甸协同发展示范区的示范带动作用，以金融支持战略性新兴产业、先进制造业、生产性服务业、航运与国际贸易为核心任务。

3. 在南部功能拓展区建立红色金融区。该区域是革命地位特殊、发展基础良好、自然资源丰富、增长潜力较大，推动京津冀协同发展的战略腹地和城乡统筹的重要示范区。该区域包括河北省石家庄市、邯郸市、邢台市平原地区以及衡水市。红色金融区应充分借鉴张承生态文明示范区与中关村和河北科技成果转化基地的示范带动作用，以金融支持红色革命事业旅游、文化产业、农副产品生产、科技成果产业化和高新技术产业发展为核心。

4. 在西北部生态涵养区建立绿色金融区。该区域是生态系统较为完整、环境质量相对较好、水资源比较丰富，支撑京津冀协同发展的生态保障区域。该区域包括北京市山区、天津市山区、河北省张承地区及其他山区。绿色金融区应充分发挥张承生态文明示范区的带动作用，以金融支持绿色农业、环境保护与涵养、清洁能源生产、旅游、养老、住宅开发为核心。

第五节 推进金融政策区域化调整的政策建议

金融体系不是一个孤立运行的系统，而是依赖于所在区域经济、政治、文化、法制等基本环境要素的综合系统。在当前京津冀协同发展的大背景下，应着力实现地方治理与金融发展的相互促进，以良好的地方治理为区域金融协同提供适合的金融生态环境，以金融作用的充分发挥为区域经济协同发展提供有力的金融资源支持。根据《京津冀协同发展规划纲要》的要求，京津冀三地实现错位发展，金融政策改革要深入贯彻落实科学发展观，坚持金融服务实体经济的本质要求，深刻把握产业

第六章　金融协同支持京津冀区域经济发展路径——金融政策的区域化调整

发展与金融创新的互动发展规律。

一、实施差异化的货币政策，支持金融机构加大投放

在制定和实施货币政策时应考虑地区差异，对相对落后地区给予一定政策优惠，在统一的货币政策框架下运用差别化的货币政策工具，为落后地区经济提质增速提供资金支持。在京津冀地区，可以探索实施差别化存款准备金政策，针对河北省相对落后且经济结构调整和转型升级需要更多资金投入的现实，对法人金融机构存款准备金率可以定的比其他地区低一些，增加金融机构可贷资金来源；实行区域差别化再贴现率，可以参照支农再贷款利率优惠的模式，给予河北再贴现率一定的优惠，并调整地方权限，切实发挥好再贴现政策工具的引导作用；在支农、支小再贷款额度上给予京津冀地区尤其是河北省相应的倾斜，增加金融机构可贷资金来源；在信贷规划上，合理调整差别准备金动态调整公式相关参数，支持京津冀地区尤其是河北省地方法人金融机构增加信贷投放。

二、实施差异化的信贷政策，支持河北转型升级

实行信贷增长优先政策，各全国性商业银行总行给予京津冀地区分支行一定的信贷准入政策自主调节权和信贷产品先行先试权，满足区域内各类客户的信贷需求，增加信贷支持力度。实行信贷管理差异政策，各全国性银行业金融机构要根据河北经济结构特点，在防范风险的前提下，落实好"有保有压"的信贷政策，支持河北省传统优势产业（如钢铁、平板玻璃等）转型升级，放宽授信条件，适度增加信贷投放。降低信贷准入门槛，将更多权限下放到基层，实行差异化风险管控政策。在区域内实施差别化的不良贷款容忍度，提高河北省的容忍度标准。同时，加强对区域内各级分支机构的培训，提高信贷人员信贷风险识别能力。

三、转变地方政府职能，厘清政府与市场边界

地方政府过多介入市场竞争性领域是影响金融核心功能发挥的主要原因，其根本在于政府与市场的边界不清晰。因此，转变政府职能的关键就是厘清政府与市场的边界，"该政府管的政府要管好，该市场决定的要由市场机制发挥作用"。首先，中央政府应推动由传统的以经济增长速度为唯一考核对象的行政考核机制，向以追求经济效益、社会发展状况、公共服务质量、区域生态环境等综合指标为考核对象的行政考核机制转变，从而引导地方政府目标函数向长期化、全面性、可持续性转化，减少地方政府对传统增长路径的依赖。其次，应坚持"谁投资、谁决策、谁受益、谁承担风险"的原则，继续深化投融资体制改革，逐步建立投资主体自主决策、银行独立审贷、融资方式多样、中介服务规范、政府宏观调控有力的新型投融资体制。要进一步理顺政银、政企、银企之间的关系，充分发挥企业的市场投资主体地位，保证各种所有制经济依法平等使用生产要素、公平参与市场竞争、受到法律同等保护。

四、优化区域经济结构，培育金融发展内生机制

一国或地区的金融发展与经济增长密切相关，二者相互制约、相互促进。因此，京津冀区域金融功能的协同发挥和金融服务领域的有效拓展必然依赖于区域经济发展状况。京津冀三地政府在谋划区域金融发展过程中应紧密结合区域实际，依托地理区位、资源禀赋和现有经济条件，建立适合自身的经济增长模式，培育多元化市场主体，提高区域内经济发展水平，为区域金融发展培育一种良好的内生机制，形成区域经济和区域金融发展的良性互动。一方面，三地政府要进一步优化本区域的营商环境，积极引入市场化竞争机制，营造良好的创业氛围，为区域金融

发展打下良好的微观基础。另一方面，三地政府在推动区域经济发展过程中，应坚持互利共赢、优势互补原则，积极发挥比较优势，坚决破除行政壁垒，引导区域间各种资源要素自由流动，加强区域间分工协作，实现区域经济协同发展。

五、加强金融创新，拓展金融供给渠道

改革开放以来，我国金融业得到迅猛发展，但就现状而言，主要困境仍然是金融有效供给难以满足不断增长的金融需求。当前，我国企业融资仍主要依靠银行信贷，股票、债券等直接融资占比偏小，这种状况在金融比较发达的京津冀地区同样存在。在现有的金融供给条件下，小微企业和"三农"受资本金不足、信用度不高、财务制度不健全、缺乏有效抵（质）押品等长期性因素制约，融资难、融资贵问题很难从根本上解决。因此，京津冀三地应将推动金融协同发展的着力点放在鼓励、引导、推动金融创新上。例如，探索组建京津冀区域金融控股公司，实现京津冀金融资源有效整合和业务协调发展；设立跨区域风险投资、创业投资、股权投资等投资基金，拓宽企业融资渠道；设立"京津冀发展银行"，重点支持京津冀地区基础设施建设、产业转移和结构升级、教育科研等公共服务共建共享、生态环保协同发展；推动京津冀股权交易市场对接合作，实现三地股权市场交易畅通；建立京津冀银团信贷合作平台，利用京津的资金、技术资源与河北的空间、项目资源，通过银团贷款和联合授信等形式，消除区域、机构分割对信贷资源流动的限制。

六、统筹规划，制定区域性的金融优惠政策

在京津冀三地，北京作为首都，具有先天的政策优势，天津拥有滨海新区和自贸区的先行先试优势，而河北一直处于"政策洼地"。推动京

津冀金融协同发展，必须补齐河北这一短板。一方面，三地政府应积极配合中央做好金融支持京津冀协同发展的顶层设计，制定区域金融政策，为金融支持协同发展营造良好的政策环境。另一方面，河北省应积极争取政策倾斜，建议国家有关部门结合河北省发展现状，以及京津、珠三角、长三角等地区的金融优惠政策和金融创新做法，研究制定有利于河北金融发展的配套政策措施，特别是在股权投资基金、融资租赁、消费金融、离岸金融等金融创新方面给予政策支持。

七、围绕"功能疏导"，设立特色金融区域

按照《纲要》要求，分阶段制定试点示范区域与四大功能区域的金融支持政策。针对北京新机场临空经济区改革试点，曹妃甸协同发展示范区，北京市密云、延庆和河北省张家口、承德共建生态文明示范区，中关村在天津和河北建立科技成果转化基地四个试点示范区域分别梳理以临空经济区、曹妃甸工业及港口经济区、生态文明示范区和高新技术研发与转化为主要对象的金融政策清单。针对中部核心功能区、东部滨海发展区、南部功能拓展区与西北部生态涵养区做好试点示范区域成熟金融政策的复制与推广，分别建立金色金融区、蓝色金融区、红色金融区和绿色金融区，从功能区划角度实现河北金融政策的精细化管理。

八、搭乘"京津快车"，享受"政策高地"便利

鉴于京津强大的政策能量与先行优势，河北省"原样复制、另起炉灶"是不经济、不现实的。河北省应该抢抓京津冀协同发展的重大机遇，努力打通与京津地区金融特色区域的"断头路"。一是"请进来"，以中关村海淀园秦皇岛分园为模板，开发多个北京中关村、天津自贸区驻冀园区，建立良好的协作关系，获取外溢金融资源。二是"走进去"，尝试

第六章　金融协同支持京津冀区域经济发展路径——金融政策的区域化调整

在中关村、天津自贸区设立"河北发展区",打包推进河北企业享受京津当地优惠的金融政策,更好地实现三地协调发展。

专栏6-2

加大金融投入　助力曹妃甸腾飞

2015年6月9日,中共中央、国务院印发《京津冀协同发展规划纲要》,提出了京津冀协同发展的顶层设计方案,曹妃甸定位为协同发展示范区。为把曹妃甸建成东北亚地区经济合作窗口、环渤海地区新兴工业化基地、首都经济圈重要支点,河北省人民政府与北京市人民政府签署协议,将曹妃甸打造成首都战略功能区和协同发展示范区。

当前全国和河北省经济都面临巨大的下行压力,开发建设曹妃甸示范区是国家"一号"工程的重要组成部分,是河北省新的经济增长极。目前曹妃甸已经到了发展的攻坚期、挑战期,资金需求量大,基础投入多,建设周期长。为进一步将金融政策聚焦曹妃甸,探索建立适合曹妃甸发展的金融模式,中国人民银行石家庄中心支行多次召开河北省金融机构支持曹妃甸发展调度会,引导金融机构树立战略思维,立足长远,加大信贷投放,在维持现有存量的基础上,扩大增量,合理确定贷款期限,不能抽贷、断贷;要求各金融机构抓住机遇,创新融资模式,通过股权资金融资、资产证券化等新型工具,大力拓宽企业融资渠道;鼓励各金融机构加强有针对性的金融和产品创新,提出可复制、可推广的产品或服务,并通过曹妃甸向外辐射。截至2015年6月末,河北省辖内银行业金融机构累计向曹妃甸区提供各类资金支持近2000亿元。

推动京津冀三地金融合作。中国人民银行石家庄中心支行多次就京津冀三地监管机构合作平台的核心内容和运行模式,与北京市金融工作局、天津市银行业协会联系磋商,凝聚共识,最终成功促成了京津冀三地监管部门与曹妃甸区政府签署金融支持备忘录。备忘录的成功签署,疏通了北京、天津地区金融资源引入曹妃甸的渠道，为今后三地金融机构更多、更广泛、更深入地合作打下了良好基础。在京津监管机构的协调下，北京银行、天津银行、首都金融服务商会、首都建设投资引导基金、首金网中小企业金融服务平台、北京首钢基金有限公司等机构均与曹妃甸区政府及辖区企业成功对接，并签署合作备忘录。

建立金融支持曹妃甸示范区发展长效机制。为将金融协同共建曹妃甸示范区工作常态化、长效化，中国人民银行石家庄中心支行牵头制定了"河北省银行业支持曹妃甸发展联席会议制度"，形成了定期沟通机制，完善了组织领导体系，为开展银企对接提供了组织保障。在此基础上，依托曹妃甸区政府官方网站，搭建政、银、企信息对接平台，及时发布重点项目进展情况以及金融政策、产业政策、金融产品等相关信息，解决政、银、企信息不对称问题。

探索建立干部挂职交流机制。为找准金融支持曹妃甸建设京津冀协同发展示范区的切入点，中国人民银行石家庄中心支行在多次组织人员到唐山曹妃甸区调查和了解情况的基础上，选派了一名业务素质高的年轻同志到曹妃甸工业区管理委员会挂职，直接参与曹妃甸经济建设的决策与管理工作，深入了解曹妃甸经济发展过程中面临的现实问题和金融需求，建立信息交流渠道，为制定金融支持政策提供了第一手资料。同时，积极引导各家商业银行选派人员到大型项目或者政府机构挂职交流，直接参与，锻炼队伍，更好地支持曹妃甸发展。

为进一步推进金融协同共建曹妃甸示范区相关工作，中国人民银行石家庄中心支行联合北京市金融工作局、天津市银行业协会、河北省金融工作办公室以及曹妃甸区政府，在唐山市曹妃甸区成功举办了"金融协同共建曹妃甸示范区融资培训对接会"，努力打造京津冀三地协同共建曹妃甸示范区金融合作平台。京津冀三地85家金融机构参加会议，取得了丰硕成果。一是初步搭建起京津冀政、银对接平台。会上，38家金融机构与曹妃甸区政府签署了合作备忘录，三年内意向授信规模达4834亿

第六章　金融协同支持京津冀区域经济发展路径——金融政策的区域化调整

元。二是务实开展银、企对接，支持实体经济发展。会上，农业银行河北省分行、中国银行河北省分行、建设银行河北省分行、交通银行河北省分行分别与唐山唐曹铁路有限责任公司、华夏幸福基业股份有限公司、唐山市大学城开发建设有限公司、开滦（集团）有限责任公司签署战略合作协议，达成360亿元融资意向，进一步拓宽了曹妃甸地区大型骨干企业融资渠道。三是加深对非金融企业债务融资工具的认识。通过对全省人民银行分支机构、银行业金融机构相关业务人员及河北省48家骨干企业相关人员的培训，使大家掌握了相关法规政策、融资知识及操作技巧，为进一步提升河北省企业融资规模打下良好基础。四是提振了社会对曹妃甸的发展信心。各大媒体对本次活动给予了高度关注。金融时报、经济日报、新华网等15家新闻媒体进行了相关报道，充分宣传了曹妃甸区在地理位置、规划定位与吸引投资等方面的巨大优势，更加坚定了京津冀三地金融部门支持曹妃甸区发展的信心和决心。

第七章 金融协同支持京津冀区域经济发展路径

——金融组织结构的区域优化

第一节 金融组织结构区域优化的内涵

金融组织结构优化是区域金融协同发展的重要组成部分,本节通过界定金融组织结构的范畴和构成要素,梳理金融组织结构的有关理论基础,为区域金融组织结构优化奠定理论基础。

一、金融组织结构的定义

金融机构是指从事与金融服务业相关的中介机构,包括银行、证券公司、保险公司等,其最基本功能是对金融契约和证券进行转化。金融机构购买由企业发行的金融形式的权利(股票、债券和其他债权),并以存款单、保险单等形式向居民投资者和其他部门出售金融形式的所有权(Gurley & Shaw (1956, 1960)、Benston George (1976)、Fama (1980))。

而组织结构是安排组织各部分之间分工协作关系的一种框架,反映了组织各部分之间的排列顺序、空间位置和各要素之间的相互联系等。设计组织结构的目的在于更有效、更合理地把组织成员凝聚起来,形成

第七章　金融协同支持京津冀区域经济发展路径——金融组织结构的区域优化

合力,从而实现组织协同发展目标。

结合金融机构和组织结构的定义,本文将金融组织结构定义为:金融机构与金融功能的有机组合,其目的是降低信息和交易成本,分担和减少风险,在储蓄、投资决策和经济发展中发挥重要作用。其中,金融机构在金融组织结构中处于主体地位,包括金融机构自身组织形式、金融机构之间以及金融机构与非金融机构之间的安排。

二、金融组织结构的理论基础

(一) 金融中介理论

金融中介理论对金融中介机构的存在进行了探讨。John Chant (1990) 将金融中介理论分为古典金融中介理论与新金融中介理论,前者包括信用媒介论和信用创造论,后者涉及信息不对称理论和交易成本理论。而最新的金融中介理论突破以往研究的范式约束,开始强调风险管理、参与成本和价值增值的影响。

1. 古典金融中介理论。信用媒介理论认为,货币只是交换媒介和一种便利的交换工具,银行的作用仅限于在吸收存款的基础上实施放款,排除了其超额放贷的可能性。在纸币流通条件下,信用媒介理论的这一缺陷就显得十分明显,于是信用创造理论应运而生。信用创造理论的基本出发点是只要具有交换手段职能的物品就是货币,信用创造资本,信用就是货币。银行的功能在于为社会创造信用,银行通过存款进行贷款,且能利用贷款再创造存款,因此,银行具有无限信用创造能力,为社会带来新的资本,使国民经济更有活力。Friedman 和 Schwartz (1963) 认为由中央银行控制的货币供给是最为关键的金融变量,这也就意味着货币创造功能是银行的最主要功能之一。

2. 新金融中介理论。信息不对称理论认为,在金融交易中普遍存在借款人与存款人的信息不对称问题，而金融机构的产生有助于该问题的解决。Leland 和 Pyle（1977）指出金融中介机构通过将它自己的财富投资在资产中或通过发行证券和将收益投资到证券组合中，使其成为私人知情者，获取有价值的信息，有效解决信息的可信度和剽窃问题。交易成本理论认为由于金融资产交易技术中的不可分性和非凸性，阿罗—德布鲁范式中理想的无摩擦的完全信息金融市场已不再存在，因而就需要金融中介参与金融交易。金融中介可视为单个借贷者在交易中克服交易成本、寻求规模经济的联合。金融中介降低交易成本的主要方法是利用技术上的规模经济和范围经济（Benston George（1976）和 Fama（1980））。

3. 金融中介理论最新发展。金融中介理论的最新成果从风险管理和价值增值角度对现代金融中介的存在进行了解释。金融市场的发展为投资者提供了比银行利息高得多的回报，资金流出对银行业形成冲击。为此，银行业不断开拓新业务，进行金融创新，推出新的金融产品和服务，向"全能银行"转变，这就使得其在金融市场中扮演着资产交易和风险管理代理人的角色。Allen 和 Santomero（1998）在归纳银行新业务后认为，风险管理已经成为银行和其他金融中介的主要职能。

而随着社会主体人均财富的增长，寻求价值增值也成为银行的一项重要职能。Scholtens 和 Wensveen（2000）指出，金融中介不是减少最终储蓄者和投资者之间信息不对称的"代理人"，而是一个独立行事的市场主体。它能够创造金融产品，并通过转换财务风险、期限、规模、地点和流动性为客户提供增加值。

（二）金融功能理论

1993 年，默顿和博迪提出了金融功能理论用于解释全球金融体系的变化趋势，打破了传统金融学范式中金融机构与金融功能既定的不合理假设。该理论具有两个基本假设：第一，金融功能比金融机构更为稳定，随着时间递延和区域变化，金融功能的变化要小于金融机构的变化。第

第七章　金融协同支持京津冀区域经济发展路径——金融组织结构的区域优化

二,金融机构的功能比金融机构的组织更加重要,只有金融机构不断创新和竞争才能最终导致金融体系效率提升。

默顿和博迪认为,首先应该确定金融体系具备哪些经济功能,然后根据这些经济功能去寻找合适的组织机构。而一种组织机构是否能够很好地履行这些经济功能又取决于时机与技术。为了使金融机构更好地执行其经济功能,必须具备与之相适应的产品形态结构、机构形态结构和市场形态结构。同时,金融机构履行各种功能不应由政府行政人为地划定,而是由市场和机构自身的核心优势决定。这意味着,同一项金融功能,可以分解成不同的产品形态,由不同的金融机构完成。因此,随着市场环境的变化,某类金融业务出现功能性分化和功能性重组属于合理的正常现象。

金融功能相对比较稳定,而金融机构则会随着一定时期内经济的不同禀赋而变化,受到经济发展水平、市场化程度以及制度技术条件等方面的制约,影响金融机构发挥作用的方式、绩效和行使基本功能的机构主体性质和组织结构。因此,应该从功能视角而不是机构视角理解全球金融体系的结构性变化。

(三) 金融组织结构优化可借鉴的规律

从现代金融发展趋势看,各国发展道路差异性较小,在各个方面都会遵循一些基本规律(Goldsmith(1969))。

在金融发展方面,一国经济发展过程中,金融上层建筑的增长速度要大大快于国民生产与国民财富等实质经济部门的增长,金融相关比率随着经济发展而上升,并逐步趋于 1~1.5 的稳定区间。

在金融机构方面,由于金融机构的成立和金融工具的出现,金融资产范围扩大,导致储蓄与投资相分离。而两者的分离能够提高投资收益,从而带动资本形成对国民经济贡献率增大。同时,金融机构的介入使投资和储蓄的总量超出了不存在金融机构时的直接融资总量,而且金融机构能更高效地在潜在投资项目之间进行资金分配,以提高边际收益率。这种储蓄的再分配反映了金融机构的经营效果,其引致增长效应对经济生产意义重大。

在金融结构方面,随着经济发展和金融机构的多样化,银行资产在金融机构资产总额中的比重趋于下降,而非银行金融机构的资产比重则相应提高。在一些发达国家,非银行金融机构的资产总额已超过银行资产总额。

三、金融组织结构区域优化的内涵

(一)金融组织结构区域优化的现实意义

在我国金融体系中,企业以间接融资为主,银行在储蓄、社会融资中发挥主导作用,金融体系机构化倾向明显。因此,现阶段从金融机构角度探索促进区域金融协同、经济发展应采取的金融政策,更加符合区域金融业发展现状,对支持区域协同发展更具有针对性、有效性。

(二)区域金融组织结构优化的一般规律

区域金融发展实际上是金融结构优化的过程,其中与金融组织结构优化有关的措施包括:深化促进区域储蓄与投资分离程度;提高金融机构发行和拥有的金融资产比重,促进金融机构和金融工具多样化发展;提高非银行金融机构的资产比重,提高融资效率和降低融资成本;引进外资机构,增强金融机构之间的竞争,增强金融机构核心竞争力。

(三)区域金融组织结构优化的目标

在行政区管理和金融分业监管的体制下,区域金融组织结构优化就是要根据实际情况和一般规律,通过完善支持区域协同发展的金融组织体系、促进区域金融机构协同发展、推进区域金融机构公司治理现代化、构建区域金融业协同监管机制、加强对薄弱环节的支持力度等措施,最终实现区域金融协同发展。

第二节 完善支持京津冀协同发展的金融组织体系

完善区域金融组织体系,更好地支持京津冀协同发展,既要顺势而为,又要符合实际。一要顺应当前我国全面深化改革的大势,主动配合金融市场建设,使市场在资源配置中起决定性作用。二要适应金融业的深化改革,金融业对内对外开放程度不断扩大,资本市场体系建设不断完善,利率市场化、人民币资本项目可兑换加快推进。三要符合区域经济金融发展水平、特点,京津冀三省市金融组织结构差异巨大,北京市和天津市金融机构相对较多、规模效率突出,河北省金融业发展明显落后。因此,本节从以下三个层面对京津冀三省市金融组织体系进行探讨:宏观层面上重构区域金融机构布局,推动区域金融机构多元化发展,重点支持证券期货经营机构和保险机构快速发展;微观层面上塑造区域金融机构核心竞争力,改变金融中介机构自身组织形式,提高区域金融企业制度现代化程度;监管层面上提高风险防范意识,增强区域金融稳定性,强化区域金融监管协调。

一、促进区域金融机构多元化

(一)发挥现阶段银行业金融中介机构在支持区域协同发展中的主导作用

1. 突出政策性银行的开发性和政策性作用。随着国家开发银行、中国农业发展银行、中国进出口银行三大政策性银行改革方案获批，其开发性与政策性定位得到进一步强化，可以更好地支持京津冀协同发展。中国进出口银行要发挥好对区域涉外经济发展的逆周期调节作用，支持河北省涉外经济快速发展；中国农业发展银行加大对京津冀三省市农田水利建设、农业机械化、新农村建设等领域的支持力度；国家开发银行加大对京津冀三省市特别是河北省重大项目、贫困地区基础设施建设的支持力度。中国人民银行可通过 PSL 为开发性金融机构支持京津冀协同发展提供长期稳定、成本适当的资金来源。

2. 发挥国有控股商业银行的引领作用。人民币国际化战略以及中国资本加快"走出去"的趋势，为中国银行业海外发展提供了机遇。构建金融资源的全球化配置取得积极进展，五大国有控股商业银行近年来显著加快了海外新设机构，中国银行、工商银行、建设银行、交通银行等相继成为境外人民币清算行。国有控股商业银行通过参与全球治理，与国际大银行加强交流合作，借鉴国际现代银行治理模式，提高自身治理水平，为区域中小银行发展提供可以借鉴的范例；业务重心更多地向海外倾斜，为区域中小型银行发展释放一定空间，实现大型银行与中小型银行在业务上的错位发展。

3. 明确区域中小型银行特色化发展道路。中小型银行凭借区域优势，下沉业务重心，发展特色金融服务，在支持区域经济发展、服务特色行业、特定客户群体方面发挥作用。依托 VTM 智能银行设备，大力发展社区银行，提供 24 小时全天候服务。筹建农业、科技、医药、物流、汽车等各个领域的特色支行，以及服务于小微型企业的特色支行，走特色化、差异化发展路线。

4. 创新区域微型金融组织发展模式。微型金融组织目前包括村镇银行、小额贷款公司、融资性担保公司、金融租赁公司、汽车金融公司等，对支持"三农"、缓解小微企业融资难、融资贵问题及刺激消费发挥积极作用。区域政府有关部门及金融监管部门加强协作，创新对微型金融组

第七章　金融协同支持京津冀区域经济发展路径——金融组织结构的区域优化

织的监管理念和监管方式，在风险可控的前提下，放宽微型金融组织的市场准入。加快推进村镇银行筹建工作；拓宽小额贷款公司融资渠道，鼓励小额贷款公司发债、上市、采取市场化模式融资；落实融资性担保公司各项扶持补贴政策，扩大政府担保补助资金规模；发展金融租赁公司和汽车金融公司，提高区域消费水平。

（二）支持证券期货经营机构快速发展，助推区域经济转型升级

党的十八届三中全会《关于全面深化改革若干重大问题的决定》（以下简称《决定》）提出，推进股票发行注册制改革，多渠道推动股权融资，发展并规范债券市场，提高直接融资比重。这为区域证券期货经营机构发展创造了机遇。

1. 促进证券经营机构快速发展。证券经营机构加快自身发展，完善公司治理结构，增强治理透明度，加快上市步伐；通过并购、重组，优化经营结构，扩大资产规模，形成1~2个具有国际竞争力的证券经营机构。研究设立专门服务于区域性股权市场的证券经营机构，参与区域性股权市场。京津冀三地政府有关部门、监管部门与证券公司加强合作，联合指导京津冀三省市对在境内和境外上市的企业开展并购、重组、发行优先股等融资活动，推动代表区域产业转型升级方向的企业在境内外上市。

2. 支持证券投资基金快速发展。证券投资基金在助推京津冀三省市财富增长中应发挥专业投资者的作用，重点在于开放式基金发展，并不断扩大基金规模。鼓励各类金融机构成立基金管理公司，增加市场机构投资者，并增强其理性投资行为对证券市场的良好示范作用。京津冀三省市联合设立产业引导基金和风险投资基金，支持区域产业升级与科技创新发展。

3. 扶持期货经营机构发展。抓住当前国际大宗商品价格低迷的有利时机，由三省市政府牵头，组织相关企业、投资公司等，动员国家储备、

产业基金、社会资本共同出资,筹建专营钢材、铁矿石、石油等商品的期货公司,努力打造具有全球影响力的京津冀钢材、铁矿石、石油价格。京津冀三省市政府及监管部门联合指导和帮助区域期货经营机构规范发展,释放期货行业创新发展空间。

(三)加快保险业金融机构发展,增强区域经济主体风险抵抗能力

1. 创新保险机构组织形式。放宽保险市场准入,支持国内外资本设立再保险法人机构、专业子公司、分支机构以及再保险经纪、风险评级、法律咨询等配套服务机构。细化保险分工,区域内保险总公司加快设立基金管理公司、项目公司、研发中心、运营中心等专业子公司,设立区域保险公司总部、自保、相互制保险等新型保险机构以及责任保险、健康保险、养老保险等专业保险机构,设立互联网保险公司和新型保险要素交易平台。

2. 发挥保险对实体经济的风险保障作用。完善财税对科技保险、农业保险、大灾保险的支持机制,提高保险覆盖面。保险机构创新发展航运保险、物流保险、融资租赁保险、海上工程保险等专业保险业务;发展海外投资保险、海外租赁保险业务,为企业海外投资、产品技术输出提供综合保险服务;发展离岸再保险和跨境人民币再保险业务,服务于人民币国际化战略。

二、促进区域金融企业制度现代化

《决定》提出,推动国有企业完善现代企业制度,支持非公有制经济健康发展。区域金融企业要以此为契机,完善金融企业治理结构,改进组织形式,加快金融企业制度现代化建设,不断提高核心竞争力。

第七章　金融协同支持京津冀区域经济发展路径——金融组织结构的区域优化

（一）提升金融企业治理水平

放宽民间资本和外资进入京津冀三省市金融服务领域的限制，进一步优化金融企业股权结构；对地方控股金融企业的管理层，推行更加市场化的选拔方式，减少行政干预、行政任命；推进金融企业员工持股计划，建立良性的管理层激励，确保高管人员以股东利益为主要目标；指导金融企业建立有效的决策、执行、制衡机制，把公司治理的要求真正落实于日常经营管理和风险控制之中；统一规划金融人才建设，全面提高区域金融从业人员素质和职业操守。

（二）改进金融组织形式

打破地方性概念，以京津冀三省市资产规模较大的金融机构作为并购主体，促进区域银行、证券、基金、信托、保险等金融企业通过兼并、重组等多种模式相互渗透。促进区域金融产业细分，支持区域第三方支付、P2P、众筹以及银行、保险、证券、资产公司等借助网络平台销售产品。根据京津冀三省市金融功能定位，优化区域金融业的发展格局。

三、促进区域金融监管协调化

金融业作为一种特殊的行业和部门，与金融风险如影相随，确保金融秩序稳定以及金融体系安全成为货币当局和监管当局的共同职责。随着京津冀协同发展战略推进，三省市监管部门需强化金融监管协调，维护区域金融稳定，牢牢守住不发生区域性金融风险的底线。

（一）落实金融监管改革措施

完善逆周期资本要求，京津冀三省市金融机构要率先引进国际银行业流动性和杠杆率监管新规，提高区域银行业稳健性标准。根据京津冀三省市金融市场结构和特点，细化金融机构分类，统一监管政策，减少区域内监管套利，弥补监管真空。优化京津冀三省市金融监管资源配置，明确对交叉性金融业务和金融控股公司的监管职责和规则，增强监管的针对性、有效性。

（二）完善监管协调机制

借鉴金融监管协调部际联席会议制度，不断提升京津冀三省市金融监管协调工作规范化和制度化水平，重点加强交叉性金融产品与跨市场金融创新的监管协调，实现金融信息共享，减少监管真空和监管重复，形成监管合力。明确北京市、天津市和河北省三地政府对地方性金融机构的监督管理职责，以及在地方金融风险处置中的责任，强化日常监管，加大对非法金融活动的打击力度，及时有效地处置辖区金融突发事件。规范地方政府对金融机构的出资人职责，避免对金融机构商业性经营活动的行政干预。

（三）完善金融机构市场化退出机制

制定京津冀地区金融机构经营失败时的统一退出规则，包括风险补偿和分担机制，加强对存款人的保护，有效防止银行挤兑。进一步厘清北京市、天津市和河北省三地政府与市场的边界，加强市场约束，防范道德风险，从根本上防止区域性金融风险的发生。

第三节 推进区域金融机构协同发展

促进区域金融机构协同发展的核心是根据区域金融功能需求，优化区域银行、证券、保险等金融机构空间布局，强化三省市各自在金融发展领域的优势，加强对薄弱环节、相对落后地区的支持。

第七章 金融协同支持京津冀区域经济发展路径——金融组织结构的区域优化

一、促进区域银行业金融机构协同发展

京津冀三省市银行业发展水平差距巨大,各自优势与不足非常明显,互补性强,为区域银行业金融机构协同发展提供了有利条件。

(一)区域银行业发展水平存在巨大差距

1. 北京市银行业金融机构发展水平最高,天津市次之,河北省最低。由第五章计算得出的金融相关比率可知,北京市和天津市金融相关比率明显高于国际一般水平(1~1.5),过多的金融资源集中在银行业。从另一个方面也说明,北京市和天津市银行业较为发达,明显领先于地区经济发展水平,河北省银行业金融机构发展明显落后。

2. 天津市银行业金融机构中介和信用创造功能最强,河北省较弱。银行业金融机构的重要功能是中介和信用创造,即吸收存款、发放贷款,以实现资金有效配置,代表指标为存贷比。由附录附表3可以看出,天津市存贷比最高,为94%,河北省为63%,北京市为54%。北京市金融机构存贷比低并不意味北京市银行业金融机构中介和信用创造功能弱,而是由于北京市拥有丰富的金融资源。而河北省金融机构存贷比虽高于北京市,但低于天津市31个百分点,从存款向贷款转化的效率明显偏低,金融中介化水平不高。

3. 北京市银行业资产规模明显高于天津市和河北省,天津市与河北省相当。2014年末,北京市辖内银行业金融机构资产总额163314.1亿元,是天津市的3.7倍,是河北省的3.1倍。天津市、河北省银行业金融机构资产总额分别为44136.40亿元和52816.07亿元。

(二)区域银行业发展水平差距巨大的原因

京津冀三省市经济规模河北省最大、北京市次之、天津市最小,无

法从经济规模角度解释三省市银行业发展存在的巨大差距。因此，更多地应从银行自身和政策的角度寻找原因。

1. 北京市和天津市银行业金融机构较多，河北省银行业金融机构发展滞后。（1）北京市汇集了大量银行总部和分支机构、种类齐全，总部特征明显，与北京市首都功能相联系。3家政策性银行总行，4大国有商业银行总行，中信银行、光大银行、民生银行、华夏银行4家全国性股份制商业银行总行以及邮政储蓄银行总行都坐落在北京。此外，还涵盖了3家政策性银行、5家国有商业银行、12家股份制商业银行、14家城市商业银行的二级分行和9家外资法人银行、38家外资银行分行以及大量财务公司、汽车金融公司等金融机构。（2）天津市汇集了较多的银行分支机构。3家政策性银行和5家大型国有控股商业银行在天津市均设有二级分行，12家全国性股份制商业银行①中除恒丰银行外均在天津市设有二级分行，11家城市商业银行在天津市设有二级分行，28家外资银行在天津市设立分行，其中3家外资银行总行设在天津市。天津市聚集了较多的中、外资银行分支机构，总体发展水平较高。（3）河北省银行业金融机构发展明显滞后、集中度低。2家政策性银行和5家大型国有控股商业银行在河北省设有二级分行，目前中国进出口银行还没有在河北省设立分行；除恒丰银行、浙商银行外，10家全国性股份制商业银行在河北省设立二级分行；城市商业银行为省会和各地级市城市商业银行（均为法人银行），以及北京银行石家庄分行和天津银行唐山分行，其他省份的城市商业银行没有在河北省设立二级分行；河北省外资银行只有东亚银行石家庄分行和汇丰银行唐山分行2家。

2. 改革政策更容易向北京市和天津市倾斜。北京市和天津市发达的金融服务业和良好的经济基础，使得国家一些最新改革试点、优惠政策

---

① 全国性股份制商业银行包括中信银行、光大银行、华夏银行、广东发展银行、平安银行、招商银行、浦发银行、兴业银行、民生银行、恒丰银行、浙商银行、渤海银行。

第七章 金融协同支持京津冀区域经济发展路径——金融组织结构的区域优化

更容易在北京市和天津市先试先行,金融、经济资源呈现向北京市和天津市集中的态势。例如,2012年12月1日经国家外汇管理局批准,北京市和上海市在全国率先启动跨国公司总部外汇资金集中运营管理试点。而河北省落实此项改革政策晚于北京市近两年。为推进人民币资本项目可兑换,2015年国务院批复将择机推出合格境内个人投资者,合格境内个人投资者境外投资首批试点城市共有6个,分别为上海、天津、重庆、武汉、深圳和温州。从京津冀协同发展的角度来看,在北京、天津进行试点的政策,河北省应及时试点,以缩小京津冀三省市政策差异。

(三)促进区域银行业金融机构协同发展

1. 优化区域银行业金融机构布局。将北京市打造为国际金融规则制定、决策中心,以亚洲基础建设投资银行落户北京市为里程碑,推动更多的双边、多边国际金融组织选址北京市。实施人民币国际化战略,加快中国银行、工商银行、农业银行、建设银行国际化步伐,引领京津冀区域银行业金融机构国际化发展。打造高端国际金融交流平台,推进区域金融服务标准、市场规则、法律法规等制度规范与国际接轨。

将天津市打造为金融组织创新试验中心,以中国(天津)自由贸易试验区为基础,吸引国内外知名跨境公司结算中心落户天津市;加强与港澳台及长三角、珠三角在金融创新领域的合作,在互联网金融、私营银行等新型金融组织上先行先试。推动国有控股商业银行和全国性股份制商业银行加强区域横向合作,研究在天津市设立区域总部,协调对区域内重点项目的支持。

推动北京市和天津市金融机构向河北省延伸。河北省有关部门主动加强与中国进出口银行的交流、合作,支持中国进出口银行在河北省筹建分行,进一步发挥政策性银行对河北省外贸进出口的支持力度。扶持东亚银行(中国)有限公司石家庄分行、汇丰银行(中国)有限公司唐山分行两家具有外资背景的银行发展,形成示范效应,吸引更多的外资银行在河北省建立分行。加强与全国其他省份在城市商业银行方面的合作,推动河北银行在其他省份设立分行,同时重点引入已在京津设立分支机构的浙商银行股份有限公司、宁波银行股份有限公司、盛京银行股份有限公司、江苏银行股份有限公司、锦州银行股份有限公司、齐鲁银行股份有限公司等其他省份的城市商业银行在河北省设立分行。加快推动河北省辖区唐山银行股份有限公司、廊坊银行股份有限公司等10家城市商业银行在京津冀三省市区域布局。

2. 政策支持河北省银行业金融业务发展。加强京津冀三省市金融合作,对于北京市、天津市先试先行的改革措施,加快在河北省的推广和落实。加快推动跨国公司外汇资金集中运营管理改革政策落地工作,提升企业资金管理水平和使用效率。支持电子商务发展,适时推进支付机构跨境外汇支付业务,支付机构首选落户石家庄市。加快推进资本项目外汇管理改革试点工作,重点实行资本金意愿结汇,将直接投资外汇登记下放至银行办理,简化直接投资外国投资者出资管理,改革境外并购管理,不断提高直接投资便利化水平。鼓励辖内金融机构开办外汇业务,适当减少金融机构申请经办结售汇业务限制条件。

二、促进区域证券业金融机构协同发展

京津冀区域直接融资占比总体水平不高,差距也较大。促进区域证券业金融机构协同发展,就是通过大力发展区域证券期货经营机构,促进区域直接融资与间接融资协调发展、提高直接融资比重,形成引导国内金融结构调整的示范效应。

(一) 区域证券业发展水平总体较低,差异也较大

1. 直接融资比重总体较低,区域差距较大。2014年,京津冀三省市

直接融资比重①为 26.3%，虽高于全国水平 8 个百分点，但低于美国、日本、德国等发达国家。其中，北京市直接融资比重为 32.7%，天津市为 22.0%，河北省仅为 14.3%。京津冀三省市区域直接融资和间接融资比例失衡，使得区域金融风险高度集中于银行体系，客观上加重了实体经济融资难和融资贵、居民投资渠道有限等问题。

2. 上市公司主要集中在北京市。截至 2014 年末，北京地区境内上市公司达 235 家，居全国第二，上市公司总市值达 15.81 万亿元。天津市境内上市公司为 42 家，总市值 5321.99 亿元。河北省境内上市公司为 50 家，总市值为 6191.61 亿元。上市公司数量和市值在一定程度上反映了区域证券经营机构的发展水平。

3. 参与证券市场交易以散户为主。2014 年，北京市各类证券交易额 232318.6 亿元，证券市场累计开户数 587.5 万户。天津市各类证券交易额 25400.2 亿元，证券市场累计开户数 300.57 万户。河北省 A 股证券交易金额 26318.06 亿元，累计账户数 491.46 万户。如此众多的开户数，从一个侧面反映出京津冀三省市参与金融交易的主体以个人投资者为主。

（二）京津冀三省市证券业差距较大的原因

1. 北京市集聚大量证券期货经营机构，证券业发展领先。北京市上市公司最多，各类证券交易额最大。截至 2014 年末，北京市拥有证券公司 19 家，基金公司 22 家，期货公司 20 家。较好地满足了北京地区经济主体的融资、投资和保值需求。北京市之所以聚集较大的证券期货经营机构，一个重要原因是北京市聚集了众多的金融人才、拥有大量的财富以及较好的经济基础。

2. 天津市证券期货经营机构发展较完善。截至 2014 年末，法人证券机构 1 家，基金公司分支机构 1 家，法人期货营业部 29 家。证券业金融

---

① 每年新增非金融企业直接融资（股票和债券）占新增社会融资规模的比重。

机构发展虽然比较完善，但机构数量远远少于北京市。

3. 河北省证券期货经营机构尚处于起步阶段。截至2014年末，河北省有法人证券公司1家、期货公司1家，尚未建立证券投资基金公司，证券期货经营机构尚不完善，发展水平明显落后于北京市和天津市。

（三）促进区域证券期货经营机构协同发展

1. 支持区域证券期货经营机构快速发展。建立京津冀三省市区域证券期货业务牌照统一管理制度，放宽行业准入，研究区域内法人证券公司、基金管理公司、期货公司、证券投资咨询公司等交叉持牌，支持符合条件的其他法人金融机构申请证券期货业务牌照，积极支持民营资本进入证券期货服务业。提高区域会计师事务所、资产评估机构、评级增信机构和律师事务所等服务机构的金融服务水平。鼓励境内证券期货经营机构实施"走出去"战略，增强国际竞争力。

加快推进渤海证券股份有限公司、财达证券股份有限公司等地方法人证券公司上市步伐，通过兼并、重组，将其打造成为具有区域竞争力、品牌影响力的现代投资银行。大力发展证券投资基金，推动区域法人商业银行、证券公司、保险公司等金融机构设立基金管理公司，支持区域法人基金管理公司向现代资产管理机构转型。提高区域法人期货经营机构行业集中度，重点提高北京市期货经营机构在金融期货领域的竞争力，支持天津市期货经营机构重点发展碳排放权期货，支持河北省成立专营钢材、铁矿石、石油等商品的期货经营机构，实现区域内期货经营机构差异化发展。

2. 促进区域证券期货经营机构协同发展。北京市凭借资金、人才、管理等方面的优势，在区域证券业发展中要发挥好引领作用。一方面加强与国际证券期货监管组织的合作，积极参与国际证券期货监管规则制定，积累国际证券期货经营管理经验。另一方面，加强与天津市、河北省证券期货经营机构的交流，逐步将国际先进经营管理经验向天津市、河北省等周边地区辐射。

支持天津市证券期货经营机构创新发展，提升证券经营机构综合金融服务能力，拓宽融资渠道，发展跨境业务。推动资产管理业务发展，支持开展固定收益、外汇和大宗商品业务，支持融资类业务创新，稳妥开展衍生品业务，支持自主创设私募产品。加大期货经营机构做优做强的支持力度，引导中小期货经营机构差异化竞争和专业化发展，鼓励有条件的期货公司开展集团化经营，努力打造一批具有国际竞争力、以风险管理和资产定价为核心业务的衍生品服务集团。

加强对河北省证券期货经营机构的支持，完善河北省证券期货经营机构体系。支持河北省证券期货经营机构通过增资扩股、并购重组、引进机构、完善法人治理、优化激励与约束机制等方式，全面增强证券期货经营机构实力。加强河北省金融机构与境内外著名基金管理公司的技术合作，推动河北省法人银行、证券公司、保险公司、河北钢铁集团等筹建法人基金管理公司。

三、促进区域保险业金融机构协同发展

保险是现代经济的重要产业和风险管理的基本手段，京津冀区域保险业仍处于发展的初级阶段，与现代保险服务业的要求还有较大差距。

（一）区域保险业整体发展水平较低

1. 区域保险业总体发展水平较低，且差距不大。截至2014年末，北京市保险业总资产4010亿元，与银行业金融机构总资产之比约为3:100；天津市保险业总资产1370.09亿元，与银行业金融机构总资产之比约为3:100；河北省保险业总资产2172.31亿元，与银行业金融机构总资产之比约为4:100。京津冀三省市保险业总资产占区域金融总资产的比重约为3%，而我国保险业资产占比接近5%，京津冀三省市保险业发展相对落

后,区域内发展水平差距不大,均存在较大的发展空间。

2. 北京市保险业深度和密度较高,天津市保险深度和河北省保险密度较低。2014年,北京市保险业深度为3.7%,密度为5610.92元/人;天津保险深度为2.0%,保险密度为2094.86元/人;河北省保险深度为3.2%,保险密度为1262.15元/人。北京市保险业在经济中的地位和发展水平相对较高,居民参加保险程度较高,这与北京市经济发展水平和居民收入水平相当;河北省保险深度接近北京市,但保险密度明显低于北京市、天津市。

3. 三省市保费赔付率总体较低。2014年,北京市原保险保费收入1207.2亿元,原保费赔偿支出407.2亿元,赔付率为33.7%;天津市原保险保费收入317.8亿元,原保费赔偿支出104.4亿元,赔付率为32.9%;河北省原保险保费收入931.9亿元,原保费赔偿支出395亿元,赔付率为42.4%。总体来看,保险公司用于赔偿的资金占比小于50%,即京津冀三省市正处于一个用高成本获得保险保障的经济社会中。

(二)区域保险业发展水平偏低的原因

国际经验表明,人均GDP在1000美元至10000美元时,保险业将会经历加速发展阶段。当前北京市人均GDP已达16278美元,天津为17384美元,河北省为6534美元。居民在医疗健康、养老、休闲娱乐以及个人财富保值增值等方面的需求不断上升,这为京津冀三省市保险业发展奠定了基础。但保险功能的发挥还有赖于保险业金融组织结构的完善、保险市场的发展以及社会保险意识的提高。从保险机构来看,区域保险机构数量较少,竞争力不强,是影响区域保险业发展的重要因素。

1. 北京市保险公司总部特征明显。截至2014年末,7家保险集团控股公司注册地在北京市,占全国保险集团控股公司总数的70%;5家再保险公司注册地在北京市,占全国再保险公司的一半以上。北京市拥有

第七章 金融协同支持京津冀区域经济发展路径——金融组织结构的区域优化

保险资产管理公司10家,财产险保险公司43家,人身险保险公司56家,外资保险公司代表处95家,相对于银行、证券期货经营机构而言,保险机构数量明显偏少。

2. 天津市法人保险公司发展较全。截至2014年末,天津市拥有2家财产险法人保险公司、4家人寿险法人保险公司、1家资产管理有限责任公司和2家外资保险公司代表处,天津市法人保险公司发展相对齐全。

3. 河北省保险业以保险分支机构为主。截至2014年末,河北省法人保险机构只有1家。法人再保险、人寿保险、保险资产管理公司缺失。河北省保险公司以分支机构为主,而且数量多于北京市和天津市。

(三)促进区域保险业金融机构协同发展

1. 强化北京市再保险功能地位。加快北京市再保险机构发展,加大再保险产品和技术创新力度,强化再保险对我国海外企业的支持保障功能,提升我国在全球再保险市场的定价权、话语权。研究筹建京津冀区域性再保险公司,加大再保险对京津冀三省市农业、交通、能源、化工、水利、地铁、航空航天及其他重点项目的大型风险、特殊风险的保险保障力度,增强再保险分散自然灾害风险的能力。

2. 支持天津市保险业创新发展。天津市依托天津海港、空港区位特点和优势,创新航运保险业务和模式,服务北方国际航运中心核心区建设。依托航空产业基地优势,大力开展飞机保险、航空运输保险等。结合自贸区特色,积极发展物流保险、平行进口汽车保险、跨境电子商务保险、海上工程保险等业务。支持发展融资租赁保险,引导租赁企业与保险机构加强合作,多渠道拓宽资金来源。进一步加强保险市场建设,支持各类保险公司在自贸区设立专业保险机构。鼓励保险机构以股权、基金、债权等形式投资交通、地铁等重点项目,加快构建京津冀互联互通综合交通网络。鼓励开展与互联网金融发展相适应的保险产品、营销、服务以及交易方式创新,培育互联网保险新业态和新的交易平台。研究开展跨区域经营试点，促进京津冀保险市场要素优化配置。

3. 提升保险对河北省经济转型升级的支持能力。在首张保险经营牌照落地河北后，要加快辖内法人人寿保险、保险资产管理公司的筹建工作，完善河北省法人保险组织结构。主动适应现代农业发展新常态，积极探索"三农"保险新模式、新机制，大力发展农村小额人身保险、农村小额信贷保险、农房保险、农机保险、种业保险等普惠保险业务。加大农业保险支持力度，建立财政支持的农业保险大灾风险分散机制，提高中央、省级财政对主要粮食作物的保费补贴，减少或取消产粮大县三大粮食作物保险县级财政保费补贴。鼓励保险资金利用债权投资计划、股权投资计划等方式，支持河北省棚户区改造、城镇化建设、扶贫开发等民生工程。在合理管控风险的前提下，为科技型企业、小微企业、战略型新兴产业等发展提供资金支持。支持河北省发展"绿色保险"，完善环境污染损害赔偿机制，服务京津冀生态文明建设。吸引保险培训、后援等专属机构落户河北省。

第四节　协同促进区域金融机构公司治理现代化

一、积极探索区域金融机构混合所有制改革

（一）金融机构混合所有制

混合所有制经济是指财产权分属于不同性质所有者的经济形式。20世纪90年代开始，我国允许国内民间资本和外资参与国有企业改组改革。经济改革实践证明，混合所有制能够有效促进生产力发展，有利于

国有资本放大功能、保值增值、提高竞争力,有助于"走出去",是国资国企改革的重要支撑。经过多年股份制改造,虽然很多国企国资占比已较低,但政府干预仍存在,公司治理制度落后。行政化垄断体制未真正打破,准入限制未真正放开。2015年6月国务院批准同意交通银行深化改革方案,首个银行混合制改革方案获批,开启了银行业再次革命。

(二) 积极探索区域金融机构混合所有制改革

推进中国银行、工商银行、农业银行、建设银行混合所有制改革,引入大型民营企业入股,进一步调整资本结构。探索国有控股商业银行混合所有制改革模式,积累金融管理经验,将混合所有制改革稳步向地方政府控股的金融机构推进。协同推进北京银行、天津银行、河北银行等城市商业银行以及京津冀三省市政府控股规模较大的区域法人证券期货经营机构和保险机构混合所有制改革,以产权结构的优化与经营机制的完善为主要抓手,坚持市场逻辑,冲破体制性障碍,全面提升国有资产运行效益。

二、协同推动区域金融机构员工持股计划

(一) 金融机构员工持股计划

员工持股计划是指通过让员工持有本公司股票和期权而获得激励的一种长期绩效奖励计划。实践中,员工持股计划往往是由企业内部员工出资认购本公司的部分股权,并委托员工持股会管理运作,员工持股会代表持股员工进入董事会参与表决和分红。员工持股计划奠定了企业民主管理的基础,扩大了资金来源,使员工收入增加,充分调动了各方人才的积极性,在调整企业收益权的同时,转变企业约束机制。证监会于2014年6月出台了《关于上市公司实施员工持股计划试点的指导意见》。在金融机构中,

民生银行、中国平安已于2014年陆续推出员工持股计划。

（二）协同推动区域金融机构员工持股计划

京津冀三省市政府加强合作，统一制定区域金融机构开展员工持股计划的各项条件与具体办法。协同推进区域金融机构员工持股计划，搭建起股东、金融机构和员工利益捆绑与共享的桥梁，通过合法方式使员工获得本公司股权并长期持有，股权收益按约定分配给员工。将员工持股计划扩展至所有符合资质的上市或非上市金融机构，辐射所有高管和员工。

三、协同促进区域金融业务流程细分

（一）金融业务流程细分

金融业务流程细分追求的是金融机构在某项金融业务环节中的核心优势。由于信息技术的进步、金融创新和金融自由化的发展及全球金融资源的集聚和扩散，国际金融产业呈现组织结构变革和业务流程再造、后台业务的外移和外包、建设金融后台服务基地等新变化，这种变化改变了国际金融业的产业格局和地域分布，也改变了金融服务的业务分工，符合金融产业细分发展趋势。

（二）协同促进区域金融业务流程细分

推动区域主要金融机构通过独立子公司的模式对后台业务、自营业务、理财业务进行独立管理，深化区域金融业务细分。强化北京市金融管理功能定位，增强风险管理功能。将天津市打造为区域金融理财业务中心，推动中国银行、工商银行、农业银行、建设银行和光大银行、民生银行、华夏银行、中信银行在天津市设立区域金融理财业务中心，增强金融价值增加功能。加快河北省金融后台服务平台建设,将工商银行牡丹卡中心、中国银行银行卡中心、交通银行太平洋信用卡中心北京分中心以及光大银行、民生银行、华夏银行、中信银行、北京银行信用卡中心逐渐迁移到石家庄市,国家对金融机构在河北省成立后台业务予以政策、财政支持。

第五节　构建区域金融业协调监管机制

一、国内金融监管组织结构

20世纪90年代起,中国金融业监管经历了一系列组织结构调整和机构改革,形成了"一行三会"(即中国人民银行、中国银行业监督管理委员会、中国证券监督管理委员会和中国保险监督管理委员会)的分业监管体系,并根据需要设立相应的分支机构,为区域协同监管奠定基础。

目前,中国人民银行设立上海总部,天津、沈阳、南京、济南、武汉、广州、成都、西安8个分行,中国人民银行营业管理部和中国人民银行重庆营业管理部,20个省会(首府)城市中心支行,5个副省级城市中心支行,6个分行营业管理部,308个市(州、盟)中心支行,1766个县(市)支行。

国家外汇管理局在各省、自治区、直辖市、部分副省级城市设立分局(外汇管理部),在部分地(市)设立中心支局,在部分县(市)设立支局。国家外汇管理局分支机构与当地中国人民银行分支机构合署办公。

银监会的分支机构不再沿用原来央行的大区行制,而是按行政区划设置,分为全国、省、地市三级机构。省级机构称为银监局,地市机构称为银监分局，县以下地区一般不设置机构，但经济发达的重点县区将设置派出机构。

证监会在各省、自治区、直辖市和计划单列市设立36个证监局，以及上海、深圳证券监管专员办事处。

保监会在全国各省、自治区、直辖市、计划单列市设有36个保监局，在苏州、烟台、汕头、温州、唐山市设有5个保监分局。

二、区域金融协调监管的三个层面

在京津冀三省市行政区化及金融业分业监管体制下，京津冀三省市金融监管协调可分为以下三个层面：

行政区内的分业监管协同，即对于行政区内银行业金融机构和非银行业金融机构进行协同监管。例如，参考金融监管协调部际联席会议制度，2015年6月中国人民银行石家庄中心支行与河北证监局签署《河北省证券期货监管合作备忘录》，标志着监管机构的合作向规范化、制度化、常态化迈进。

区域同业监管协调，即对京津冀三省市银行业金融机构、证券机构、保险机构进行同业协调监管。区域同业协调监管可弱化"一亩三分地"行政区划思维定式，与京津冀协同发展的指导思想一致。例如，京津冀三地人民银行拟定了《京津冀经济金融统计数据信息共享协议》，外汇局河北省分局与天津市分局在外汇监测分析信息共享方面加强了合作。

区域金融机构混业监管协调，即对京津冀三省市各类金融机构进行整体监管协调。2013年8月15日国务院批复，同意建立由人民银行牵头的金融监管协调部际联席会议制度。该制度为区域金融机构混业协调监管提供思路。2013年5月，天津市政府先后与北京市、河北省签署《京津加强经济与社会发展合作协议》《天津市河北省深化经济与社会发展合作框架协议》,均将金融合作列为协议的重要内容,在此基础上,京、津两地金融管理部门签署了金融合作协议。这些工作为京津冀三省市金融机构混业协同监管奠定了一定基础。

三、区域金融协调监管体系

区域金融监管协调体系是协调区域内不同金融监管部门之间金融监管职责和权利分配的方式和组织制度,包括区域金融监管原则、目标和组织机制。

(一)区域金融协调监管原则

金融监管原则主要包括三个方面:独立性原则、依法监管原则和"内控"与"外控"相结合原则。其中,独立性原则并不适用于区域金融监管,依法监管原则和"内控"与"外控"相结合原则可以作为区域各金融监管机构进行有效监管的指南。同时金融监管还应注意监管重点一致性原则。京津冀协同发展,金融相互渗透,区域金融市场更加开放,区域金融问题趋同,京津冀三省市金融监管重点也将趋于一致。

(二)区域金融协调监管目标

建立与维护一个稳健、高效、与区域经济发展相适应的金融体系,防范发生区域性金融风险,是区域金融监管的总体目标。在分业监管现状下,区域金融监管还包括以下监管分目标:

防范和化解银行业风险,保护存款人和其他客户的合法权益,促进银行业健康发展。

规范证券投资基金活动,保护投资人及相关当事人的合法权益,促进证券投资基金和证券市场健康发展。

规范保险活动,保护保险活动当事人合法权益,加强对保险业的监督管理，维护社会经济秩序和社会公共利益，促进保险事业健康发展。

（三）区域金融协调监管组织机制

借鉴金融监管协调部际联席会议制度安排，建立京津冀金融监管协调联席会议制度。京津冀三省市金融监管协调联席会议至少每年组织一次，重点研究金融支持京津冀协同发展的有关问题，加强区域金融监管人员交流，提高区域金融监管一致性。此外，加快推进京津冀三地人民银行签署的《京津冀经济金融统计数据信息共享协议》，实现京津冀三地的经济金融数据与信息共享。

第六节　重点支持河北省农村金融组织体系建设

河北省是农业大省，农村人口比重显著高于北京市和天津市，农村居民人均可支配收入显著低于城镇居民，革命老区、环京津地区贫困问题突出。长期以来，受金融体制和农村经济体制制约，农村金融发展缓慢，农村金融组织体系建设滞后，成为京津冀协同发展的薄弱环节。重点支持河北省农村金融组织体系建设，加快实现河北省农业现代化，是弥补京津冀协同发展短板的有效途径。

一、河北省农村基本情况

2014年，河北省第一产业增加值3447.5亿元，占全省生产总值的11.7%；农村居民人均可支配收入10186元，仅为城镇居民人均可支配收入42.2%。目前，河北省仍有39个贫困县，其中环首都贫困县9个。

2010年末乡村人口4028万人①,占全省总人口的56.1%。2009年末,全省农业用地19752.65万亩,其中耕地9842.03万亩、园地1309.51万亩,林地6948.02万亩,草地4220.49万亩②。2012年末,农民人均居住面积36.4平方米③。

(一) 河北省农村金融发展需求

一方面,农村劳动力将大量向城市转移,2014年中共河北省委、河北省人民政府印发《关于推进新型城镇化的意见》,到2020年,河北省常住人口城镇化率达到56%,新增城镇人口800万人,户籍人口城镇化率达到45%,努力实现1000万人农业转移人口和其他常住人口的城镇落户。另一方面,农业机械化水平大幅提高,2014年,河北省农业机械总动力1.09亿千瓦,实际机耕面积542.5万公顷,占农作物播种面积的62.3%;机械播种面积662.3万公顷,占比76.0%;机械收获面积498.9万公顷,占比57.3%。城镇化、农业现代化成为未来农业发展趋势,金融需求潜力巨大。

(二) 河北省农村金融发展的政策机遇

伴随我国工业化、信息化、城镇化和农业现代化进程,农村劳动力大量转移,农业物质技术装备水平不断提高,农户承包土地的经营权流转明显加快,发展适度规模经营已成为必然趋势。党的十八届三中全会提出,稳定农村土地承包关系并保持长期不变,在坚持和完善最严格的耕地保护制度前提下,赋予农民对承包地占有、使用、收益、流转及承包经营权抵押、担保权能。在符合规划和用途管制的前提下,允许农村

---

① 数据来源:2010年河北省人口普查资料。
② 数据来源:河北省第二次土地调查。
③ 数据来源:《2012年河北省国民经济和社会发展统计公报》。

集体经营性建设用地出让、租赁、入股，实行与国有土地同等入市、同权同价，加快建立农村集体经营性建设用地产权流转和增值收益分配制度。保障农户宅基地用益物权，改革完善农村宅基地制度，选择若干试点，慎重稳妥推进农民住房财产权抵押、担保、转让，探索农民增加财产性收入渠道。2014年中央一号文件进一步指出，在落实农村土地集体所有权的基础上，稳定农户承包权、放活土地经营权，允许承包土地的经营权向金融机构抵押融资。承包土地的经营权和农民住房财产权抵押担保贷款将极大地激活农村金融市场。

二、河北省农村金融组织体系

（一）农村金融组织

目前，河北省辖内向农村提供金融服务的机构主要包括农业发展银行、农业银行、农村合作机构、邮政储蓄和农村新型金融机构。2014年末，全省共有农村合作法人机构181个，营业机构网点4848个，资产总额10600亿元，占全省银行业金融机构资产总额的20.1%，是河北省农村金融组织的主体；邮政储蓄营业机构1459个，资产总额2734亿元，占全省银行业金融机构资产总额的5.2%。农业发展银行营业机构163个，资产总额959亿元，占全省银行业金融机构资产总额的1.8%。农村新型金融机构62家，营业网点105个，资产总额193亿元，占全省银行业金融机构资产总额的0.4%。

（二）农村金融组织体系存在功能性不足

农业银行存在政策性金融目标与商业性金融目标不一致的问题，邮政储蓄政策性改革尚未到位、贷款功能不足，两家农村金融机构成为农村资金流出的重要渠道。2014年末农业银行各项存款余额为5941亿元，

第七章　金融协同支持京津冀区域经济发展路径——金融组织结构的区域优化

各项贷款余额为 2548 亿元，其中涉农贷款余额 986 亿元；邮储银行各项存款余额为 2656 亿元，各项贷款余额为 744 亿元。而农业发展银行政策性贷款规模较小，支农功能仍然较弱。2014 年末，农业发展银行各项存款余额为 137 亿元，各项贷款余额为 838 亿元。

农村合作金融机构难当支农重任。目前河北省农村合作金融机构承担着对农户、个体工商户和部分中小企业贷款，成为服务"三农"的主力。2014 年末河北省农村合作金融机构各项存款余额为 8707 亿元，各项贷款余额为 5291 亿元。农村合作金融机构普遍存在资产质量不高、经济效益欠佳和人员素质欠缺等问题，服务农业现代化的能力不强。

民间金融发展缺乏规范引导。由于农村资金流出、缺口增大，资金供求失衡，为民间借贷的发展提供了空间，民间借贷活动活跃，在一定程度上满足一些中小企业和农户短期资金需求。与此同时，民间金融发展不规范，缺乏法律支撑，非法集资事件时有发生，亟待加强引导、规范管理。

（三）当前河北省农村金融组织体系主要改革

截至 2014 年末，全省共有 32 家县级联社启动了农商行组建工作，共有 50 家县级联社启动了股份制农信社改制工作。蠡县农村信用社改革全面启动，通过接管、托管、清产核资，国家注资弥补其资金损失，引进北京银行作为战略投资者，整体抗风险能力得到显著增强，新型农村商业银行即将挂牌成立。农村商业银行组建稳步推进，新型农村金融机构蓬勃兴起，农村金融服务体系逐步完善。2014 年河北省共批准开业农村商业银行 7 家，批准筹建 11 家，农村商业银行达 19 家；5 家农村信用社改组股份有限公司；全年批准开业村镇银行 17 家，批准筹建 15 家，村镇银行达到 66 家。

三、政策支持河北省农村金融组织体系建设

(一) 挖掘商业金融支持农村经济的潜力

适当放宽条件,加快推进县级农信社股份制改制工作,提高农村信用社资本实力和治理水平,推动省联社去行政化,增强农村信用社支农服务功能。推进农业银行"三农"金融事业部改革试点工作,不断完善"三农"业务管理体制、运行机制,进一步提升"三农"金融服务水平。加快推进邮政储蓄银行二类支行改革工作,提高支农功能。建立可持续的村镇银行发展模式,把澳洲联邦银行在全球乃至其他亚洲国家的丰富经验和先进技术、管理理念带进河北(目前,澳洲联邦银行已在河北省辛集、永年、磁县、邯郸县、栾城、魏县、成安和涉县8个地区完成村镇银行布局)。

(二) 发挥农业发展银行政策性金融的作用

农业发展银行应提高对河北省的整体授信额度,支持河北省粮食购销、水利开发、环保生态、公共基础设施、新型城镇化、农村路网、农村流通体系、农业综合开发等多个领域农业农村基础设施建设。中央财政给予一定的补贴,完善河北省农村信贷担保体系,充分发挥农业保险灾害损失补偿作用,积极推动农业保险发展,不断扩大农业保险保障覆盖面,为河北省农业保产增收提供重要保障。

(三) 构建有效的农村金融风险外溢防范机制

规范发展农村合作金融、民间资本管理公司、民间借贷登记服务机构,建立民间融资组织登记备案制度,有序对接民间资金的供给和需求,推动民间融资阳光化、规范化发展。严厉打击以农民专业合作社、投资

公司等名义开展的非法集资活动,主动开展风险提示和投资者风险警示活动。

第七节 推进金融组织结构区域优化的政策建议

一、加强区域金融组织结构理论研究

一是提高金融组织结构理论应用。本章对区域金融组织结构理论进行了探讨,但理论深度还不足,特别是没有形成符合区域经济金融发展的金融组织结构理论体系。因此,需要不断深化对区域金融组织结构理论的研究,在了解掌握理论的基础上,寻找最适合的金融组织结构支持京津冀协同发展。

二是推动金融组织结构理论创新。区域金融组织结构理论创新就是要根据时空和研究对象的不同,用新的方法和思路探索金融组织结构的演变,预测区域金融组织结构的发展趋势。在现有实践的基础上,不断尝试,总结成功经验,吸收失败教训,通过不断积累,推动区域金融组织结构理论重大突破。

三是加强金融组织结构理论学习。重视国外的研究成果,就区域金融组织结构变化的重大问题和实际问题,深入广泛交流,听取各方面建议,认真研究,凝聚共识。

二、建立完善区域金融组织体系的长效机制

一是完善区域金融组织体系是一个动态过程,要与区域经济发展阶段、发展水平相匹配。随着区域经济发展,政策不断调整,发展和完善

区域金融组织体系要形成长效机制,保证区域金融组织体系正常运行并发挥预期功能。

二是要有比较规范、稳定、配套的体制机制。加快建立健全协同发展体制机制,推动区域金融要素市场一体化改革,建立区域统一的金融信用体系和奖惩联动机制,建立区域内资本市场分工协作机制,为全国其他地区的协同发展发挥引领带动作用,提供可复制、可推广的经验。

三、做好组织协调工作

一是加强组织领导。在京津冀协同发展领导小组和京津冀三省市的领导下,区域各金融主体确定1名主管领导负责京津冀协同发展的相关工作,主动作为,加强沟通配合,加强区域金融统筹指导和综合协调,加强顶层设计,研究制定区域金融发展战略,推动实施金融重大规划和重大决策,协调解决跨区域部门重大事项。

二是明确责任分工。区域金融主体要切实履行主体责任,建立协同发展工作机制,明确工作部门和责任,完善工作制度,制定实施推动方案,把协同发展的各项任务落到实处。

四、推动重点工作落实到位

一是要发挥市场在区域金融资源配置中的决定性作用。树立起合作共赢的"共同体"意识,按照《京津冀协同发展规划纲要》的要求,推动京津冀金融业协同发展。加快北京和天津的优势资源向河北辐射,带动河北经济发展。河北省应尊重市场规律、城市发展规律,通过政策改革,打破行政区域壁垒,弱化行政干预,由市场决定区域资源配置,激发河北省金融业发展潜力。

二是优化区域银行业金融机构布局。推动更多的双边、多边国际金融组织选址北京市,加快中国银行、工商银行、农业银行、建设银行的国际化步伐,推进区域金融服务标准、市场规则、法律法规等制度规范与国际接轨。天津市在互联网金融、私营银行等新型金融组织上先行先试,国有控股商业银行和全国性股份制商业银行加强区域横向合作,研究在天津市设立区域总部。河北省有关部门主动加强与政策性银行的交流合作,吸引更多的外资银行在河北省建立分行,加快推动河北省城市商业银行在京津冀三省市区域布局。

三是促进区域非银行金融机构快速发展。建立京津冀三省市区域证券期货业务牌照统一管理制度,支持符合条件的其他法人金融机构申请证券期货业务牌照,支持民营资本进入证券期货服务业,鼓励境内证券期货经营机构实施"走出去"战略。研究开展跨区域经营试点,促进京津冀保险市场要素优化配置。

四是推进中国银行、工商银行、农业银行、建设银行混合所有制改革,将混合所有制改革稳步向地方政府控股的金融机构推进,协同推进北京银行、天津银行、河北银行等城市商业银行以及京津冀三省市政府控股规模较大的区域法人证券期货经营机构和保险机构混合所有制改革,全面提升国有资产的运行效益。

五是进一步加强京津冀三省市政府间的合作,统一制定区域金融机构开展员工持股计划的各项条件。协同推进区域金融机构员工持股计划,搭建股东、金融机构和员工利益捆绑与共享的桥梁,通过合法方式使员工获得本公司股权并长期持有,股权收益按约定分配给员工。将员工持股计划扩展至所有符合资质的上市或非上市金融机构,辐射所有高管和员工。

六是借鉴金融监管协调部际联席会议制度安排,建立京津冀金融监管协调联席会议制度。加快推进京津冀三地人民银行拟定《京津冀经济金融统计数据信息共享协议》,联合开展金融支持区域经济发展重大问题研究工作。

七是加快推进县级农信社股份制改制工作，推进农业银行"三农"金融事业部改革试点工作，加快推进邮政储蓄银行二类支行改革工作，建立可持续的村镇银行发展模式。增强农业发展银行政策支农作用，完善河北省农村信贷担保体系。建立民间融资组织登记备案制度，严厉打击以农民专业合作社、投资公司等名义开展的非法集资活动。

第八章 金融协同支持京津冀区域经济发展路径

——金融市场的区域协调

第一节 金融市场的区域协调对促进京津冀协同发展的重要性

一、金融市场的内涵与功能

(一) 金融市场的定义及特点

金融市场是资金融通市场,是资金供求双方通过信用工具进行资金配置的市场。金融市场交易不仅是单纯的买卖关系,更表现为借贷关系,体现了资金所有权和使用权相分离。金融市场要素包括:交易主体、交易对象、交易工具、交易价格。狭义的交易主体是指参加金融交易的资金盈余或不足的企业和个人以及金融中介机构。而广义的交易主体是指包括资金供给者、资金需求者、中介人和管理者在内的所有参加交易的单位、机构和个人。金融市场的交易对象不管具体形态如何,都是货币资金,其交易实现货币资金所有权与使用权的转移。金融市场上的交易工具又称金融工具和融资工具,它是证明债权债务关系并据以进行货币资金交易的合法凭证。这种工具必须具备规范化的书面格式、广泛的社会可接受性和可转让性以及法律效力。交易价格则是指它所代表的价值,即规定的货币资金及其所代表的利率或收益率的总和。

金融市场将众多投资者买卖标的资产的意愿聚集起来,在普遍接受标的资产市场价格的前提下,买方可以以理想的价格买到他想买的数量,卖方可以以理想的价格卖出他想卖的数量,从而使每个投资者交易的成本降低,交易成功率提高。因此,金融市场具有保持标的资产流动性、标的资产交易活动集中性、交易场所广泛性、市场价格一致性等特点。

在金融市场众多特点之中,保持交易标的资产的流动性是金融市场的本质功能。金融市场出现的目的是为标的资产交易提供便捷,没有了流动性功能,金融市场就失去了存在的基础。同时,这一特点使得标的资产在不同地区和行业之间进行转移,从而促进资源的有效、充分配置。在世界经济一体化环境下,各个金融市场面临着激烈竞争,流动性自然成为竞争力的最直接体现。

(二) 金融市场的分类

从地域范围角度考虑,金融市场可分为国际金融市场和国内金融市场。国际金融市场由经营国际间货币业务的金融机构组成,其经营内容包括资金借贷、外汇买卖、证券买卖、资金交易等;国内金融市场由国内金融机构组成,办理各种货币、证券及其他资金交易活动,其又可分为城市金融市场和农村金融市场,或者全国性、区域性和地方性金融市场。

从经营场所角度考虑,金融市场可分为有形金融市场和无形金融市场。有形金融市场指有固定场所和操作设施的金融市场;无形金融市场是指以营运网络形式存在的市场,通过电子通讯手段达成交易。

从融资交易期限角度考虑,金融市场可分为长期金融市场和短期金融市场。长期金融市场又称为资本市场，主要供应一年以上的中长期资金，如股票与长期债券的发行和流通；短期金融市场也称为货币市场，是一年以下短期资金的融通市场，如票据贴现、同业拆借、短期债券及可转让存单的买卖等。

从标的资产交易性质角度考虑，金融市场可分为发行市场和流动市场。发行市场也称一级市场，是标的资产发行的市场；流通市场也称二级市场，是已经发行、处在流通中的标的资产的买卖市场。

从交易对象角度考虑，金融市场可分为拆借市场、贴现市场、大额定期存单市场、证券市场（包括股票市场和债券市场）、外汇市场、黄金市场和保险市场。

从标的资产交割期限角度考虑，金融市场可分为金融现货市场和金融期货市场。金融现货市场是指融资活动成交后立即付款交割；金融期货市场是指投资活动成交后按合约规定在指定日期付款交割。

从交易标的资产的角度考虑，金融市场可分为货币市场、资本市场、金融衍生品市场、外汇市场、保险市场、黄金及其他投资品市场。

从交易工具类型角度考虑，金融市场可分为债券市场、票据市场、外汇市场、股票市场、黄金市场和保险市场。

（三）金融市场对地区经济社会发展的作用机理

有效的金融市场是经济高速增长和有质量增长的重要因素之一，对个人财富、企业和消费者行为以及经济周期状况有直接影响。金融市场通过多种方式对经济社会发展起到积极的促进作用：

第一，金融市场优化资金配置，提高产出效率。金融市场可以互通资金供求信息，确定合理价格，使其向可获利的投资项目转移，实现资金优化配置，从而促进资本形成，提高经济产出。例如，Dewatripont 和 Miskin（1995）认为，金融市场有助于终止对坏项目的融资；Levine（1997）研究发现，运行良好的股市可以通过促进资本积累和技术进步、加深专业化等促进经济增长；Kunt 和 Levine（1996）指出，流动性好的股票市场通过影响投资质量和数量促进经济长期增长。

第二，金融市场可以促进要素市场发展。金融市场是要素市场的有机组成部分，劳动力市场、土地市场、技术市场等其他要素市场为金融市场的发展提供了基础，而金融市场的发展则对各要素市场的发展起到积极的促进作用。例如，Levine（1997）研究发现，运行良好的股市可以提高资源配置效率，促进资本积累和技术进步。

第三，金融市场上丰富的金融工具可以满足实体经济多样化的融资需求。Levine（1991）和 Bencivenga 等（1996）认为，金融市场为资金盈余者提供了资金使用权让渡的场所，满足了资金匮乏者的资本投入需求，通过对资金供求的合理匹配，进而改进资金的配置。银行贷款、债券、股权、投资基金等不同类型的金融工具可以与实体经济中不同类型的市场主体的融资需求进行对接，从而满足各类型市场主体的融资需求。金融工具的种类越丰富，融资者的多样化需求越能得以满足。

第四，金融市场可以分散和转移风险。金融市场促使不同风险—收益的金融工具供给与需求相匹配，满足不同市场主体的风险偏好。Bruce 和 Jone（1998）认为发达的股票市场通过公司并购和薪酬激励等机制，解决代理问题，强化了公司治理，降低了相关风险，从而提高效率并有助于经济增长；而 Patrick 和 Hught（1966）则认为相对于零散的个人投资者而言，银行系统能够更加有效地实现对企业的监督并降低道德风险。Levine（1991）和 Demirguc（1994）认为股票市场为管理和分散非系统性风险提供了可能性。Gregorio 和 Guidotti（2000）则从风险资本退出机制的角度阐述了股票市场的作用。

第五，金融市场可以降低交易成本。为寻找合适的交易对手会产生搜寻成本，在评价金融资产价值的过程中会发生信息成本，发达的金融市场依托专业的金融机构和咨询机构可以降低搜寻成本与信息成本，进而促进市场交易的发展。Jensen 和 Murphy（1990）及 Aoki 和 Patrick

第八章　金融协同支持京津冀区域经济发展路径——金融市场的区域协调

(1994)等对此都有较为经典的论述。

此外，金融市场还通过定价功能、调控功能等促进经济社会发展。因此，一个发达、高效、完善的金融市场可以促进资本等要素的形成，鼓励创新，降低风险，创造和传递经济信息，进而为区域经济发展注入动力。相反，欠发达的金融市场则可能成为区域经济社会发展的制约因素。因此，推动区域金融市场发展，保证区域金融市场各项职能的发挥对于区域经济社会发展十分重要。

在京津冀协同发展过程中，金融市场的区域协调既是京津冀协同发展的重要内容之一，也是促进京津冀协同发展的必要条件。通过促进京津冀金融市场的区域协调，有助于发挥金融市场疏解北京非首都功能的杠杆作用，有利于跨区域的金融要素流动，对平衡区域内经济社会发展差异有关键的助推作用。

二、京津冀金融市场发展水平存在巨大差距[①]

(一)证券期货市场发展水平比较

北京市辖内证券市场活力显著增强，证券公司资产同比增长超过80%，净资本同比增长超过20%，净利润总额同比增长1倍。期货行业加快发展，新品种上市速度加快，夜盘交易扩大，期货资管业务拓展，期货市场进一步扩容。北京地区A股上市公司235家，位居全国第二位；境外上市公司215家，居全国首位。全年境内非金融企业资本市场融资规模合计超过7000亿元。此外，北京市要素市场发展较快，仅2014年，就新设北京邮票交易中心、北京铁矿石交易中心和北京文化产权交易中

---

① 本部分所有数据均来源于《2014年北京市金融运行报告》《2014年天津市金融运行报告》以及《2014年河北省金融运行报告》。

心3家交易场所,北京环境交易所碳排放权交易试点初见成效,中国水权交易所正在筹建。2014年,全市40余家交易场所完成交易额同比增长61.5%。

天津市证券期货市场整体发展较为迅速。2014年,全市证券营业部开立资金账户209.1万户,同比上升4.3%,客户交易结算资金余额171.3亿元,同比上升104.9%。其中,截至2014年末,法人证券公司资产总额比年初增加88.9亿元,累计营业收入同比增长61.3%。净利润同比上升130.3%。截至2014年末,天津市6家法人期货公司资产总计41.7亿元,比年初增加13.7亿元;净资产总计11.3亿元,比年初增加4.8亿元。全年代理交易量5347.1万手,同比增加1663.9万手,代理交易额51321.5亿元,同比增加39.4%,手续费收入1.0亿元,同比增长126.5万元。全市期货营业部增至29家,较上年同期增加9家,期货营业部手续费收入0.6亿元,代理交易额31598.9亿元,代理交易量2559.5万手。截至2014年末,天津市境内上市公司42家,其中,A股公司37家,B股公司1家,H股公司3家,S股公司1家。上市公司总股本488.3亿股,总市值5322.0亿元,同比增长48.3%,其中流通市值4522.1亿元。

河北省证券期货市场有待进一步完善。2014年,河北省A股证券账户数达491.5万户,同比增长8.5%;投资者人数297.9万人,同比增长8.9%;累计营业收入24.7亿元,同比增长41.1%;累计净利润11.4亿元,同比增长81.2%;托管市值2074.6亿元,同比增长64%。2014年河北省新设6家期货营业部。截至2014年末,河北辖区共有法人期货公司1家,两证齐全的期货营业部37家,其中外埠期货营业部31家,交割(厂)库29家。2014年,河北省近七成期货营业部亏损,亏损家数较上年增加9家。辖内期货营业部全年营业收入和手续费收入分别为8904.6万元和7910.6万元,同比分别下降18.4%和24.0%;利润总额为551.8万元,同比下降8.9%;净亏损755.0万元。2014年,河北省境内上市公司直接融资

第八章 金融协同支持京津冀区域经济发展路径——金融市场的区域协调

额 132.3 亿元,较上年减少 22.6 亿元。有 14 家上市公司通过沪深股市进行 14 次股权融资,融资额为 117.3 亿元。其中,通过 IPO 融资 4.6 亿元,非公开增发融资 109.1 亿元,公开增发融资 3.7 亿元。1 家上市公司在主板发行公司债融资 15 亿元。2014 年,河北省 2 家企业在中国香港联交所上市,首发融资 13.5 亿元,拓宽了企业筹资渠道。截至 2014 年末,全省境外上市公司总数共计 38 家,累计融资 400 多亿元人民币。

从当年 A 股筹资额来看,2014 年,河北省 A 股筹资额只相当于北京市的 8.8%、天津市的 64.3%。此外,2014 年河北省债券筹资额只相当于北京市的 3.04%,天津市的 46.8%。而 2014 年河北省地区生产总值分别为北京市的 1.38 倍,天津市的 1.87 倍,河北省证券期货市场的发展水平与经济总量不相协调。

(二)保险市场发展水平比较

北京市保险市场发展较为完善。截至 2014 年末,在北京经营业务的保险总公司和分公司达 104 家;保险销售人员 8.2 万人。保险公司总资产较上年末增长 19.8%,实现原保险保费收入 1207.2 亿元,居全国第四位;保险深度和保险密度也位居全国前列。

天津市保险业经营主体稳步扩张,资产规模大幅增加。2014 年,渤海人寿保险公司在天津成立,民生人寿保险公司、英大泰和财产保险公司分别在天津设立分公司,基本形成了种类齐全、布局合理的保险市场体系。截至 2014 年末,天津市保险公司总资产 1370.1 亿元,比年初增长 36.9%;实现保费收入 317.8 亿元,同比增长 14.8%。其中,财产保险业务实现保费收入 108.9 亿元,同比增长 6.4%;人身保险业务实现保费收入 208.9 亿元,同比增长 19.7%。全年天津市保险业赔付 104.4 亿元,同比增长 2.3%。保险保障覆盖面持续扩大,承担风险责任稳步提升。2014 年,天津市保险业新增承保保单 1856.4 万件,同比增长 75.6%,增速较上年提高 23.7 个百分点;新增保险金额 76508.3 亿元,同比增长

26.8%。专项领域保险取得新进展,服务社会和经济作用加强。一是起草了《天津市小微企业贷款保证保险风险补贴资金管理办法(试行)》,成立了小微企业贷款保证保险服务中心,积极支持小微企业发展。二是探索专利权质押贷款保险,积极推动专利保险实施。三是加快地震指数保险与农业保险制度创新步伐。

河北省保险市场发展有所增强。2014年,河北省首家法人保险公司——燕赵财产保险股份有限公司获批开业,各类保险公司省级分公司总数较上年增加3家,达到60家;保险中介机构与保险市场发展水平更加匹配,新增3家保险专业中介法人机构,新成立1家保险中介服务集团。保险业总资产达到2172.3亿元,同比增长6.0%。2014年,河北省保险业累计实现原保险保费收入931.9亿元,增长11.3%。累计赔付支出395.0亿元,增长25.1%,其中,人身保险业务赔付支出大幅增长43.3%。2014年,河北省出口信用保险一般贸易出口渗透率达到26.6%,支持外贸出口规模82.2亿美元,支持企业达到1184家;小额贷款保证保险助力中小微企业贷款融资16亿元。农业保险实现保费收入17.9亿元,增长6.4%,提供风险保障473.7亿元,支付赔款8.7亿元,受益农户153.4万户。大病保险累计保费收入7.7亿元,承保人数3278万人,占应参保人数的54.8%;各类补充医疗保险覆盖人数达1484.3万人,赔付支出6.7亿元。治安保险覆盖全省132个县(市)。

(三)银行间市场及票据市场交易情况比较

由于北京市集中了绝大部分全国性金融机构的总部,因此北京市银行间市场的发展程度远高于天津市和河北省。2014年,北京地区金融机构同业拆借和债券回购累计成交196.2万亿元,同比增长28.1%。其中,债券回购成交163.4万亿元,同比增长39.6%。同业拆借和债券回购净融出资金77万亿元,同比增长82.8%,其中,债券回购净融出资金70.5万亿元,同比增长82.7%。2014年北京市全年电子商业汇票承兑量

156760笔、金额5876.1亿元；贴现量67539笔、金额4066.1亿元。

2014年天津市银行间同业拆借市场累计完成信用拆借2091笔，同比下降15.1%；累计拆借金额6237.3亿元，同比下降22.5%。债券回购交易量继续保持增长态势，累计成交额66480.7亿元，同比增长32.9%。2014年，天津市承兑汇票累计发生额9202.6亿元，同比下降1.5%；票据贴现累计发生额4160.1亿元，同比下降21.6%。

2014年，河北省货币市场活跃程度逐步提高。其中，同业拆借市场共发生508笔拆借交易，累计拆借金额1122.8亿元，资金拆借主要以拆入为主，拆入拆出轧差后表现为净拆入920.9亿元；银行间债券市场累计交易6.7万亿元，同比增加26.4%，市场利率波动较大，总体呈先抑后扬走势。2014年，全省累计签发商业汇票8941.9亿元，同比增加938.5亿元，增幅11.7%；全省累计办理票据贴现业务15997.2亿元，同比增加3013.3亿元，增幅23.2%。

（四）社会融资规模情况比较

尽管河北省是京津冀地区生产总值规模最大的省市，但从社会融资规模来看，河北省社会融资规模略高于天津市，远低于北京市，2014年河北省社会融资规模相当于北京市的40.2%，天津市的107.4%。

具体来看，2014年，北京地区社会融资规模12877.2亿元，同比上升319.5亿元，占全国社会融资规模的7.8%（含中央级财务公司和信托公司占比9.6%），比2013年同期高0.5个百分点。金融机构人民币贷款、委托贷款增加较多，北京地区金融机构人民币贷款增加4844.7亿元，同比多出890.6亿元。委托贷款成为仅次于人民币贷款和债券融资的第三大融资渠道。北京地区企业债券净融资3316.8亿元，同比下降931.1亿元。

2014年天津市社会融资规模达4819.0亿元，比上年同期减少90.6亿元。全年天津市非金融企业在银行间市场发行债券融资工具1318.1亿元,是2013年发行金额的1.7倍。

2014年,河北省全年社会融资规模5177.1亿元,同比下降1069.6亿元。其中,人民币贷款占同期社会融资规模的67.9%,同比上升19.2个百分点;信托贷款占比3.3%,同比下降10.2个百分点;企业债券占比11.9%,同比上升6.3个百分点;非金融企业境内股票融资占比2.4%,同比上升1.0个百分点。

综合证券期货业、保险业、银行间市场、票据市场以及社会融资规模等方面来看,河北省金融市场发展无论是在量的方面还是在质的方面,都与京津地区存在不小差距,如果考虑人均水平,这种差距将更大。此外,从金融贡献率来看,河北省金融业增加值占第三产业的比重只有11.7%,低于全国15.3%的平均水平,比北京(19.9%)和天津(17.9%)分别低8.2个和6.2个百分点。北京金融业对经济增长的直接贡献率最高,而河北的金融产业相对落后,与北京、天津之间仍存在较大差距。

三、金融市场区域协调对促进京津冀协同发展具有重要意义

从前文的分析来看,京津冀虽然在区位上毗邻,但京津金融市场的发展并未有效辐射到河北省,致使河北省金融市场发展水平远落后于京津,成为京津冀金融市场发展不协同的重要体现。金融市场协同发展作为金融协同发展的有机内容,可以促进金融资源在京津冀这个更广阔的市场空间内有效配置,带动其他生产要素自由流动,从而推动京津冀协同发展这一国家战略的进一步深化。

首先,实现京津冀区域金融市场协同,有助于提高区域金融市场的统一性和开放性,在更广的范围内实现资源的集聚和有效配置。一方面,金融市场的统一和开放,促进了优势地区金融资源向劣势地区的流动,同时,在金融交往过程中,实现了金融产品、金融技术和金融机构管理

经验的传播,实现了金融资源和金融效率的溢出,带动落后地区金融发展。另一方面,统一开放的金融市场也为优势金融机构提供了更为广阔的发展空间,使其能够动员总量更大的金融资源,并在金融竞争和交往过程中实现金融创新和金融效率的提高。

其次,实现京津冀区域金融市场协同,有利于实现区域金融市场的有序竞争。有序竞争是实现金融资源配置和金融市场发展的根本动力。由于区域金融市场协同战略实现了金融市场的统一开放,打破了地域壁垒,因而在缓解金融核心区域竞争压力的同时,削弱了金融落后区域的市场垄断力,增强其竞争性,使整个区域的竞争关系趋于合理,实现各类金融机构的有序竞争和良性合作,发挥各自的比较优势。

最后,实现京津冀区域金融市场协同,有利于营造良好的区域金融环境。区域金融市场开放带来的金融业务往来势必会对区域金融基础设施提出要求。同时,金融监管制度也只有适应区域金融市场协同的要求,创新机制,搭建合作平台,才能胜任有效管理的职责。此外区域金融市场协同发展,也会拉近地区间在金融市场制度方面的差距,先进地区带动落后地区,实现整体水平的提升。

第二节 河北省金融市场发展滞后的原因分析

一、总体因素分析

(一)体制方面

京津冀协同发展领导小组办公室负责人在回答记者提问时指出,区域发展不协调、不平衡是个"老大难"问题,这些问题的长期存在与要素流动面临显性和隐形壁垒、区域发展的统筹机制欠缺等密切相关。京津冀三地发展差异较大，但是由于体制、制度的壁垒，相互之间难以形成互动发展关系。《京津冀协同发展规划纲要》出台前，京津冀区域一直缺乏政府层面的协同发展系统性规划和实施框架，同时，区域内合作的交流平台、议事机制、环境保护和资源利用的成本分担以及收益共享机制等都有待建立完善。

多年以来，京津冀三地由于现行行政区划阻隔，财政、金融、投资体制等方面的制度障碍，合作观念缺乏，导致京津冀区域内政府和企业实现区域经济协同发展的内在动力不足，三方共荣共赢、统筹规划的整体合作理念尚未形成。北京、天津作为首都和直辖市，政治色彩浓厚，国有企业所占比重较大，要素流动性差。这种客观现实一方面决定了企业包袱重，调整难度大，活力不足，有跨地区扩张欲望和辐射能力的企业比较少，另一方面政府对企业控制能力强、行政干预多，企业进行跨地区生产要素流动受到制约，市场配置资源的机制作用并不充分。同时，尽管京津冀进行双边互访和多边协商，但一直未能建立起一套正式的协调机制，未能就区域内的产业结构调整、基础设施建设及生态环境治理等关键性战略性合作问题达成共识。

（二）产业方面

实体经济是金融市场发展的重要基础，产业的分工协作可以成为金融市场协同发展的推进剂。京津冀三地产业结构差异巨大，存在互补性，但三地之间的分工协作格局远未形成，产业融合度较低，尚未形成紧密的产业链关系，产业的关联效应差直接影响了三地金融市场的协同发展，造成三地在融资结构、金融市场结构上的差异性。

北京市近年来产业结构优化升级不断推进，形成了以服务业为主的产业结构，三次产业结构由2013年的0.8:21.7:77.5进一步调整为2014年的0.7:21.4:77.9。其中，重点行业对全市工业增长发挥了明显的支撑

第八章　金融协同支持京津冀区域经济发展路径——金融市场的区域协调

作用，计算机、通信和其他电子设备制造业增长17%，汽车制造业增长12.3%，医药制造业增长9%，3个行业对全市工业增长的贡献率达到74.2%。战略性新兴产业增长17.9%，对规模以上工业增长的贡献率达到6成左右。

2014年，天津市三次产业增加值分别为201.5亿元、7765.9亿元、7755.0亿元，三次产业增加值占全市总产出比重分别为1.3%、49.4%和49.3%，第三产业占比仅与第二产业相差0.1个百分点，较上年拉近了2.4个百分点。三次产业对天津市生产总值的贡献率分别为0.36%、49.1%和50.5%，第三产业贡献率比第二产业高出1.4个百分点。天津市形成了以航空航天、石油化工、装备制造、电子信息、生物医药、新能源新材料、轻纺和国防等为核心的八大优势产业，合计完成工业总产值24998.0亿元，同比增长7.0%，占全市规模以上工业总产值的89.0%，拉动全市工业增长6.3个百分点。

而河北省三次产业比重分别为11.7%，51.1%和37.2%，农业仍是河北省的重要产业，第二产业占据绝对份额，服务业比重远低于京津，而第二产业中，钢铁、装备制造业、石化、建材、食品、纺织等行业增加值合计占工业增加值的比重达到65.5%，战略性新兴产业发展远落后于京津。

尽管从经济和技术发展程度来看，京津冀三地存在产业梯度差距，但区域内梯度无序，城市等级结构不合理，中等城市和小城市发展不足，缺少发挥"二传"作用的中间层次城市。京津冀过于悬殊的社会经济二元结构，一方面导致区域中落后和边缘的地区没有能力引进、吸收、消化周边发达地区或中心城市各种必要的生产要素和先进的管理制度，另一方面发达地区出现的产业聚集、形成的产业规模和产业链找不到适宜的生存和发展环境，没有能力向周边落后地区推广和扩散。

(三) 社会方面

除了体制因素和产业因素外,社会因素也是导致京津冀金融市场发展存在较大差距的重要原因。

从城乡人口结构看,河北省2013年末,城镇人口比重为48.12%,低于全国53.73%的整体水平,而北京和天津的城镇人口比重分别为86.3%和82.01%,远远高于河北省。

从人口受教育水平来看,2013年末,全国大专以上学历的人口占总人口的比重为11.32%,北京为41.21%,天津为23.05%,而河北省为7.73%,不仅远低于北京和天津,也低于全国的平均水平。河北省15岁及以上人口的文盲比重达到3.12%,而北京为1.52%,天津为2.06%。

从申请专利的数量来看,发明、实用新型和外观设计三种专利授权数量北京高居榜首,占全国的5.10%,天津2.02%,而河北省只有1.48%,与京津也有较大的差距。

从银行业从业人员来看,2014年,北京银行业从业人员达到11.15万人,天津6.22万人,河北16.58万人,而按照万人进行平均后,京津冀三地每万人中,银行业从业人数分别为52.75人、41.02人和22.46人。

包括人口结构、人口素质在内的上述因素成为制约河北省地区金融市场发展的重要原因。

二、农村金融市场发展滞后是重要的制约因素

河北省7384万人口中,农村地区人口占比约52%。作为农业大省,农村金融市场成为河北省金融市场发展的一个重要组成部分,对于河北省金融市场的发展具有尤为重要的意义。

第八章 金融协同支持京津冀区域经济发展路径——金融市场的区域协调

(一)京津冀鲁晋农村金融市场发展现状的横向比较

表8-1对河北省农村银行业金融市场基础数据与北京、天津、山东、山西及全国平均数进行了横向比较。

表8-1　　　　农村银行业金融市场基础数据横向比较

地区	人均持卡量（张/人）	银行网点数（个/每万人）	ATM（台/每万人）	POS机（台/每万人）	银行网点跨行汇款功能覆盖率（%）
河北	1.58	0.83	1.63	31.16	82.17
北京	2.48	0.88	7.97	83.58	92.60
天津	2.58	1.69	3.62	93.06	97.81
山东	2.00	1.00	2.65	97.67	75.27
山西	1.60	1.49	1.88	55.97	83.03
全国平均数	1.95	1.27	2.80	59.06	75.82

数据来源：中国人民银行相关分支机构统计数据。

由表8-1可以看出，在人均持卡量方面，河北省农村地区银行卡（含借记卡和贷记卡）人均持卡量仅为1.58张，与北京、天津差距较大，低于山东省和山西省，甚至低于全国平均水平；在农村地区银行网点数量方面，河北省农村地区每万人仅有0.83个银行网点，距天津和山西相差甚远，且低于北京、山东和全国平均水平；在ATM和POS机数量方面同样表现为河北农村地区数量低于北京、天津、山西、山东及全国平均水平；在银行网点接入现代化支付系统实现跨行汇款功能覆盖率方面，虽然河北省高于山东和全国平均水平，但低于山西，远低于北京、天津。综合起来看，河北省农村银行业金融市场发展程度低于京、津、鲁、晋及全国平均水平。

(二)河北省农村金融市场发展滞后的原因分析

1. 农村地区银行业金融机构资源配置不合理。按照目前银行业金融机构布局,在农村的银行机构主要为国有银行、农业发展银行、农村信用社、邮政储蓄银行和村镇银行。其中,部分国有银行机构正大量撤并农村地区的营业网点。以农业银行为例,1996~2002年,全国农业银行共撤并机构26584家,占其1996年机构数量的40.36%,资金投放已逐渐向城市倾斜。农业发展银行作为政策性银行,承担着国家产业政策和货币政策的传导、协调及调节等功能,其服务对象和范围有较大的局限性,特别是对于农业开发和农村基础设施建设等关乎民生的项目鲜有涉及;农村信用社由于历史的原因,经营业务品种单一化,难以与农村经济发展所需要的金融服务相匹配;邮政储蓄银行在农村地区网点较多,在农村吸收了大量存款,却没有将资金投放于农村;村镇银行大多由城商行、农商行或农村信用社发起设立,电子化水平较低,核心业务系统较落后,从业人员素质有待提高。

从整体上讲,农村地区银行业金融机构资源配置不合理,农村资金的供需缺口不断扩大,农村金融市场逐渐边缘化。

2. 农村地区与保险业和证券业金融市场相配套的基础设施建设滞后。目前河北省农村金融市场以银行机构及其相关业务为主,保险业金融市场和证券业金融市场等发展相对滞后,依然是河北省金融市场领域的薄弱环节。农村金融市场上涉及多个市场的金融产品结合程度严重不足,银行、证券、保险及相关金融中介公司之间相互结合、互为补充的局面尚未形成。例如,农村金融市场中,资产评估、担保公司等金融中介机构缺乏,城市里的金融中介机构没有意愿到农村地区拓展业务,导致农村地区抵押业务难以顺利进行。

3. 农业保险有效需求不足,缺乏可持续发展动力。在河北省各级财政部门的支持下,河北省农业保险补助比例达到80%。据调研数据显示,在此政策的激励下,河北省涉农保险保费金额逐年递增。但是保障范围窄、期限短,对农民的吸引力小,农民保险意识淡薄,再加上农民收入低、生产规模小等客观原因,造成农业保险的有效需求不足,可持续发

第八章 金融协同支持京津冀区域经济发展路径——金融市场的区域协调

展欠缺动力。

4. 农村金融服务供给成本与收益倒挂,影响农村金融服务进一步深化。受农村经济发展相对滞后的影响,农村金融市场中供给成本与收益倒挂现象严重。农村金融服务特别是支付服务环节经营成本偏高。由于金融机构对金融服务设施的管理半径较长,中间业务少,机具使用率偏低,所以提高了支付机具维护成本。例如,助农取款服务点需要在机具维护、机具巡检、人工成本、通讯费用等方面进行支出,经测算,一个助农取款服务点一年平均成本1500余元。而该部分成本目前由银行卡发卡行给予承担,严重影响了银行机构提供农村金融服务的积极性,制约了农村金融服务的进一步深化。

一方面,农村支付结算收费标准不尽科学合理,尚未建立政府补偿机制。目前农村支付服务收费标准与城市收费标准基本相同,差异化的、城乡有别的支付服务收费标准并未建立,政府补偿机制尚未形成。从农民角度来看,长期形成的现金意识根深蒂固,且使用方便,不受地域和时间的影响,农民乐于接受,在一定程度上提高了农村地区现金结算比例。而农村地区非现金支付工具特约商户不愿承担过高的成本费用,农民对非现金支付工具的安全性也存在顾虑,从而导致农村地区非现金支付工具难以推广。

另一方面,目前银行卡助农取款服务业务在人民银行的推动下,功能已涉及取款、查询、转账及汇款等。但因取款限额偏低,不能满足中等和发达地区农民的支付服务需求,且跨行转账、跨行取款均需要一定比例的手续费,增加了农民成本,因此当前助农取款业务的普及性还较差。

5. 农村地区金融服务亟待规范,风险防范有待加强。随着河北省农村地区金融服务工作的进一步开展,通过助农取款服务点定期领取养老补贴已成为金融服务下沉农村地区的一大亮点工程。但是由于农村老年人领取养老补贴的时间较为集中,领取金额又较小(每人每月70元),

致使助农取款服务点登记工作量大，漏登信息或不登情况比较严重，容易因是否在助农取款服务点领取过当月养老补贴而产生纠纷。因此，农村地区助农取款服务业务的监管标准、交易各方职责的划分、客户争议的处理等方面有待进一步研究确立。

在风险防范方面，助农取款服务从业人员业务素质参差不齐、业务操作欠规范、风险防范意识差，而农村地域广阔，商户居住分散，管理半径长，一旦出现误导、欺诈客户等违规行为，将造成责任纠纷引发管理风险。此外，目前留守农村的主要是老人、妇女和儿童，现代金融知识较为匮乏、金融风险防范意识薄弱，容易发生密码泄露、银行卡被复制、资金被盗取等事件。

专栏 8-1

非法集资成为农村地区地下金融的主要表现形式

2014 年，河北省邢台市隆尧县、柏乡县公安局分别对河北省邢台市隆尧县三地农民专业合作社（以下简称"三地合作社"）涉嫌非法集资案立案侦查。截至 2013 年 10 月 28 日，三地合作社社员已经遍布周边 13 个县市，入社农户 135168 户，集资总金额达到 80 亿元。

三地合作社于 2007 年 7 月 10 日在隆尧县工商局注册成立，当时其组织入社的农户只有 37 家。正是因为三地合作社"4 个月利息 30%，1 年利息 100%"的高额回报率，入社农户数量和集资金额在此后 7 年成几何级数增长。这是一个传销式的庞氏骗局，收取下一个社员的本金，偿还上一个社员的利息。三地合作社没有实体项目，更谈不上有效盈利。长时间下来，资金漏洞越来越大，最终导致资金链断裂。而集资金额中，有些钱是入社农户自己家的，有些则是借自周边亲戚朋友，还有部分钱来自银行贷款。老百姓的损失很难挽回，地方金融市场和经济发展同样损失惨重。

第三节 促进京津冀金融市场协调发展的路径

一、京津冀金融市场协调发展的基础条件

（一）协调发展的顶层设计取得历史性突破

《京津冀协同发展规划纲要》已经政治局工作会议通过，从顶层设计层面对实现京津冀协同发展进行了战略部署，并确定了京津冀协同发展的目标、方向、思路和重点。这是指导京津冀协同发展的纲领性文件，对于打破行政壁垒和体制分割，促进各类生产要素资源在京津冀区域内的优化配置将起到实质性的推动作用。可以说，随着纲要的出台和中央层面的高度重视，促成京津冀协同发展的顶层设计蓝图已经成型。

推动京津冀协同发展，是探索改革路径、构建区域协调发展体制机制的需要。必须通过深化改革打破行政壁垒，构建开放的区域统一市场，建立区域统筹协调发展新体制，为推动全国区域协同发展探索出一条新路子。这就为京津冀金融市场的协调发展创造了最佳的政策环境。

（二）产业基础条件进一步改善

随着京津冀协同发展上升为国家战略以及《京津冀协同发展规划纲要》的发布，京津冀三地产业转移对接步伐将进一步加快，有助于京津冀形成更为合理的产业布局，从而与金融市场的协调发展实现相互促进。

从发展阶段看，京津冀三地存在不同步性，为产业在区域范围内的扩散、集聚与整合提供了现实基础和根本动力。北京的经济水平已与发达国家趋同，产业发展的重点是现代服务业。首都职能的需要和资源环

境的约束，必然要求将重化工业和一般传统制造业向周边转移和扩散。天津目前处于工业化中后期，重化工业和高技术产业还在集聚、极化阶段。而河北省处于工业化中期阶段，京津冀制造业的"一散一聚"，恰好为区域产业整合提供了重要契机和发展空间。

从产业结构看，京津冀三地产业发展存在明显的梯度差异，为区域产业合作提供了驱动力和发展空间。北京以发展第三产业特别是生产性服务业和文化创意产业为重点，旨在提升服务业的整体发展水平，而第二产业将继续走高端化发展道路，北京未来最具活力的产业将是总部经济、高新技术产业、金融管理及中介服务和文化创意产业。天津市以发展重化工业、高新技术产业和现代物流业为重点，未来最具活力的产业将是汽车工业、电子工业、石化工业、航空航天业、现代造船业、现代制药业和仓储物流业。河北省近年来重点发展"十大支柱产业"，未来最具活力的产业是钢铁工业、医药工业、石油化工、装备制造、建材工业以及纺织工业等。

从资源禀赋看，资源的互补性是京津冀区域经济产业协同发展的物质基础。北京市的政治、文化、教育、科技、人才、旅游等资源名列三地前茅；天津市的科技成果转化以及工业制造能力资源处于三地的龙头地位；河北省的自然资源居三地之首。

2015年7月16日，京津冀开发区创新发展联盟正式成立，京津冀三地将共同打造高水平开放平台，通过"线上+线下"的服务模式，搭建信息交流、项目对接、投融资等服务平台，推进京津冀三地产业对接。京津冀开发区创新发展联盟由中国开发区协会牵头，在北京经济技术开发区设立秘书处，采取委托服务或市场购买服务的形式，在"政府引导、市场主导"原则下，在京津冀三省市探索一条以开发区为先导、推进区域经济一体化发展的新路径。京津冀开发区创新发展联盟的实质在于，对三地开发区统筹布局，制定规划，配置项目，出台政策，共同选择符合京津冀可持续发展的战略性新兴产业。在开发区创新发展联盟的框架

第八章　金融协同支持京津冀区域经济发展路径——金融市场的区域协调

下，三省市十余家国家级开发区采用市场运作的方式，以企业为主体，通过发挥三地各自优势，进行产业链整合、完善，构建布局全产业链的京津冀开发区产业协同发展体系，促进三地差异化、互补式发展。

未来，随着京津冀协同发展规划的逐步落实，京津冀之间的产业转移对接步伐将加快，三地之间的产业协作进一步加深，有助于增强金融协同与经济协同发展的互动联系。

（三）农村金融市场发展取得新进展

农村金融市场是现代金融体系的重要组成部分。河北省是农业大省，要实现京津冀区域经济协同发展和普惠金融的目标，农村地区金融市场的发展程度起到至关重要的作用。

近年来，党中央、国务院先后制定并出台了一系列促进农业发展的政策和文件，在农村金融市场领域进行了深入探索。与此同时，河北省农村金融市场也取得长足发展，包括增开农村地区银行网点，加大现代化支付系统建设，推广助农取款服务工作，加强农村金融市场基础设施建设，积极促进农村地区涉农保险业务开展等，这些措施和成效对完善河北省农村金融市场起到了积极作用，为实现普惠金融的目标奠定了基础。

1. 农村地区银行网点逐年增多，现代化支付系统覆盖面延伸乡镇，促进农村地区汇路畅通。河北省农信联社加快系统改造整合，顺利上线综合业务处理系统，实现一点集中接入大、小额支付系统和全国支票影像交换系统，全面打通农村地区资金汇路，有效提升了农村支付服务水平；农业银行河北省分行加大电子设备投入，实现了全部基层网点数据采用光纤传输，使农村机构网点加入了信息化"高速公路"；邮储银行在贫困落后地区、偏远山区增设 16 个金融服务网点，填补了金融服务空白。

数据显示，截至 2014 年底，全省农村银行机构网点数 6726 个，接入人民银行现代化支付系统的覆盖率已达 82.17%，较 2010 年底分别增长了 8.7% 和 15.9%。农村地区银行机构网点的不断增加和现代化支付系统向农村地区的延伸，在很大程度上盘活了农村地区金融市场。其中，河北省农村地区单位银行结算账户开户数量由 2010 年的 39.82 万户增长到 2014 年的 62.09 万户，涨幅达 55.93%；个人银行结算账户数量由 2010 年的 0.73 亿户增长到 2014 年的 1.14 亿户，涨幅达 56.16%。此外，随着网点业务功能的不断丰富，非现金业务量也逐年增长。据统计，票据、汇兑、托收承付及委托收款等银行非现金业务量由 2010 年的 1.26 亿笔、2.99 万亿元增长到 2014 年的 2.62 亿笔、4.95 万亿元，增幅分别为 137% 和 66%（见表 8-2），极大地满足了河北省农村地区金融业务需求，对于繁荣农村地区金融市场具有重要意义。

表 8-2　2010~2014 年河北省农村银行业金融市场基本情况

年份	网点数量（家）	支付系统覆盖率（%）	单位银行结算账户（万户）	个人银行结算账户（亿户）	银行网点非现金业务量	
					业务笔数（亿笔）	业务金额（万亿元）
2010	6187	70.87	39.82	0.73	1.26	2.99
2011	6321	74.72	41.99	0.81	2.16	3.14
2012	6470	77.23	46.35	0.96	2.14	3.79
2013	6644	81.85	53.43	1.06	2.55	4.50
2014	6726	82.17	62.09	1.14	2.62	4.95

数据来源：中国人民银行相关分支机构统计数据。

2. 推广助农取款服务工作，有效落实国家惠农、支农政策。虽然近年来河北省农村地区银行网点数量不断增长，现代化支付系统也进行了深度延伸，但长期以来受我国城乡二元经济结构制约，广大农村地区金融服务发展依然相对滞后，表现为支付工具匮乏、金融服务推广难等一系列问题。据统计，截至 2014 年末，河北省农村地区平均 1 个银行营业网点要服务近 8300 人,农村地区金融服务的供求矛盾较为突出。随着多项惠农、支农补贴的推出,依托银行卡进行资金发放和划转,便利支取小额现金,已成为当前农村最广泛、最迫切的一项基本金融服务需求。

针对上述情况,河北省以面向农村、创新支付、提升品质、引领市场为导向,全方位、多层次推进农村支付服务环境改善工作。其中,助农取款服务工作成为改善农村支付服务环境的亮点工程。助农取款服务,即金融机构在农村地区选择具有一定现金流量的"农村商户",形成委托代理关系,布放 POS 机或转账电话等支付终端,以转账形式实现非现金与现金的置换,达到便利农村居民余额查询和小额现金取款的目的(见图 8-1)。

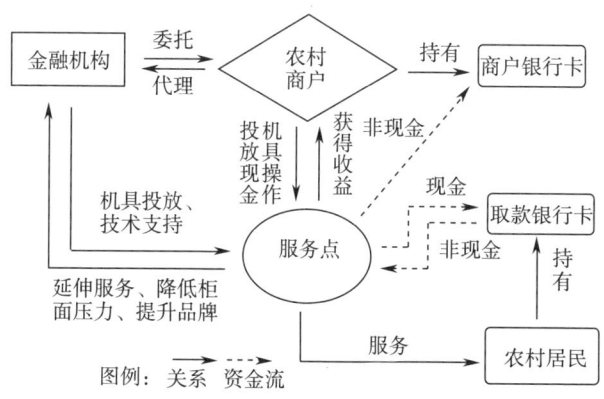

图 8-1 助农取款服务点构成关系及资金置换流程

截至 2014 年底,助农取款服务点基本覆盖了全省农村地区,达到 7.34 万个,覆盖 4.26 万个行政村,占河北省行政村总数的 95.23%。随着具有助农取款服务点的行政村数量的增加,助农取款交易量实现快速增长。2014 年全年共办理助农取款业务 4287.37 万笔、金额 74.42 亿元,较 2011 年增长 63 倍和 80 倍(见表 8-3),有效缓解了农村地区支付结算供求矛盾。

表 8-3　　　　2011~2014 年河北省助农取款业务基本情况

年份	助农取款服务点数量（户）	助农取款服务点覆盖行政村数量（个）	村级行政区覆盖率（%）	业务笔数（万笔）	业务金额（亿元）
2011	5847	5240	11.70	66.63	0.92
2012	50833	35708	79.81	302.17	11.66
2013	57595	40682	90.93	1745.82	32.86
2014	73479	42609	95.23	4287.37	74.42

数据来源：中国人民银行相关分支机构统计数据。

3. 农村金融市场基础设施建设日益完善，银行卡支付下沉乡村。从改善农村金融基础设施建设入手，积极引导各金融机构多措并举，加大对农村地区的资金、设备投入，全力打造农村银行卡支付的"黄金通道"。2010~2014 年，全省农村地区银行卡受理基础设施快速增长，ATM、POS 机及银行卡受理特约商户分别由 2010 年的 3570 台、85672 台及 34760 户增长到 10969 台、209599 台及 175362 户，分别增长 207%、145% 及 404%，基本搭建起以银行卡受理市场为主体的现代农村金融市场服务体系。截至 2015 年 6 月底，河北省农村地区所有 POS 机均开通跨行支付业务功能，有效提升了农村金融支付服务效率和水平。

银行卡受理市场基础设施的日益完善，直接盘活了河北省农村地区银行卡交易，对于促进农村地区无纸化交易具有重要作用。据统计，2010~2014 年，河北省农村地区人均银行卡持卡量由 0.58 张上升至 1.58 张，农村地区银行卡存量由 3358 万张增长到 8847 万张，分别增长了 172% 和 163%；银行卡交易业务量，由 2010 年的 70.94 亿笔、2.55 万亿元，增长到 2014 年的 187.47 亿笔、7.43 万亿元，增幅分别为 156% 和 93%（见表 8-4）。

表8-4　　2010~2014年河北省农村地区金融市场基础设施基本情况

年份	银行卡受理基础设施			银行卡存量（万张）	人均持卡量（张/人）	银行卡交易业务总量	
	ATM（台）	POS机（台）	特约商户（户）			业务笔数（亿笔）	业务金额（万亿元）
2010	3570	85672	34760	3357.84	0.58	70.94	2.55
2011	4796	118035	57988	4790.95	0.82	89.81	3.45
2012	6557	175186	106182	6281.71	1.08	118.44	4.36
2013	8100	188854	141148	7309.45	1.30	170.42	6.03
2014	10969	209599	175362	8846.98	1.58	187.47	7.43

数据来源：《河北省农村支付服务环境改善工作业务数据统计表（2010~2014年）》。

4. 村镇银行在河北省得到一定程度发展。自2006年在湖北、四川、吉林等6个省试点筹建村镇银行以来，村镇银行以其门槛低[①]、定位"三农"、服务"三农"为特点，在农村地区得到一定发展。截至2013年末，河北省共设立45家村镇银行，其中14家为本地银行发起设立，其余31家为省外银行发起设立。45家村镇银行共设立了62个营业网点，注册资本合计16.9亿元，从业人员1260人。截至2013年末，共吸收各类存款93.47亿元，发放贷款59.55亿元，其中涉农贷款比例达到92%，2013年共实现盈利1.3亿元。村镇银行的快速发展对于打破农村地区金融市场垄断，促进市场竞争，提高农村地区银行业金融市场服务水平，满足农民贷款需求具有重要意义。

5. 农村地区保险业金融市场进一步拓展。农村地区保险业金融市场涉农险种主要包括种植业保险、养殖业保险及森林保险。本书以河北省某保险公司为例，对河北省农村地区涉农保险业务量进行了调研。结果显示：近年来，在河北省各级财政的大力支持下，农村地区保险业市场得到进一步拓展，涉农保险总业务量较以前年度有了一定增长（见表8-5）。

---

① 在县（市）设立的村镇银行，其注册资本不得低于人民币300万元；在乡（镇）设立的村镇银行，其注册资本不得低于人民币100万元。

表8-5　2012~2014年河北省某保险公司涉农保险保费金额列表

年份	种植业保险保费金额（万元）	养殖业保险保费金额（万元）	森林保险保费金额（万元）	合计（万元）
2012	80152	23482	260	103894
2013	92181	36618	4075	132874
2014	91055	44626	4639	140320

二、推进金融市场区域协调的政策建议

（一）打破行政壁垒和体制分割，落实好中央顶层设计和规划

行政壁垒和体制分割是造成京津冀发展缺乏协同性的重要根源，打破行政壁垒和体制分割是实现京津冀协同发展的必经之路。党的十八届三中全会提出，要紧紧围绕使市场在资源配置中起决定性作用深化经济体制改革，而建设统一开放、竞争有序的市场体系，是经济体制改革的基础。对于包括金融市场在内的要素市场而言，只有破除行政壁垒和体制分割，才能实现更高层次、更大范围内的资源流动，提升配置效率，缩小区域差距，实现地区发展协同。

《京津冀协同发展规划纲要》提出，推动京津冀协同发展要遵循五条基本原则，包括：改革引领，创新驱动；优势互补，一体发展；市场主导，政府引导；整体规划，分步实施；统筹推进，试点示范。其中，特别提到，要加快完善市场机制，充分发挥市场在资源配置中的决定性作用，有序推动北京非首都功能疏解，促进生产要素在更大范围内有序流动和优化配置。要加大简政放权力度，切实转变政府职能，更好发挥统筹协调、规划引导和政策保障作用。这对于京津冀金融市场的协同发展起到了指引作用，应依此制定促进京津冀金融市场协同发展的具体规划，更有针对性地促进京津冀金融市场的协同发展。下一步，京津冀应落实

好《纲要》的有关要求，着力在探索破除阻碍一体化市场建设的行政壁垒和体制分割上下工夫。

（二）加快建设统一开放、多层次、多元化的投融资市场体系

应加快建设京津冀统一开放、多层次、多元化的投融资市场体系，包括：通过构建和强化投融资平台，完善公共政策的导向机制；通过促进各类交易中心发展，形成优化资源配置的市场机制；通过积极参与多层次资本市场建设，促进企业形成良性发展的长效机制。

1. 积极利用主板市场、债券市场支持企业发展。整合资源，建立促进企业上市的联动机制和综合服务平台，支持各类企业利用国内主板市场进行直接融资，推动上市公司通过增发、配股等方式进行再融资。加大企业债券、公司债券发行力度，积极研究企业债券、公司债券发行的新途径、新方式。继续推进中小高新技术企业、文化创意企业集合发债工作，创新中小企业共同利用资本市场的途径。

2. 积极利用创业板市场支持中小企业发展。充分发挥政府部门和保荐机构的作用，加强对拟在创业板上市企业的储备、改制和上市辅导工作，推动一批自主创新型、成长型，特别是拥有自主知识产权的中小企业在创业板上市。

3. 积极推动产业投资、创业投资等股权投资市场发展。发展产业投资基金，推动设立并购重组基金和节能减排基金。创新政府资金使用方式，设立创业投资引导基金，推动完善创业投资服务支持体系。落实好国家对创业投资企业的税收优惠政策，支持多种形式创业投资机构的设立和发展，做好创业投资企业备案管理工作。研究支持股权投资机构发展的政策措施，鼓励各类股权投资基金的设立，支持股权投资基金管理机构的发展，促进股权投资市场健康发展。

(三) 承接北京金融机构辅助功能，吸引优质资源

应该坚持实事求是的原则，准确定位三省市金融市场功能，促进生产要素在三省市范围内有序流动，统筹三省市金融产业链条布局。

1. 出台优惠政策，鼓励北京地区各大法人金融机构辅助部门迁至河北，侧面培育金融市场发展。北京在金融机构数量上具有不可比拟的优势，而河北拥有丰富的人力资源，且成本较低。北京可以集聚各大金融机构的核心部门以及产品研发中心等高科技部门，将金融机构产品推广部门、电子银行、数据中心、呼叫中心、客服中心等劳动力密集的后台服务功能迁至河北。例如，银行业金融机构或保险业金融机构借助北京优质人力资源优势，完成产品研发，再通过河北的客服中心进行市场推广，实现金融产业链条的有序结合。此外，一般而言，诸如呼叫中心、客服中心之类的金融机构辅助部门，人员需求量大、待遇低于核心部门及产品研发等高科技部门，且缺乏相应的上升空间，导致该类部门人员流动性较大。将这些部门有序迁至河北省劳动力成本、生活成本相对较低的地区，可以在稳定人员队伍、避免人员过度流失方面起到一定作用。

2. 从河北自身出发，优化河北省金融人才发展环境，吸引北京、天津优质人力资源。政府部门要完善金融机构优质人才激励机制，加强政策引导，研究吸引发达地区金融人才的政策措施，促进优秀人才在河北发展。搭建金融人才服务平台，设立金融人才服务中心，为金融人才在河北省的聚集和发展提供良好的就业、创业、培训、生活等全方位服务。完善金融高端人才、金融急需人才的培育机制，健全河北省金融人才资源开发与管理体制，通过建立与北京、上海等金融发达地区的人才交流机制，特别是年轻、骨干型人才交流机制，学习先进地区金融理论，加强河北省金融人才队伍建设，为进一步开拓河北地区金融市场发展储备后备人才。

第八章　金融协同支持京津冀区域经济发展路径——金融市场的区域协调

(四) 培育和发展农村金融市场

1. 改革现有金融机构,引进京津地区金融机构,设立新型金融组织,促进河北省农村金融市场多元化发展。首先,要对河北省农村地区现有银行业金融机构网点进行改革。农村信用社、农业银行和邮政储蓄银行等涉农金融机构要充分利用其网点设置、客户群体培养、社会认知度等方面的优势,继续发挥在农村金融服务环境建设中的主力军作用。真正实现为"三农"服务,提高涉农贷款占比,扎根农村、唯农是举、为"三农"输血。其次,充分借助河北省在地理上毗邻京津的优势,借助政府及相关监管部门出台的优惠政策,切实采取措施,鼓励京津地区银行、证券、保险法人机构在河北设立分支机构。特别是在农村地区设立分支机构,服务河北,辐射农村,带动河北省农村地区金融市场发展。此外,要实现农村金融体系多元化发展,仅凭目前单一的农村金融模式已很难适应需求,还需要引入新型金融机构,鼓励其他金融机构积极顺应城乡一体化趋势,履行社会责任,参与农村金融市场环境建设。允许多种形式的金融机构在农村市场同时存在和发展,实现充分竞争,以满足农村地区经济金融发展的客观需要。在未来的农村金融市场中,除传统的农村信用社、农业银行和邮政储蓄银行外,还应该有股份制的农村合作银行、国有商业银行的分支机构、股份制商业银行以及外资和合资银行的分支机构。鼓励北京、天津地区法人银行机构在河北省农村地区设立村镇银行;鼓励外省银行卡收单机构在完成业务备案的前提下,在河北省农村地区开展银行卡收单业务。在农村地区保险市场和证券市场配套基础设施建设方面,要大力发展农村保险机构、农村证券经纪业、农村信托租赁业等,鼓励各类金融机构利用自身业务特性,相互合作,开发适合农村金融市场需求的产品和服务。总之,要在兼顾各农村地区金融需求及现实条件的前提下,建立多层次的金融机构网络,提供多样化的金融服务,实现农村地区金融市场多元化发展。

2. 建立各级政府财政补偿机制，扭转农村金融服务供给成本与收益倒挂，实现已有金融市场基础设施的普及应用，促进河北省农村金融市场均衡发展。首先，应改进农村地区金融机构网点收费制度。在充分考虑农民负担与调动银行机构积极性等多种因素的基础上，按照促进可持续发展、适度优惠农民的原则，建议发改委、人民银行、银监会等政府部门对农村地区金融服务价格实行政府指导价，制定统一、低廉的收费标准，引导商业银行建立针对"三农"的灵活收费机制。其次，建立省、地、县三级财政支持体制，将农村地区投放银行卡受理机具等金融基础设施纳入政府财政补贴项目。如给予每部下沉乡村的支付机具以适当的政策性补助，对提供银行卡助农取款服务商户予以税收优惠，协调工信部门对农村地区助农取款服务点通讯费实行优惠等，以降低助农取款服务点运营成本。此外，应对国家级、省级贫困县的涉农金融基础设施运营成本出台更加优惠的扶持政策，从财力、物力等方面给予支持和倾斜，推动全省不同经济水平下的各农村金融市场建设均衡发展。

3. 探索建立助农取款服务可持续发展机制。助农取款服务网点作为农村金融机构的有效补充，对于丰富农村地区金融市场具有重要意义。因此，探索建立助农取款服务可持续发展机制十分必要。首先，要以多种形式深入拓展助农取款服务功能。例如，在具备一定业务量的发达农村，推行取款服务试点收费；在国家级、省级贫困县推行服务点财政补偿机制；在农村成熟社区推行代理缴水、电、燃气费以及跨行转账等增值服务；在条件成熟地区试点开启小额存款、活期转定期等基础金融服务，切实满足农民多元化支付需求。其次，要根据全省农村不同地区经济发展状况，实行助农取款额度浮动制度，以单卡单笔 2000 元、单日 5000 元为取款上限，具体取款额度由收单银行和签约商户在上限范围内协商确定。此外，在助农取款风险防范方面，要采取措施，筑牢安全底线，包括增加防窥键盘、配备保险柜、验钞机等防护设备，争取将助农取款服务点纳入当地公安机关监控网络等，有效防范抢劫、盗窃、诈骗、

第八章　金融协同支持京津冀区域经济发展路径——金融市场的区域协调

假币等事件发生。同时，建立保险赔偿机制，为商户购买盗抢险，切实保障交易安全。银行要加强对助农取款服务点的日常监控，采用定期巡查、全面清查、不定时抽查相结合的方式对助农服务点业务进行检查，防范业务风险。全面梳理助农取款业务操作流程，提高可操作性，加强业务培训，促进业务规范快速发展。

4. 加速农村地区网络通讯建设，积极推广网上银行、手机银行、电话保险等方式，弥补农村地区各类金融网点数量不足的缺陷，合力推进农村地区金融市场发展。首先，相关部门要组织移动运营商加快农村地区通讯网络建设，使得农村地区共享互联网时代改革发展的成果，各涉农金融机构要充分利用线上业务快捷、便利的业务特点，发挥农村金融市场线上业务在推动农村金融普惠方面的独特优势。移动运营商与涉农金融机构、银行卡清算机构、支付机构等有关各方合作，因地制宜推动线上金融业务在农村地区的推广应用。研究开发贴近农村、农民的金融产品，加强特约商户实名制管理及资金结算管理，加强客户身份识别，保障线上金融业务交易的信息安全。积极推广适应农资企业、种养殖大户、农副产品收购企业发展需求的新兴电子支付方式，研究开发成本相对低廉、操作较简单、安全性能较好的新兴电子金融产品。

5. 加强部门协调，打通涉农资金通道。首先，政府部门应加强协调，将专项惠农补贴资金、新型农村和城镇居民社会养老保险金账户开立向银行卡助农取款服务开拓力度大的涉农银行机构倾斜，充分调动银行机构在农村金融市场发展中的积极性，打通政府发放支农惠农补贴的通道。其次，协调发改委、人民银行、银监会等部门联合降低或免除农村地区跨行转账、取款费率，减轻农民取款成本，合力推动农村地区银行卡受理机具联网通用，改善银行卡受理市场环境，有效提高机具使用效率，实现金融基础设施的充分利用和共享。

6. 深化农村金融知识宣传培训工作，培育农村金融市场，提升农民认知度。首先，各涉农金融机构应以实体营业网点为基地，加大日常宣传工作力度,鼓励有条件的地方组织现场体验式宣传。其次,银行业金融机构、清算机构、支付机构等各类金融市场服务主体要充分借助多样化宣传渠道,积极探索新型宣传网络,不断创新宣传方式。适时开展阶段性工作成效展示,引导新闻媒体客观全面宣传报道。此外,发挥助农取款服务点面向群众、扎根乡村的特点,依托服务点开展综合金融知识宣传。加强对服务点、柜台等业务具体经办人员的支付业务知识培训,使其全面掌握并熟练操作所使用或代理的各类金融产品,不断提升其向农民进行宣传的公益服务意识和能力。

三、小结

通过金融资源在京津冀三地之间更大范围、更高层次的优化配置,实现金融市场的功能定位和协同发展对促进区域协同发展具有重要意义。要以《京津冀协同发展规划纲要》的精神为指引,进一步做好金融市场发展的顶层设计,将更完善的金融市场体系辐射到河北,将天津"金融创新运营示范区"的相关创新性产品应用到河北,促进金融人才在京津冀三地之间的自由流动。河北省农村发展滞后,但潜力和发展空间巨大,随着《关于开展农村承包土地经营权和农民住房财产权抵押贷款试点的指导意见》的出台,农村金融市场发展将迎来新的历史机遇,京津要依托金融发展优势,有针对性地服务农村金融市场,促进京津冀协同发展。

第九章　金融协同支持京津冀区域经济发展路径
——金融生态环境的区域建设

第一节　区域金融生态环境建设的重要意义

一、国内外研究情况综述

（一）国外研究情况综述

英国生态学家泰斯勒（1935）最早提出了生态系统的概念，认为生态系统是指在一定时间和空间内，由生物群落与其赖以生存的环境共同构成的动态平衡系统，系统内各元素依靠能量流转和营养循环相互联系。运用生态学的方法和研究成果分析区域金融发展问题，可以发现金融系统与生态系统之间存在很多相似特征。由于区域金融系统具有内在逻辑安排、发展规律等群体生态学特征，因此可以把在经济活动中逐渐形成的具有鲜明结构特征和功能特点的区域"秩序结构"称为区域金融生态。许多学者从不同角度分析了区域金融生态环境对金融运行和经济发展的作用。

Coase (1990) 指出金融生态环境建设的意义在于解决市场失灵并避免政府失灵，必须以制度建设为核心，依靠政府政策和法律制度调整来实现。Allen Franklin，Qian Jun 和 Qian Yaron 等 (1997) 认为政策环境、法律和监管体系、市场失灵、信息不完全、交流的局限性以及政府干预效力都是影响区域金融环境和金融运行效率的因素。Schrieder 和 Heidhues (1997) 提出，创建一个有效的监督结构制度对于改善农村金融机构微观运营大有裨益。Ross Levine (1998) 通过实证研究证明了法律环境是金融生态环境的重要组成部分，法律制度和外部环境的改善对金融运行效率和经济发展产生积极作用。M. M. G. Fase 和 R. C. N. Abma (2003) 运用东南亚国家25年的经济金融运行数据进行实证研究，结果表明政策因素作为金融环境的重要组成部分，对经济发展有促进作用。Chandan Chakraborty 和 Glenville Rawlims (2004) 从金融资源流动的角度证明了政策因素对金融的影响。Demirguc – Kunt 和 Levine (2004) 研究发现，不稳定的宏观经济运行、地方保护主义政策、金融市场垄断力及政治法律约束等不良的金融生态环境要素阻碍了金融运行效率的提高。Meijun (2005) 对中国在法律制度和金融系统不健全的情况下经济高速增长的事实进行了分析，阐述了法律、金融、经济三者之间的关系，证明了金融生态环境的重要性。

(二) 国内研究情况综述

乔海曙 (1999) 首次将金融纳入到生态学研究框架中，认为生态金融的核心是将自然资源存量或人类经济活动造成的自然资源损耗和环境损失，通过评估测算的方法，用环境价值量或经济价值量进行计量，并运用于金融资源配置、金融活动评价领域。

金融生态概念提出后，国内学术界的相关理论研究也迅速发展。在理论研究方面，白钦先 (2001) 认为，金融资源开发和利用的过程是社会经济扩大资源基数、提高资源利用效率的重要组成部分。梅新 (2002)

第九章 金融协同支持京津冀区域经济发展路径——金融生态环境的区域建设

指出,金融生态包括物质以及非物质性因素,其中构成非物质性因素最主要的是金融文化。央行行长周小川(2004)认为,法律方面的问题直接影响我国的金融生态环境。在今后的金融改革过程中,要完善与金融相关的立法,特别是《破产法》和与贷款欺诈相关的法律。而易宪容(2004)将金融生态扩展到包括个人社会活动参与程度、知识产权保护等更广泛的领域。

高新才(2004)认为应从调整宏观经济结构、提升政府行政能力、培育诚信资本三个层面营造良好的金融生态环境。

徐诺金(2005)认为金融生态是各个金融组织在长期的相互作用过程中,为了自身的生存和发展,与所处环境及内部组织之间通过分工、合作形成的具有一定结构特征、发挥一定作用的动态平衡系统。而李扬(2005)提出,金融生态环境指金融运行过程中的金融产品和消费群体以及外部经济环境,包括法制、地方金融发展、中介服务、社会保障体系、当地的诚信文化及其公共服务水平、经济发展水平等。

在实证研究方面,李扬、刘煜辉等(2005)构建了一套对城市金融生态环境进行综合评价的指标体系,归纳出9个影响城市金融生态环境的要素,分析其对金融生态的影响程度。

徐小林(2005)以经济资本回报率、与利润相关的指标和与经济资本相关的指标为参考变量,对金融生态环境进行指标评价。

中国人民银行广州分行课题组(2006)从定性和定量两个角度重构了金融生态指标体系,其中定性指标包括决定金融生态发展演变的金融生态主体、金融生态环境、金融生态调节结构;而定量指标包括反映金融生态状态的若干因素。通过因子分析法提取出关键两类指标中的关键因子,形成综合评价指数。

段福印,李方(2011)通过构建城市金融生态评价指标体系,对上海、北京、深圳金融生态情况进行了比较,提出改善上海金融生态环境的政策建议。

二、重要概念界定

在本书的研究中，将生态环境概念引入金融领域，与金融发展相结合，形成了金融生态环境的重要概念。其是指各类金融主体与外部金融环境之间互相作用、互相影响形成的动态平衡系统。广义上的金融生态环境主要指金融运行的外部环境，包含政治、经济、文化、地理、人口等一切与金融业相关的社会、自然因素总和。狭义上的金融生态环境是指包括会计与审计准则、行政管理体制、法律制度环境、社会诚信状况、中介服务体系、企业发展状况等方面的微观层面的金融环境。从地域范围来看，金融生态环境可以分为区域金融生态环境和国家金融生态环境。区域金融生态环境指某一地域范围内金融运行过程中所涉及的所有影响因素，以狭义的金融生态环境因素为主。国家金融生态环境指在一个国家范围内金融运行所涉及的所有影响因素。区域金融生态环境是国家金融生态环境的微观组成部分，其建设发展情况是整个国家金融生态环境建设的基础。

三、金融生态环境的构成要素

我们选取政策环境、法制环境、制度环境、信用环境、金融基础设施等要素考察区域金融生态环境。

良好的政策环境是金融生态的重要组成部分。其本质是一种高效率、低成本、对金融系统参与主体具有良好激励约束的制度安排。需要政府出台相应的政策设定、引导和支持。

健全的法制和制度环境是金融得以健康运行的前提条件。一方面，完善的法律和制度对企业、家庭和个人的行为产生约束，避免了逆向选择和道德风险的发生。另一方面，金融机构会在法律和制度的合理框架

第九章　金融协同支持京津冀区域经济发展路径——金融生态环境的区域建设

内追求自身利益最大化，而不是盲目冒进。

优化的信用环境是金融体系赖以生存的基础环境。金融体系之所以可以优化资金配置、提供金融服务，主要是利用自身的优势获取信息，并通过有效的市场将资金投放到经济发展最需要的地方，从而促进经济良性发展。较差的信用环境和市场环境会提高金融体系的信息调研成本和资金转移成本，弱化了金融体系功能的发挥。

金融基础设施建设是金融体系正常运转的条件保障。完善的金融基础设施配套建设可以满足区域内经济社会发展对金融的需求。改善支付机具、结算工具、互联互通网络、金融机构与企业的对接平台等，都是当前金融基础设施建设的主要任务。

四、区域金融生态环境建设的重要意义

（一）优化金融生态环境可提升金融竞争力

金融业的健康发展与良好的金融生态环境密不可分，二者是唇齿相依的有机整体。金融生态环境对金融系统积累社会资本、降低信息成本、提高交易效率、分散经营风险起到至关重要的作用。良好的区域金融生态环境将有效缓解区域金融市场的信息不对称，从而扩大金融市场的交易规模，促进区域金融的融合和发展；而恶劣的金融生态环境将降低市场效率，导致区域金融市场萎缩或畸形发展。例如，对银行业金融机构而言，在完善的法制、制度以及信用环境下，能够高效准确地评价客户信用状况，最大程度地解决银行及客户之间信息不对称问题，减小逆向选择风险，使得信贷资金的分配和使用趋于科学合理，从而保障银企双方的利益。从区域看，金融生态环境的改善也将吸引更多治理完善、业务精通的金融机构入驻，充实区域金融市场，提升行业竞争力，实现经济金融的可持续发展。

(二) 优化金融生态环境可聚集金融资源

优化金融生态环境可以影响金融资源在区域间的流动。经济金融法制健全、政府治理水平高、社会信用环境好的区域,能够为金融资源的注入提供更好的政策环境和法律保障,保证金融资源效率得到最优体现,因此,该区域对优质金融资源具有很强的吸引力。例如,银行业金融机构会根据不同区域经济发展水平、行政干预和司法公正程度以及诚信建设等情况,决定授信额度和贷款政策,这就形成了金融资源在不同区域间的分布。大量金融资源在金融生态环境良好的区域内集聚,可以满足企业融资需求,拉动区域内企业进一步做大做强,在加强基础设施建设、促进公共事业发展等方面也起到积极作用。而这些又将为更多金融资源流入提供基础和保证,良性循环的发展模式将不断强化区域的金融资源集聚功能,极大地促进了金融核心作用的有效发挥和金融业整体发展。

(三) 优化金融生态环境可形成良好金融秩序

优化区域金融生态环境有助于形成良好的金融秩序。对于金融市场主体而言,从长远看,良好的金融生态环境能够逐渐形成一种内在的无形机制,使得货币流动、智力循环和信息传递更加顺畅、高效,为金融机构降低交易成本,避免无谓损耗。对于金融市场监管部门而言,良好的金融秩序一旦形成,各类金融机构行为都将符合规则,市场机制发挥基础性作用,监管部门可以从繁琐的细节监管中解脱出来,集中人力、物力、财力致力于金融市场系统性风险的管理,为区域金融市场的稳定保驾护航。

第九章　金融协同支持京津冀区域经济发展路径——金融生态环境的区域建设

第二节　京津冀区域金融生态环境建设现状

一、京津冀三地金融生态环境建设现状

（一）北京市金融生态环境建设情况

北京市作为全国政治文化中心、经济决策中心、信息科技中心，在金融生态环境建设方面拥有其他城市或地区难以比拟的优势。金融支持政策接连出台，法律法规不断完善，信用环境创建率先启动，金融基础设施建设日益完善，金融消费者权益保护提上日程。2008~2009年，中国社会科学院中国地区金融生态环境评价课题组对全国30个省份（地区）进行了金融生态环境评价，北京综合排名第三，位列京津冀之首。

1. 政策环境。2002年初，北京明确提出发展金融业，十多年来，相继出台多项政策措施支持金融业发展。其中，2006年《北京市"十一五"时期金融业发展规划》提出，继续加快金融功能区建设，规划金融产业后台服务园区。2008年《关于促进首都金融业发展的意见》，正式定位"北京是国家金融决策中心、金融管理中心、金融信息中心和金融服务中心"，明确要求"通过建立全方位的政策支持体系、多层次的金融市场体系、多样化的金融组织体系、立体化的金融服务体系，不断提升首都金融业的创新力、凝聚力、贡献力和辐射力"，同时提出，深化"一主一副三新四后台"的总体布局，加强金融市场建设，改善金融发展环境，维护首都金融市场安全稳健运行，为北京市金融业的快速发展奠定基础。

2. 法制环境。北京市十分重视营造金融运行的法制环境，除了严格执行国家的有关法律、法规外，还结合经济金融发展实际，制定并实施了一系列地方性法规和部门规章，为金融主体权益的保护提供了保障。中国人民银行2012年7月成立金融消费权益保护局。2013年《中国人民银行金融消费权益保护工作管理办法（试行）》出台，明确了金融消费者权益保护工作的标准、程序、内容，为金融消费者权益保护方面的法律出台提供了有益借鉴。

3. 信用环境。北京市是全国金融信用环境建设起步较早、发展较为完善的城市之一。2001年，北京市政府在中关村科技园区开展企业信用制度建设试点。2006～2007年，制定出台了《北京市个人信用体系建设方案》、《北京市社会信用体系建设方案》、《企业和个人信用信息目录》。2010年，北京市金融工作局联合7部门发布《关于印发〈推动本市信用销售健康发展实施意见〉的通知》，推进企业和个人专用信用报告在非金融领域的使用，促进信用信息的社会共享，鼓励商业银行创新融资方式，向企业提供融资、保险、担保、结算等服务，对完善北京市社会信用体系产生积极影响。近年来，以中国人民银行为首的相关部门每年开展金融安全、农村支付环境建设、诚信行商等宣传活动，严厉打击制售假币、洗钱、非法集资以及外汇违法违规行为，有力维护了金融市场秩序，营造重信践诺的金融环境。

4. 金融基础设施建设。近年来，北京市不断加强金融基础设施建设。2008年，北京市相关部门在全国率先构建了"十农"金融服务体系，截至2012年底，"十农"服务体系中的"村村通"工程试点取得突破，先后在怀柔区和门头沟区的农村地区安装了金融自助服务终端，为农户提供小额取款、汇总、结算、缴纳公共费用、银行卡等基本金融服务，在195个行政村放置了金融服务机具，为农村办了实事。2012年，中国人民银行北京营业管理部稳步推进银行卡助农取款服务和农村地区手机支付试点，改善了农村金融支付环境。《关于中关村国家自主创新示范区建

第九章 金融协同支持京津冀区域经济发展路径——金融生态环境的区域建设

设国家科技金融创新中心的意见》的出台,确立了建立国家科技金融创新中心的目标、任务和体制机制安排。三年来,科技金融创新项目不断取得新进展:科技金融服务平台、国家科技金融功能区、科技信用信息平台等建设项目纷纷投入运行,为金融机构和各类企业的对接搭建了新平台。

(二)天津市金融生态环境建设情况

天津市作为京津冀区域和环渤海经济圈的核心城市,具有独特的政治、经济和文化区位优势。滨海新区日新月异的发展,带动天津市进入了一个崭新的阶段,形成了相互配合、多方参与、共同营造的良好金融发展环境。在2008~2009年中国地区金融生态环境综合评分中,天津排名第五位,落后于北京,领先河北。

1. 政策环境。2006年,国务院批准天津滨海新区为全国综合配套改革试验区。2007年,党的十七大提出将天津滨海新区开发开放纳入国家总体发展战略布局,为天津金融业发展提供了难能可贵的历史性机遇。2008年,国务院要求天津"推进金融改革创新,创建与社会主义市场经济体制相适应的现代金融服务体系"。"十一五"发展规划进一步明确,天津市要不断改善金融生态环境,逐步建立和完善现代金融服务体系,发展成为金融安全区。《天津市金融业发展"十二五"规划》指出了天津未来5年的金融业发展目标,将成为市场交易中心、金融机构集聚中心、金融服务及金融外包中心。与此相适应,天津市进一步强化政府部门职责,加强金融监管力度,充分发挥金融行业协会的积极作用,调动金融机构及相关企业协调合作的积极性,逐步形成了政府部门组织协调、职能部门注重监管、金融机构竞相发展、行业组织自律服务的良好局面。

2. 法制环境。自2009年以来,天津市陆续制定出台了多项地方性法规和部门规章。例如《天津市中小企业融资指南》、《天津市融资性担保公司管理暂行办法》、《天津市小额贷款公司审批监管暂行细则》、《天津市交易所监督管理办法（试行）》、《天津市小额贷款公司融资性担保机构非现场监管工作指引》等，为天津市金融业发展营造了积极良好的法律环境。

3. 信用环境。2008年，天津市重点推进了信用服务机构的建立，市政府与东方资产管理公司签署合作框架协议，按照"政府引导、市场化运作"的原则，组建专业的信用服务机构，成为进一步整合信用信息、推广研发信用产品、研究相应信用制度和法规的主体。2012年，天津滨海新区中小企业信用体系试验区初步建成，形成了包括中小企业政策环境扶持、融资平台对接、信用担保评级增信、金融资源支持、信用激励机制在内的中小企业信用体系框架。2013年，天津市首批20家融资性担保公司和小额贷款公司被批准接入国家金融信用信息基础数据库（征信系统），106家融资性担保公司参与了信用评级，评级结果作为监管部门差别化管理、与金融机构开展合作的重要参考。

4. 金融基础设施建设。2012年，天津市金融支付工具应用更加广泛，非现金支付工具快速发展，网上支付、移动支付、电话支付、电子票据等多种新兴支付工具的消费者认可度普遍提高。在全国率先推出"津通卡"、社保金融IC卡，实现银行卡与交通、医疗、公用实业缴费领域的有效结合，实现"一卡多用，一功多效"。推出"医达通"项目，极大缓解了公众挂号、缴费排队难的问题。2013年，天津市启动建设"农村金融服务站"项目，由银行提供农村金融自助服务终端和相关技术，村委会聘用专人进行管理，在固定场所为农民提供小额金融业务。全年累计建设此类金融服务站800余个，填补了农村金融服务空白，为农民享受现代化金融服务提供了切实便利。

（三）河北省金融生态环境建设情况

近年来，河北省金融生态环境在相关部门的大力推动下，有了长足发展，社会信用体系建设取得实效，信用环境得到明显改善，但与北京

第九章　金融协同支持京津冀区域经济发展路径——金融生态环境的区域建设

市和天津市相比，河北省金融业发展相对缓慢，政策环境与京津有较大差距，法律制度有待完善。

1. 政策环境。为加快金融业发展，河北省积极优化政府职能。2009年，河北省金融工作办公室正式成立，职能是加强与金融机构的沟通协调，加强对金融机构和金融市场的监督管理，加快金融行业信用体系建设，处置化解金融风险，为金融行业健康快速发展营造良好的社会环境。中国人民银行在河北省的分支机构也发挥了货币政策工具职能和窗口指导作用，在引导金融机构优化信贷结构，加强与金融监管部门沟通配合，提升征信业管理水平，推动建立和谐银企关系等方面起到了积极作用。

河北省政策环境得到改善。2014年，为加快推进河北省金融改革发展，优化金融发展环境，河北省政府出台了《关于加快金融改革发展的实施意见》，在发挥金融支撑作用、发展各类金融组织、加快金融创新和推动金融对外交流合作四个方面部署了具体工作任务。尤其是在推进多种方式融资、大力发展普惠金融、发展壮大地方金融机构和民营金融机构、培育区域股权交易市场、发展互联网金融、做好京津冀协同发展的金融服务等问题上，明确了各负责部门的职责和任务，为打造河北现代金融服务体系，全面提升金融服务实体经济的能力和水平奠定了政策基础。《关于建立健全地方金融监督管理体制的实施意见》随即出台，明确提出要"推动地方金融工作职能由服务协调为主，加快向服务和监管并重转变，形成统一归口管理的地方金融监管工作体系，实现地方金融监管全覆盖"。同时，进一步明确划分省政府、各省直有关部门、地市及以下各级政府以及中央金融监管部门驻冀机构的监管职责，并在完善监管体制、强化监管举措方面提出要求。

2. 信用环境。近年来，河北省社会信用体系建设深入开展，信用环境得到明显改善。2009年，中国人民银行石家庄中心支行牵头开展河北省社会信用体系建设，联合20个政府相关部门成立了河北省社会信用体系建设领导小组。2013年初，领导小组成员单位由原来的20个扩充到33

个，改由人民银行和发改委双牵头，各部门加快本行业信用体系建设，取得了不同程度的进展。2015年初，《河北省社会信用体系建设规划（2014~2020）》由省政府正式发布，分阶段设定了建设的总体目标，提出了围绕政务诚信、商务诚信、社会诚信和司法公信四大重点领域开展信用体系建设，为今后一个时期河北信用体系建设工作指明了方向。

河北省各地以试验区建设为抓手，推进地方信用体系建设进程。2010年5月，张家口市政府与中国人民银行石家庄中心支行签署了《关于推进张家口市社会信用体系建设的战略合作协议》，12月试验区建设正式启动。张家口市小微企业试验区通过建立"企业信用信息数据库"、"张家口市企业信用信息网"以及"银企网上融资对接平台"，竭力为企业和银行消除信息不对称，助力小微企业融资服务。截至2014年末，已为2965户企业获得银行贷款292亿元。

廊坊市小微企业试验区通过建立"金融综合服务系统"充分发挥银企互知、互动、互助的平台效益。截至2014年末，已为2.4万户企业建立了信用档案，整合信息75万多条；金企联合发展网注册会员257家；先后开展了82期综合服务系统培训班，对全市6000多家企业的8000多名财务人员进行了培训；带动中小企业新增贷款179亿元。

同时，河北省推进农村试验区建设活动，要求金融机构对信用农户实行"贷款优先、额度放宽、手续简便、利率优惠"等扶持政策，并运用风险补偿、贴息、税收优惠等手段切实加大对"三农"的支持力度。沧州市肃宁县试验区制定了《涉农金融机构农户信息录入操作规程》，要求涉农金融机构安装农户信用信息采集客户端。截至2014年末，已为6494户农户建立信用信息档案，为5000余户农户完成信用评价，累计为6800余户农户提供贷款15.31亿元。邢台威县试验区是河北省12项重点改革项目之一，正着手建立简明实用的农户信用信息数据库和信用等级评价体系，第一批20个试点村共采集3447户农户的信用信息，第二批160个村的采集工作正在按计划开展。截至2014年末，全年共采集农户

第九章 金融协同支持京津冀区域经济发展路径——金融生态环境的区域建设

信息8000户,对3750户农户进行了信用评价,发放信用等级证书1308户,为500余户农民提供1539万元信贷支持。

近年来,河北省社会信用体系建设领导小组各成员单位开展了多次失信行为专项治理行动,严厉打击违法失信行为。例如省商务厅组织开展的大型零售企业向供应商违规收费清理整顿行动;省法院牵头组织开展的企业、个人失信专项治理行动、反规避执行专项活动;省公安厅开展"天网"、"亮剑"专项行动;省金融办协调有关部门打击逃废金融债务行为;省物价局开展的"市场价格监管年活动"、"市场监管百日行动"等,为净化河北省信用环境起到了积极作用。领导小组办公室组织建立了河北省信用门户网站,作为信用宣传、行政管理政策及相关信息的发布平台,为政府各部门和社会公众提供信息咨询服务,向社会公众普及信用知识,倡导诚实守信理念,展示"诚信河北"建设成果。同时,各成员单位利用多种新闻媒体以及培训、创建等活动广泛开展社会诚信宣传教育,有力促进了各行业、各领域信用意识的提高,营造了诚实守信的社会氛围。

3. 金融基础设施建设。河北省金融基础设施建设不断完善。近几年,中国人民银行石家庄中心支行一直致力于推广金融IC卡的应用,推动省政府出台《关于进一步推进金融IC卡在公共服务领域应用的意见》,制定发布《河北省金融IC卡行业应用项目管理办法》,金融IC卡行业应用服务平台正式上线。同时,组织辖内各市中支、河北银联、商业银行大力拓展金融IC卡在公共交通行业的应用。唐山迁西公交车项目,作为河北省金融IC卡行业应用服务平台首个用户于2014年12月20日成功上线运行,实现了刷金融IC卡乘公交车的目标。石家庄部分出租车、保定部分公交车辆、邯郸停车场、唐山出租车、秦皇岛出租车等金融IC卡应用项目预计2015年6~7月上线运行。2014年,在中国人民银行与国家发改委的共同努力下,将"金融IC卡在公共服务领域应用"纳入京津冀协同发展规划,并就下一步工作提出了设想,即编制区域金融IC卡发展总体规划,分行业、分领域推进金融 IC 卡在公共服务领域应用。

二、京津冀三地金融生态环境建设合作情况

(一)津冀设立渤海股权交易中心

2010 年 8 月,津冀两地在沧州共同设立了天交所渤海股权交易中心,作为天津交易所在河北省的区域平台,被誉为"河北省金融综合大港"。其市场发展定位为天交所华北区域最重要的股权交易中心,将主要承担三大功能:上市企业筛选辅导、股权交易运营和上市企业监督管理。中心投入运营后,可以为河北省成长型企业、中小企业、高新技术企业和私募基金提供快捷、高效、低成本的融资,为河北省非上市公司股权交易提供挂牌交易平台,还将发挥市场孵化筛选功能,为国内沪深两市主板、中小企业板及创业板市场和境外证券交易所输送优质成熟的上市后备企业。

(二)河北与京津签署金融合作协议

2013 年 5 月 20 日和 22 日,河北省与北京市、天津市分别签署了金融合作框架协议。在河北与天津签署的合作框架协议中,明确提出"支持两地金融机构跨区域发展"。其中包括:鼓励天津辖内金融机构在河北组建村镇银行;鼓励河北特色商品在渤海商品交易所挂牌上市;积极发挥天津场外交易市场的作用和功能,为河北省有发展潜质的企业提供融资服务;争取在津冀交汇处建立金融一体化综合改革试验区;鼓励两地风险投资公司和创业投资公司合作建立投资基金,探索科技金融新模式。在河北与北京签署的合作框架协议中提出,在京冀交汇处设立综合改革试验区等。除此之外,河北省金融工作办公室与北京市金融工作局也签署了京冀区域金融合作协议,提出京冀两地要围绕信用体系建设、要素

市场流动、科技金融创新、金融风险防范、金融综合改革试验区建设、金融后台服务基地设立等九个方面开展金融合作。

(三) 京津冀拟设立金融改革综合试验区

在河北与京津两地签署合作框架协议后,三地已基本达成共识,拟在北京大兴、河北廊坊和天津武清三地交界处联合设立金融改革综合试验区。在试验区内推进票据交换同城化,实现金融活动同城化和生活缴费便利化,进一步扩大跨区域投融资新渠道,尝试通过金融改革与创新助推三地实体经济发展。

(四) 京津签署合作协议

2014年8月6日,北京市和天津市签署了《贯彻落实京津冀协同发展重大国家战略推进实施重点工作协议》。协议共涉及9个方面、30个重点领域,京津两市将按照协议内容,在金融产品创新、科技金融发展、基础设施建设、区域要素市场等诸多领域进行互利合作,力争实现经济共赢、协同发展。在金融创新方面,两地将在金融体制创新、金融产品创新、金融服务创新等方面开展务实合作,支持区域经济发展。在加强科技金融合作方面,两地将致力于共同促进科技创新和成果转化。同时,鼓励京津两市金融机构互设分支机构,为两地重点合作项目和跨区域基础设施建设提供广泛金融支持。此外,两地还将共同推动在区域要素市场、投资贸易便利化、征信体系建设、金融信息共享、区域金融风险防范等方面的深入合作。

(五) 京津冀行业协 (商) 会发挥协调作用

2015年3月,北京市金融工作局组织召开了在京金融行业协 (商) 会工作协调会,讨论了如何充分发挥行业协 (商) 会作用,充分发挥市场作用推动在京金融管理部门和金融机构参与并支持京津冀协同发展,以及建立行业协（商）会信息沟通交流机制等有关事项。会议决定由首都金融服务商会牵头，建立各参会协（商）会共同参与的信息交流平台，定期收集、汇总其成员单位在京津冀协同发展中的重点工作及需要协调解决的事项。

第三节 京津冀区域金融生态环境建设的现实问题

一、三地金融生态环境建设缺乏合作基础

（一）缺乏行之有效的区域合作规划

北京市拥有首都优势，金融业发展水平在三地中最高，天津市借助滨海新区综合改革试验区的契机，金融业得到快速发展，而河北由于"虹吸效应"，金融行业发展最为缓慢。三地金融业发展差距过大，而金融合作只局限于两地或三地的某个政府部门之间或行业协会某个具体项目，缺乏高层次、行之有效的区域长期发展规划。目前，《京津冀协同发展规划纲要》已发布，但就区域金融生态环境建设问题，还没有整体方案和规划。尚未建立三地政府沟通协调机制，缺少促进区域金融协同发展的利好政策，缺乏失信市场主体区域联合惩戒措施，对于守信主体跨地区金融活动缺少优惠政策等，造成区域内各城市的盲目发展和综合效率的低下，影响协同发展进程和效果。

（二）行政区划带来的利益博弈影响合作进程

京津冀三地经济发展水平的巨大差异给区域合作带来较大困难。在缺少合作机制的顶层设计情况下，各地政府遇到具体问题时不可避免地

第九章　金融协同支持京津冀区域经济发展路径——金融生态环境的区域建设

会首先考虑本地在合作中获得的利益。这种从地方利益出发的思维方式使金融合作变成了博弈行为，总是希望以最少的合作投入，换来最大的金融资源流入，努力确保自身利益最大化。这种情况在区域政策环境建设、信用体系建设、金融基础设施建设等各个方面都有所体现。若不能打破行政区划限制，必将影响三地在金融生态建设方面的合作进程。此外，在现行的分税制税收体制下，各地基于地方利益的考虑，对附加值、利润率高的行业实行强制保护，以保证地方财源和政绩水平。而对于投资时间长、成本回收慢、税收贡献率较低的金融基础设施及金融后台设施建设，各地政府的参与意愿不高，从而影响三地合作建设的总体规划。

（三）金融行业条块分割的现状影响合作力度

基于行政区划的限制和金融行业纵向管理的现状，区域内各金融企业之间基本处于分割状态，在管理政策、业务方向、资金调拨等方面难以协调统一。以全国性银行业金融机构为例，由于分支机构众多，各分支行所处地区的经济发展水平、地区信用环境、企业经营状况存在很大差异，使得各分支行在管理体制上基本互相独立，信贷投放政策和投放领域各不相同，跨省市合作阻力重重，跨行合作更是难以找到利益均衡点。对于区域性银行而言，受本身管理体制的限制，在不同省市之间调拨资金的难度很大甚至无法操作。这就使得各省市的金融服务都以行政区域为主，难以实现金融资源更大范围的有效配置。

二、金融法制环境存在优化空间

（一）金融法制整体环境有待完善

当前，京津冀区域经济金融发展的法制环境还需进一步优化。金融法律法规不健全，金融监管体系不完善，金融执法行为不规范，地方保护主义尚未消除，司法效率有待提高等问题普遍存在。以河北省为例，河北经济发展相对落后，银行不良贷款较多、企业违约情况较为严重，除地方政府不当的行政干预外，法律法规体系不健全，会计、审计、信息披露等制度不完善，导致一些企业以恶意破产逃避还债。同时，由于信用资料的收集和共享不足，银行在通过借款人信用对贷款风险作出合理评估方面面临很多困难，致使"骗贷"现象屡屡发生。这些都与外部金融生态环境中的法制环境不健全有关。

（二）新兴金融业务的配套法律法规建设相对滞后

以天津滨海新区为例，全国综合配套改革试验区已纳入国家发展战略，其先行先试不断致力于金融创新。例如2008年渤海产业投资基金设立，2013年三只创业投资引导基金相继获批成立，集中投放于高新技术产业和装备制造业，支持实体经济发展。但是，关于产业投资基金的配套法律法规却相对滞后，尚未对产业投资基金的投资、发行、交易、管理和退出进行规范。短期看，产业投资基金的设立及运营为实体经济注入了强大的资金流，促进了高新技术产业迅猛发展。但在长期发展中，势必会遇到各种问题和障碍，如基金的科学高效管理，投资者在基金运营中的权利义务，基金退出机制等，如果没有配套法规加以规范，将难以形成可持续发展的产业链条。

（三）金融机构退出机制缺失

按照市场经济原则，经济主体不适应市场竞争，必然面临着退出市场，对经济资源进行再配置。对于我国来说，金融机构尤其是银行业金融机构，是关系到经济金融命脉的重要市场主体，其经营发展的稳健性和长远性将对区域金融乃至全国金融市场产生重大影响。随着市场经济的不断深入和金融行业的大发展，未来一些金融机构可能会退出市场，而先行的《企业破产法》存在诸多问题，如破产程序尚不完善、调整范

第九章 金融协同支持京津冀区域经济发展路径——金融生态环境的区域建设

围有限、政策性破产扩大化等。这就需要研究出台针对金融机构破产的专门法律法规,有效引导金融资源高效配置,妥善解决破产退出后的债权债务问题,维护金融市场稳定。

(四)金融执法效率有待提高

金融执法效率低下是普遍存在的问题。以河北省为例,近几年,企业逃废债现象有增多趋势,虽然商业银行通过司法渠道赢得官司,判决结果却得不到有效执行。诉讼状况与执法效果相脱节,使得商业银行无法受偿债权,生效并进入执法程序的司法判决无法有效打击企业逃废银行债务的行为。

三、区域金融监管体系有待完善

(一)多头监管和行政区划造成监管效率偏低

目前,我国实行分业监管模式,金融业由中国人民银行、中国银行业监督管理委员会、中国证券监督管理委员会、中国保险监督管理委员会及其派出机构在各自职责范围内实施监督管理。由于各监管部门的监管目标和监管手段不同,对同一金融机构实施监管时,采用的指标体系和参照标准存在差距,可能造成对同一机构的评价结果不同。此外,四家监管部门在行政级别上属于平级,对同时经营银行、证券或保险等业务的金融机构实施监管时,难以确定监管牵头部门。

(二)对金融控股公司的监管困难重重

目前,中信集团、光大集团、平安集团等金融控股公司逐渐增多,这类公司普遍具有集团规模大、业务范围广、法人结构复杂、内部管理层级多等特点。一方面,其下属机构业务范围多涉及银行、证券、保险、信托及其他金融服务，在实际监管中，子公司可能利用母公司规避监管，并通过寻找监管真空地带，选择经营阻力、经营成本最小的组织模式经行运营。另一方面，对于监管部门来说，由于金融控股公司涉猎的业务种类多，容易造成重复监管或监管真空，同时，各监管部门彼此间由于信息交换与共享程度较低，影响监管效果，难以准确掌握金融控股公司的整体风险状况。

（三）监管范围尚未完全覆盖金融创新

金融工具创新已成为区域金融市场发展的主流趋势。但对金融创新的监管却严重滞后。首先，金融工具创新是从无到有的过程，属于新生事物，监管法规和监管体系无法覆盖全部新生金融工具。其次，金融工具创新带来的效益和风险往往需要一段时间以后才能完全体现，无法做到事前预防，这也为监管增加了难度，只能竭力做好事后监测和管理。

四、区域信用环境还需进一步优化

（一）三地信用体系协同发展面临制度化困境

自社会信用体系建设开展以来，由于缺乏国家顶层设计，各地社会信用体系建设标准不统一，三地存在信用领域的制度差异。同时，行政区划造成了"信用分割"，地方利益冲突阻碍了信用资源的自由流动和跨地区合作。因此，亟须建立合理规范的制度框架推进京津冀区域信用一体化进程。

（二）三地建设统一的信用信息平台面临困难

目前，各地信用体系建设不平衡问题十分突出。由于"一省二市"的信用平台建设特点不一、基础不一、阶段不一，在数据库格式、操作模式、监管方式方面各有不同，加之信息共享可能造成多方利益协调分配，在京津冀三地实现信用信息集成和数据共享具有一定困难。

（三）三地信用市场培育和运行亟待规范

目前，京津冀三地信用市场存在征信行业规则不完善、评价不统一、机构发展不均衡等问题。各家信用中介机构尚未形成成熟的监管体制和风险规范机制，对企业的评价结果也因标准不同而有所差异，影响评级结果的跨区域应用。同时信用中介机构发展程度存在明显差异，一体化进程受到一定影响。

五、金融消费者权益保护制度亟待健全

（一）金融消费者权益保护法律法规尚未出台

首先，金融消费者的概念并未在法律上得到明确，金融界对于金融消费者的内涵及外延并未形成共识。2006年，银监会出台的《商业银行金融创新索引》中第一次正式使用"金融消费者"；保监会则使用"保险消费者"；而证券业中，由于证券持有者具有投资性质，行业内仍通用"金融投资者"。其次，目前的金融立法尤其是金融监管方面的立法，多偏重于金融机构经营行为的合规性，如市场准入、业务开展的合规性、资金运用的合法性、高管人员资格管理以及机构内控制度建设等方面，忽视了对金融机构销售行为的监管，更没有对金融消费者给予倾斜性法律保护。最后，缺少金融消费者权益保护的专门法律。银行、保险、证券领域的法律法规及部门规章也有涉及金融消费者保护的零星内容，但内容少，界定模糊，存在保护真空带。2013年《中国人民银行金融消费权益保护工作管理办法（试行）》出台，虽然弥补了立法空白，但受限于部门规章的法律效力以及金融消费者权益保护局的行政地位，无法形成

强有力的保护效果。

（二）金融消费者权益保护机构设置有待完善

"三会"作为银行业、证券业、保险业的主要监管部门，在实际工作中通常面临着保护消费者合法权益和保障金融机构稳健运行的双重监管目标。从近年来的监管实际看，"三会"将监管重点更多放在了金融机构的运营上，优先履行审慎监管的核心职责，对金融消费者权益的保护往往被不同程度的忽视。作为金融行业的主管部门，中国人民银行在2012年专门成立了金融消费权益保护局，但在省会中支及以下部门没有单独的金融消费者保护机构。同时，"一行三会"在各自职责范围内实施金融消费者权益保护工作，而四部门行政级别相同，在缺少集中高效的金融协调机制和专门的金融消费者权益保护法律的现实情况下，监管真空、交叉、重复等现象无法避免。

（三）缺乏有效的异议处理和投诉解决机制

随着金融产品和服务的不断创新，越来越多的普通公众变成了金融消费者。由于金融产品和服务存在程序复杂性、个人差异性、信息不对称等特点，金融纠纷、投诉事件逐渐增多。普通消费者碍于法院诉讼耗时、耗力、费用高、程序繁琐等情况，通常选择到金融机构讨要说法，当问题无法得到满意解决时，部分消费者甚至采用到金融主管部门吵闹等非正常的极端方式。这种状况一方面说明金融消费者权益保护工作缺乏行之有效和广为人知的异议处理与投诉解决机制，另一方面，也会造成金融消费者与金融机构之间信息不对称现象更为严重，引发逆向选择和道德风险，对金融行业的健康长远发展产生负面影响。

第九章　金融协同支持京津冀区域经济发展路径——金融生态环境的区域建设

第四节　推进区域金融生态环境建设的政策建议

建设良好的金融生态是京津冀区域金融合作的重要内容。地方政府在为京津冀金融合作创造"软环境"的过程中，可以从以下方面着手：一是发挥宏观调控职能，转化角色、功能和理念，成立协调组织，发挥引导与沟通的良好作用，制定发展规划，出台激励与优惠政策，提供优质政府服务，为京津冀金融生态环境建设提供制度基础。二是充分发挥各地比较优势，打造北京市金融决策中心、天津金融创新中心，同时给予河北更多政策、资金支持，促进区域金融协同发展。三是建立良好的法制环境，健全和完善各类法律法规，维护金融资产和金融交易安全，促进金融市场健康发展。四是提高区域金融监管效率，创新金融监管模式。五是加快区域信用体系建设，促进政务信息公开，分步骤建设区域征信系统，全面治理交易主体信用缺失问题，培育各类征信机构，壮大征信市场，加强征信宣传，营造诚实守信的良好社会氛围。六是加快金融基础设施一体化建设，推进金融信息化战略。七是加强金融消费者权益保护。

一、优化政府职能，建立三地政府协同发展工作机制

（一）成立京津冀区域金融协同发展领导小组

研究成立由三地政府牵头、政府职能部门和金融管理部门参与的"京津冀区域金融协同发展领导小组"（以下简称"领导小组"）。领导小组的主要职责是：根据区域经济金融运行情况，研究制定区域金融生态环境建设总体规划，出台优化区域金融生态环境建设的政策措施；对三

地政府职能部门和金融管理部门分工负责的工作进行监督、检查；定期召开小组会议，通报工作情况，共享有关信息，反馈工作进度，协调解决遇到的重大问题。领导小组下设办公室，负责日常工作的具体协调和信息的交流反馈。

（二）成立区域金融生态环境建设合作委员会

可参照欧盟的模式，先成立由三地若干主要城市组成的"区域金融生态环境建设合作委员会"，定期举行金融生态建设合作论坛，就重大合作问题进行探讨，对合作项目进行先行先试，为京津冀整个区域的合作建设提供可复制、可推广的实践经验。根据合作建设的进程，可以将委员会的范围扩大到整个京津冀区域，发展为高端合作论坛，就区域金融生态环境建设的长远合作进行研讨。

（三）建立三地协作交流机制

随着协同发展进程的不断推进，京津冀应不断促进区域金融生态流动，尤其是要健全高层次人才、高技能人才、紧缺型人才的引进机制，推进三地统一开放的人才资源市场建设。同时，京津冀三地应在区域金融生态环境建设的政策和标准、规划基础资料和成果、专家和技术人才等方面，建立统一的信息库，实现资源和信息共享，为动态掌握区域生态环境建设情况、各地建设差异、统筹解决区域金融生态环境建设重大问题提供技术支撑。关于协作交流机制的组织形式，一方面，可以采取协会组织的方式，通过建立各种类型、各个专业的跨区域协会组织，定期开展广泛交流，实现建设成果集成、转化和推广、资源信息共享以及人才交流。另一方面，利用计算机网络技术，地方政府可以牵头组建区域金融信息网络平台，建立信息交流制度，促使各部门及时披露公务信息，进行数据交换，实现部门间信息资源共享、情况互通，提高信息利用率。

(四) 建立三地金融安全预警机制

区域金融安全预警机制既是优化区域金融生态环境的重要组成部分，也是巩固区域金融生态环境建设成果的重要举措。京津冀三地应建立囊括银行、证券、保险等金融领域的安全预警机制，若一地出现异常情况或较为严重的风险，应由预警机制发挥作用，启动应急措施，通过暂时中断互联互通等手段，避免由于区域合作的传导作用，致使整个区域发生严重的金融风险，为三地金融协同发展提供保障。

(五) 转变政府职能

政府部门的一个重要职能，是为市场经济主体提供良好的发展环境，其公共服务供给水平直接影响当地金融生态环境，因此只有转变各级政府职能，才能从机制和体制上改善京津冀三地金融生态环境。工商部门、财政部门、税务部门、法院等要相互配合，形成建设良好金融生态环境的工作合力，把改善金融生态环境纳入政府的重要工作议程，探索行之有效的工作方法。

二、发挥比较优势，协调推进区域金融生态环境建设

(一) 发挥北京市金融决策优势，研究完善区域金融协同发展政策

作为我国的政治、经济、文化中心，北京市汇集了国内各大银行、保险、证券机构的总部，近年来也吸引了大量外资金融机构及跨国公司，在资金数量、服务水平等方面具有绝对优势。同时，北京市也集中了所有对金融市场发展有直接影响的决策和监管机构，加之首都地位，使得北京市成为天然的金融决策中心。因此，要充分发挥北京市金融业的集聚优势，研究和完善区域金融生态环境建设的政策和制度；创造利于区

域金融业发展的良好政策环境，保持区域政策的连续性和稳定性；研究建立区域金融合作、规范金融交易、保护产权主体、促进公平竞争等法律法规发展区域金融市场；进一步完善反垄断、反不正当竞争等法律法规约束和惩戒有碍区域合作的行政手段和市场行为。通过加强顶层设计，制定形成促进区域金融协同发展的政策链条，确保区域协同发展的制度基础。

（二）发挥天津市金融创新优势，创造区域金融业发展动力

作为我国北方最大的国际港口城市，天津抓住滨海新区国家金融改革试验区的契机，将自己定位于现代金融服务体系和金融改革创新基地，是国家政策允许的第三个开办离岸金融业务的地区，也是京津冀地区内唯一的一个。天津应利用好国家鼓励创新的政策优势，完善离岸市场需要的社会、经济、法律及交易条件，先行先试大力发展离岸金融业务，融入国际市场。同时，天津市应利用已有资源，集中精力发展OTC市场，完善区域证券市场体系；滨海新区可进行金融机构创新，推动银行、证券、保险、信托等行业间的深度合作与融合，并逐步将业务范围延伸至京津冀其他地区，为三地金融业的发展注入活力和动力。

（三）河北省利用毗邻优势，借力改善金融生态环境

在京津冀三地中，河北省金融业发展最为缓慢，在金融政策、法律体系、基础设施等诸多方面有待加强。因此，河北省应充分利用毗邻京津优势，借助辐射效应，改善金融生态环境。一方面，河北应努力提升自身，逐步完善金融体系建设，规范金融主体市场行为，不断加强金融基础设施建设，积极推进社会信用体系建设，增强金融文化建设，为获得京津政策支持和更广泛深入的金融合作奠定基础。另一方面，河北应积极争取融入京津重大金融合作项目，争取政策倾斜和制度支持，借助协同发展战略的契机不断深化金融市场，推进金融业发展。

三、完善法制环境，为区域合作提供法律保障

建立良好的法制环境，让金融机构稳健经营，是促进金融业发展的根本保障。金融机构所涉及的律法包括《中国人民银行法》、《银行业监督管理法》、《商业银行法》、《票据法》、《企业破产法》、《反洗钱法》、《担保法》、《物权法》、《存款保险条例》等。其中，在维护正常金融生态环境中，《企业破产法》和《担保法》具有重要作用。"十三五"期间，要抓紧制定有关金融方面的法律，修订与经济社会发展不相适应的有关法律规定，进一步完善我国的金融法律体系。

（一）营造法治环境

制定有关金融债权保护、地方国有金融资产管理、信用管理、房产抵押登记等方面的规范性文件，有效保护金融资源产权所有者的合法权益，规范相关当事人的金融行为。加大金融诉讼案件的执法力度，充分发挥司法审判职能作用，提高金融案件审判、执行工作的质量和效率，维护正常的信用秩序。积极开展金融公证业务，提高违约合同执行率。建立法院与金融机构之间的联动协作机制，成立金融案件执行工作室或执行工作组，专门负责金融案件执行工作，积极推广简易诉讼程序，降低金融债权案件诉讼成本，提高办结效率。与司法等有关部门多方联动，加大打击恶意逃废金融债务行为的力度，依法维护金融债权利益，合力整治社会信用秩序，为改善区域金融生态环境提供良好的司法保障。

（二）明晰金融产权界定

在明晰金融产权的基础上，从法律层面对金融机构的贷款行为进行规范。以完善金融产权为金融立法的核心，形成稳定的市场交易规则，保障各个产权主体的公平交易。进一步完善《物权法》，保护债权人合法

权益，扩大担保物范围，让尽可能多的财产成为担保物，在制度和操作层面为中小企业提供融资便利，促进中小企业健康发展。进一步完善《破产法》，建立规范的企业破产机制，加快推动《个人破产法》的立法步伐，对于拖欠银行债务的债务人要实行规范有序破产，防止个人和企业逃废债务。加大对金融业犯罪的打击力度，研究并提请有关部门修订《刑法》相关条款，明确有关司法解释。研究修订《金融违法行为处罚办法》，加大对金融违法违规行为的行政处罚力度。在《企业破产法》中明确有关债权保护条款，充分保障债权机构的合法权益。

（三）提高执法效率

完善金融资产的法律保护制度，同时提高金融监管执法效率。加强对金融风险的监控，要以加强有效监管为重点，落实监管问责机制。努力提高依法行政水平，规范执法主体，严格执法程序，提高金融执法队伍素质。

四、完善区域金融监管体系，切实提高监管效能

（一）建立区域金融监管联系会议机制

针对区域内"一行三会"分支机构同时监管存在的监管重叠、监管真空、监管效率低下以及各部门之间信息交流不畅、资源共享不充分、基层机构协作困难等问题，可建立监管联席会议机制，明确各部门职责范围分工与合作，建立信息交流、资源共享、协同工作机制，强化监管的协同性，确保对金融机构的监管口径一致。特别是遇到重大综合监管问题，要充分发挥监管联席会议的作用，及时协商并协同各部门进行统一决策，形成对金融机构的监管权威。

(二)研究对金融控股公司的监管办法

严格市场准入制度,只有满足一定资本总额、资本充足率、资本流动性等量化指标,以及具有完善的治理结构和内控机制的金融控股公司才能进入市场。加快金融控股公司立法进程,系统明确金融控股公司的组建标准、审慎监管要求、重组并购原则、风险处置程序、监管职责分工、监管方式方法以及信息交换机制。同时,各监管机构要系统清理规范对涉及交叉性金融业务的监管办法,统一监管标准和监管原则。

(三)加强对金融创新的监管管理

第一,督促区域金融机构完善内控制度,把住风险源头,明确要求金融机构在利益目标和安全目标之间寻求最佳平衡点。第二,加强金融监管立法。目前的金融监管立法将重点放在对金融机构经营合规性的监管上,对于金融产品和服务创新的风险规定并不完善,这就为金融机构寻找法律漏洞、盲目追求自身利益最大化提供了机会。第三,应完善对金融机构创新产品的事后监督机制。建议银监部门完善针对金融创新产品运营风险的事后监测机制和预警机制,强化事后监督作用。

五、加快区域信用体系建设,营造诚信社会环境

征信体系是重要的金融基础设施,是获得便利金融服务的必要条件。随着商业银行的股份制改革、地方性银行的设立、金融市场竞争的加剧,金融市场各类行为主体认识到,征信对于降低融资成本、防范信用风险发挥着至关重要的作用。我国从20世纪90年代开始发展征信业,上海、浙江、北京等地的征信业发展水平较高,而河北省征信业起步晚、发展慢,仍处于市场发展的初级阶段。良好的信用环境是区域金融有序运行的基本前提,信用建设水平的高低直接影响区域金融生态环境的好坏。

(一) 建立区域公共信息平台,提高政府公信力水平

公共信息一般是行政机关、司法机关和社会公共管理部门在行使职权过程中产生的公共记录信息。公共信息的公开,既可以确保权力机关依法行使职权,提高政府公信力,又可以对权力相对人以及开展交易的其他社会主体产生影响,提升社会信用水平,从而提高市场交易效率。因此,京津冀三地政府应协调建立区域公共信息共享平台。共享平台可以充分利用工商、税务、质检、司法等相关政府部门的数据库系统以及行业协会等社会机构的信息库,通过签订共享协议等方式实现互联互通。在技术层面,共享平台应建立跨地区跨部门的信息资源采集体系、目录体系、基础编码体系、分类指标体系等技术规范,可在业务专网、政务外网、互联网等方式中选择费用低、安全性高、可持续的连通渠道。在平台功能方面,共享平台应具备信息共享、数据交换、信息比对等功能。在应用方面,共享平台能够支持政府部门、行业协会、公共组织在信息数据交换与共享、请求服务、市场管理、决策支持等方面的要求。

(二) 建立区域信用信息系统,改善信用缺失现状

信用信息系统的建立对于促进社会信用体系建设有着至关重要的基础性作用。关于系统的建设模式,目前来看主要有两种:一种是大一统的信用信息系统模式;另一种是基于小信用信息系统的互联互通模式。对于京津冀区域来说,若建立大一统的信用信息系统,需要收录所有社会成员、市场主体的全部信用信息,并且向社会提供信用信息的查询服务,这在技术层面和管理层面上都是难以企及的目标。因此,具有可行性的是基于小信用信息的互联互通模式。三地可在各自区域内,组织各部门、各行业、各类征信机构利用并完善已有的信息系统,依托中国人民银行征信中心的金融信用信息基础数据库,实现各系统间信息互联互通。在互联互通的初级阶段,可以优先选择系统功能全、数据质量好、

第九章 金融协同支持京津冀区域经济发展路径——金融生态环境的区域建设

信息价值大、可持续性强的成熟系统率先与征信系统连通。在运行平稳、总结经验的基础上，不断扩大接入系统的范围，最终实现各行业、各部门的信用信息系统的互联互通，并实现对社会公众的信用信息服务，以增强一站式征信服务能力。

（三）加强对征信市场主体的管理，促进市场发展壮大

中国人民银行和相关政府部门要联合起来，加强对京津冀区域内征信机构、信用评级机构等征信市场主体的规范和引导。一是积极培育征信市场，创立品牌征信机构，对实力强、规模大的征信机构给予必要的政策扶持，做大做强，指导其成为区域性征信龙头企业。同时，对于中小型征信机构，鼓励其通过重组并购、多元化经营等途径积极发展，形成合理的市场结构，提供多样化的征信产品。二是督促信用中介机构加强内部管理、完善公司治理结构。建立权责明确、分工清晰的管理体制；健全经营管理层和决策层互相制衡的法人治理结构；建立健全业务质量控制、安全管理、信息与数据库管理等内控制度。三是鼓励信用中介机构增强产品创新能力。随着社会经济的发展和公众信用意识的提升，市场对信用产品的需求将逐渐增加，要鼓励信用中介机构加强产品创新和服务创新能力，提高征信服务质量，拓展业务领域和范围，利用特色产品和差异化服务占领市场。四是要不断完善信用中介机构市场进入和退出机制，通过制定法律规范，对违规违法、严重失信的机构进行限制、禁入或强制退出，并及时向金融机构等市场主体进行通报。

（四）注重宣传，营造诚实守信的社会价值氛围

一方面，应大力宣传普及征信知识和诚信理念。京津冀三地政府相关部门应加大联合宣传和专项宣传的力度和范围，综合运用广播、电视、报纸、网络等大众传媒以及标语、海报、折页等各类宣传教育手段，充分发挥中国人民银行各分支机构、金融机构、信用中介机构的宣传主力

军作用,与相关部门、大专院校、新闻媒体等协调联动,形成合力宣传态势。另一方面,探索建立征信国民教育体系。强化基础教育阶段的征信教育,鼓励三地中小学开办各种形式的征信教育课堂;推进高等院校开展征信素质教育,在高校设立征信专业课程;建设学生征信教育社会实践基地,组织开展征信社会实践活动。

六、加快金融基础设施一体化建设,实施金融信息化战略

(一) 推进金融机构信息化建设进程

金融机构只有加快自身的基础设施更新和信息化建设,才能在日益激烈的市场竞争中快速发展。各家金融机构要不断加大信息科技投入,做好各种软硬件设备的升级扩容工作,以满足未来京津冀地区对金融服务体系的要求。信息技术发展不仅有利于降低金融机构的运营成本,还将减少金融风险,引领新的金融业务创新。

(二) 扩大金融 IC 卡应用范围

金融 IC 卡的发展是金融基础设施建设的重要内容之一。金融 IC 卡与各个行业发行的行业卡相比,在发卡保有量、受理环境以及服务网点质量和数量方面有着明显优势,能实现在各个行业的应用,将迅速扩大受众面,极大提高客户的满意度。例如在高速公路方面,各省份 ETC 收费系统对金融 IC 卡开放,实现行业卡与金融 IC 卡的并行受理;非 ETC 通道针对小型客车增加金融 IC 卡"电子现金闪付"受理功能,从而加快通站速度。铁路客运方面,探索将票务乘车信息写入购票人金融 IC 卡中,实现乘客在京津冀各主要城市之间高铁或客运专线持金融 IC 卡乘车。市内公共交通方面,分别协调当地公交、地铁行业管理部门,改造闸机系统和受理终端,实现金融 IC 卡受理;对于京津冀三地跨区域运行的公交

车，通过三地公交运营平台的整合，实现金融IC卡一卡通用乘车；长途客运分步实现自助终端购票、拍卡乘车，逐步实现金融IC卡在各个公共服务领域的应用合作。

七、加强金融消费者维权，保障金融主体合法权益

个人金融信息作为金融信息的基本元素，其受保护程度关系到区域金融和信息体系的稳定与安全。随着当前金融机构业务种类的不断拓展，各种金融创新产品、交叉性金融产品不断涌现，金融机构面临着金融消费者权益保护的新局面。

（一）加大立法支持

在全国层面，需要制定《金融消费者权益保护法》。中国人民银行虽已出台关于个人金融信息保护的规范性文件，但法律效力较低，没有明确金融机构和客户之间关于个人金融信息方面的权利义务和责任，也没有强有力的个人金融信息保护行政处罚手段，因此，需要更高层面的法律。拟制定的金融消费者权益保护法规应对银行客户个人金融信息的采集、使用、保密等环节做出详细规定，同时明确行政处罚措施，以解决目前个人金融信息保护行政手段缺乏威慑力的现状。在区域层面，三地应由中国人民银行牵头，组织其他金融消费者权益保护工作部门，制定区域性的规章或管理办法，对区域金融市场的个人金融信息保护工作提供框架和准则，为国家立法提供可借鉴的经验。

（二）构建监管协调机制

目前"一行三会"均设立了消费者权益保护局，三地"一行三会"分支机构应加强工作协调，明确各自职责分工，实现信息共享，协调重大、普遍性的个人金融信息保护问题。中国人民银行作为国务院明确的

金融监管协调部际联席会议牵头部门，应当考虑在联席会议框架下建立金融消费者权益保护协调与合作机制，增强金融监管主体之间的协调性和合作性，避免重复监管和监管真空，在充分发挥各监管机构自身优势的基础上实现保护政策取向的统一，形成保护合力。

（三）加强执法队伍素质建设

目前，金融消费者权益保护执法人员多为法制干部，知识结构较为单一，难以应对涉及多个业务领域的个人金融信息保护检查。因此，应进一步加强执法队伍的素质建设，吸纳熟悉计算机操作系统、有商业银行从业背景、具备征信知识的人才充实执法队伍。同时，各监管部门要加强有针对性、实效性的培训，不断更新执法干部知识结构，建设高素质、复合型的执法人才队伍。

（四）构建便捷通畅的纠纷解决机制

首先，强制要求各金融机构在内部成立金融消费纠纷调解中心，配备专人负责金融纠纷的受理、调解、反馈等工作，并要求金融机构在其营业网点公示服务监督电话和纠纷处理部门及处理流程，为金融消费者维权提供快捷有效的解决途径。其次，"一行三会"要在职权范围内设立金融消费者异议处理和投诉受理机构，受理在金融机构无法得到满意答复的消费者异议和投诉申请，加强监督金融机构对纠纷的处理。最后，成立仲裁机构，简化金融纠纷受理程序，为金融消费者权益保护提供切实路径。

（五）保护互联网金融消费者信息安全

互联网金融的发展使得消费者面临着权益保护方面的诸多问题，主要集中于信息安全隐患大、资金安全难保障、消费者维权意识淡薄且维权成本高等。要不断健全互联网金融领域消费者权益保护体系，加强信息安全立法,明确互联网金融企业保护消费者身份和交易安全的法定义务,完善侵权赔偿机制;规范互联网企业准入门槛,提高风控要求,提升互联网金融企业保护消费者权益的自觉性和主动性;唤醒金融消费者维权意识、降低维权成本,有效保障消费者合法权益。

专栏 9-1

京津冀芯片银行卡(金融 IC 卡)使用情况

一、北京市金融 IC 卡行业应用情况

部分商业银行与行业部门或单位合作,推出了速通卡(高速专用)、交通卡(市内交通罚款专用)、公积金联名卡、加载电子身份认证 EID 功能的金融 IC 卡以及与大中专院校量身定做的校园一卡通金融 IC 卡产品。在便民服务方面,2010 年北京市在市发改委、人民银行、银监局的统一协调下,实施了便民"三通工程"。其中"一卡通"是居民持任意一张银联卡可交纳自来水、电、煤气、通信等所有公共事业费用。

二、天津市金融 IC 卡行业应用情况

天津市交管局与工商银行天津市分行最早联合发行了津通卡;中国银行天津市分行在社保领域发行金融 IC 卡,并成功加载"中银医达通"项目,为市民看病就医提供了极大便利;天津城市一卡通公司与各商业银行积极合作,在公交、地铁等一卡通服务领域全面实现兼容金融 IC 卡刷卡消费;京津冀旅游一卡通整合了三地优质旅游资源,融合了旅游信息功能、金融信贷功能以及消费打折功能,实现旅游行业跨区域、跨行业大融合。

三、河北省金融 IC 卡行业应用情况

河北省金融 IC 卡已经陆续实现在公交、医院、学校、连锁超市等行业的应用,并推出了 10 个非接受理商圈。但从交易额来看,规模均不大,处于尝试阶段。2014 年第一季度,在中国人民银行的牵头组织下,

河北省建设完成了"河北省金融IC卡行业服务应用平台",并制定了《河北省金融IC卡行业应用规范(V1.0)》和《河北省金融IC卡行业应用项目管理办法》。目前各家商业银行正在与省内部分地市公交公司、出租车公司等就金融IC卡应用事宜进行洽谈,有望年内实现突破。

2013年底,京津冀晋鲁电子不停车收费系统(ETC)正式联网运行。交通部门发行了储值或记账式的ETC交通卡,同时与部分银行发行了ETC联名卡,但没有对所有金融IC卡开放。铁路方面,京津冀地区已基本形成"1小时城市圈",但铁路购票乘车等环节还没有实现与金融IC卡的合作应用,特别是非接应用。部分地区公共交通和地铁已经实现了行业IC卡应用,但还没有对金融IC卡开放。随着京津冀交通一体化的加速推进,三地交通部门已经共同研究,拟率先实现京津冀城市"一卡通"互联互通,并在2020年实现全国联网。

第十章　金融协同支持京津冀区域经济发展路径

——助力产业结构升级

区域产业结构升级是《京津冀协同发展规划纲要》(以下简称《纲要》)中三个率先突破的重点领域之一,也是金融协同发展得以促进区域经济协调发展的重要途径。本章将围绕金融协同发展促进京津冀区域产业结构升级这一主题展开研究。

第一节　金融协同支持区域产业结构升级的作用机理

一、区域产业结构升级的内涵

区域产业结构升级作为一个理论概念,理论界对其内涵一直未能给予明确界定。区域产业结构升级首先是区域内各地根据各自的资源要素禀赋,发挥其具有比较优势的产业,实现产业结构的优化调整;其次是各地区理顺产业关系,形成合理产业空间分布和上下游联动机制。由此可知,区域产业结构变动主要涉及如下几个问题:区域内各地产业结构的变动、区域内各地产业之间的关联、区域内各地之间产业的竞争与合作；相应地，区域产业结构升级应具有下述三个方面的含义：区域产业结构的高级化、区域产业结构的合理化和区域产业结构的协同化。

(一) 区域产业结构的高级化

区域产业结构的高级化是指区域内各地产业结构的优化调整，是产业结构从较低水平状态向较高水平状态发展的动态过程，即产业结构向高技术化、高知识化、高资本密集化、高加工度化和高附加价值化发展的动态过程。具体表现形式有：1. 由第一产业占优势比重向第二、第三产业占优势比重转移；2. 由低加工度产业占优势比重向高加工度产业占优势比重转移；3. 由制造初级产品的产业占优势比重向制造中间产品、最终产品的产业占优势比重转移；4. 由低附加值产业占优势比重向高附加值产业占优势比重转移；5. 由劳动密集型产业占优势比重向资金密集型、技术密集型、知识密集型产业占优势比重转移。常见的产业结构高级化指标包括非农产业产值占总产值比重（钱水土和周永涛，2011）、第三产业产值占总产值比重、第三产业产值占第二产业产值比重（干春晖等，2011）、高技术产业密集度指标（张冬梅，2013）等。

对于京津冀地区而言，三省市分别具有不同的功能定位。北京市定位于全国政治中心、文化中心、国际交往中心、科技创新中心，适合将发展服务业作为促进产业结构高级化的手段，通过发挥科技创新中心的作用，突出产业的高端化、服务化，大力发展服务经济、知识经济，构建高精尖的经济结构；天津市具有良好的制造业基础，且定位于全国先进制造研发基地，其产业结构高级化的方向为强化先进制造业、研发转化、科技成果产业化；河北省定位于产业转型升级试验区，产业结构高级化的重点在于钢铁、水泥、平板玻璃等产能过剩行业的转型升级，利用技术改造、兼并重组、境外转移等手段促进传统行业优化升级。

第十章　金融协同支持京津冀区域经济发展路径——助力产业结构升级

(二) 区域产业结构的合理化

区域产业结构的合理化主要是在区域内各地产业之间关联方面进行的优化调整。目前我国学术界存在着产业结构合理化的各种不同定义。苏东水（2000）从结构动态均衡角度出发，认为产业之间协调能力和关联水平的提高是一个动态过程，产业结构合理化就是要促进产业结构的动态均衡和产业素质的提高；史忠良（1998）认为在一定的经济发展阶段上，根据消费需求和资源条件，使资源在产业间合理配置，有效利用。综合上述定义，本书认为区域产业结构合理化应该衡量产业间的聚合质量，其一方面是产业之间协调程度的反映，另一方面也是资源有效利用程度的反映，即它是自然资源、劳动力、资金等要素投入结构和产出结构耦合程度的一种度量。因此，产业结构合理化是指在产业发展过程中合理配置生产要素，控制适度的产业占比和产业消耗资源比例，协调各产业部门之间的比例关系，促进各种生产要素有效利用。

对于京津冀地区，区域产业结构的合理化要求进一步深化改革，加快破除制约三地协同发展和要素流动的体制机制，推动金融、土地、技术和信息等要素市场一体化改革，打破地区市场分割和利益藩篱，促进生产要素在区域内的流动，全面提高资源配置效率，建立优势互补、互利共赢的区域一体化发展体系。

(三) 区域产业结构的协同化

区域产业结构的协同化主要是在区域内各地之间产业的竞争与合作方面进行的结构调整，是指不同区域的产业之间配合得当、良性互动的状态。区域内各地的产业合理分工和产业链布局是区域产业结构协同化的有效途径之一。产业链是各个产业部门之间基于一定的技术经济关联，并依据特定的逻辑关系和时空布局客观形成的链条式关联关系形态。其主要是根据区域内各个地区客观存在的差异，通过发挥各地区的比较优势，借助区域市场协调地区间专业化分工和多维性需求的矛盾，以产业合作作为实现形式和内容的区域合作载体（沈丽珍等，2009）。

对于京津冀地区，区域产业结构的协同化要求合理规划产业布局，着力理顺产业发展链条，形成三省市之间的产业合理分布和上下游联动机制。在具体产业层面：金融业方面，加强区域金融合作，进一步完善北京金融管理、天津金融创新运营、河北金融后台服务的产业分工，优化区域金融资源配置，推动京津冀金融业协同发展；制造业方面，可充分利用北京市科技创新资源，天津市和河北省良好的先进制造业基础，促进科技资源开放共享，实现产业发展互补。在产业协同机制方面：建立科学合理的跨省市投资、产业转移对接、园区共建、科技成果落地等项目的收益分配；制定京津冀协同发展产业转移对接企业税收收入分享办法等。

二、金融协同支持区域产业结构升级的机制

金融协同支持产业结构升级的本质在于通过促进资金流动引导各生产要素向重点优势产业流动，支持不同产业的发展，进而改善产业间的相互比例，提高产业结构质量，实现区域产业结构的高级化、合理化和协同化。因此，金融协同是实现区域产业结构升级的重要推动力，产业发展的金融化程度越高，金融协同对产业结构升级的支持效果就越显著。

（一）资本形成机制

产业资本是产业结构调整和经济发展的核心要素，是经济生产的初始投入，主要包括人力资本、物质资本等资源投入。资本形成机制主要是指金融机构利用金融工具和金融产品吸纳社会资金，将其转化为产业发展的资金来源，实现储蓄向产业投资的转化，从而为促进产业结构升级提供充足的资金保障。区域产业结构升级的过程包括产业结构的高级

化、合理化和协同化,不仅涉及传统产业的改造和退出、技术密集型等高附加值产业的快速发展,还涉及地区间产业部门的协调转移,而高效的资本形成机制在这一过程中具有至关重要的作用。金融协同发展通过协调区域间的金融政策、优化金融组织结构、重构区域金融市场和建设区域金融生态环境等手段,有助于提高储蓄向投资的转化效率,扩大生产规模,促进技术创新与进步,提高要素利用率和收益率,从而更好地促进产业结构升级。因此,在产业资本形成机制中,吸收社会存款是形成产业资本的基础,提高储蓄向投资的转化效率是产业资本形成的关键。资本形成机制在区域产业结构升级中能否发挥重要作用,主要取决于金融协同发展的程度。

(二)资金导向机制

资金导向机制主要是指金融市场为资金的流向和配置提供保障,能够促使资金从效率低的部门流向效率高的部门,从传统落后产业流向新兴战略产业,并带动其他生产要素和相关资源实现转移。具有比较优势的产业因其良好的市场前景和盈利前景,能够为资金投资提供达到或高于社会平均水平的回报,从而可以吸收足够的资金,实现产业快速发展;反之,在市场上不再具有比较优势的产业,因为无法提供社会平均水平的资金回报率,融资成本升高,进一步抑制了产业的盈利水平。区域产业结构调整过程同时也是资金在产业部门间的流动过程,金融协同支持区域产业结构升级就是资金在区域内、产业间进行流动和重新配置的过程。资金配置从增量和存量两个方面影响产业结构的变化,资金投入扩展了产业结构的存量规模,在一定程度上提高了现有产业的生产能力。金融协同发展有助于消除金融市场扭曲和区域金融市场分割等现象,提高金融市场配置产业资金的效率,从而有助于区域产业结构调整。

(三) 信用催化机制

信用催化机制主要是指通过金融系统的信用创造功能，为产业结构升级提供资本支持，加速产业资本形成，提高生产资源和信贷资金的使用效率。在信用催化机制的作用下，金融系统充分发挥信用创造功能，大幅度提高产业资本总量，强有力地提升产业结构升级水平，构成了金融协同促进区域产业结构升级机制的重要方面。在信用催化机制发挥作用的过程中，金融机构的信用创造和产业资本投入需要适应不同产业的发展需求，还要通过动员储蓄、扩大融资渠道，实现金融创新，进一步扩大产业资本的支配范围，加速资本流动，增强产业抵御风险的能力。尤其是在传统主导产业向新兴主导产业过渡过程中，高效的信用催化机制是确保区域产业结构升级的重要标志和先决条件。

第二节　金融协同支持京津冀产业结构升级的现状

一、京津冀三地产业结构情况

如图10-1所示，自20世纪90年代以来，京津冀三省市第一产业在GDP中的比重逐渐缩小，其中河北省第一产业的比重仍相对较高。北京、天津两市第二产业比重也渐趋收缩，河北省第二产业比重变化不太明显。三省市第三产业比重均呈稳步提高趋势。从劳动力配置来看，各地第三产业从业人数均呈总体上升趋势。2014年，北京市、天津市和河北省第三产业从业人数比重分别为77%、50%和32%，其中北京、天津远高于全国平均水平。根据钱纳里和库兹涅茨的工业化标准，北京市第三产业比重最大、第二产业比重次之、第一产业比重最小的"三二一"型结构

第十章 金融协同支持京津冀区域经济发展路径——助力产业结构升级

明显,处于工业化后期阶段。天津市与河北省仍属于第二产业占主要比重、第三产业次之、第一产业最小的"二三一"型结构,处于工业化中期阶段。

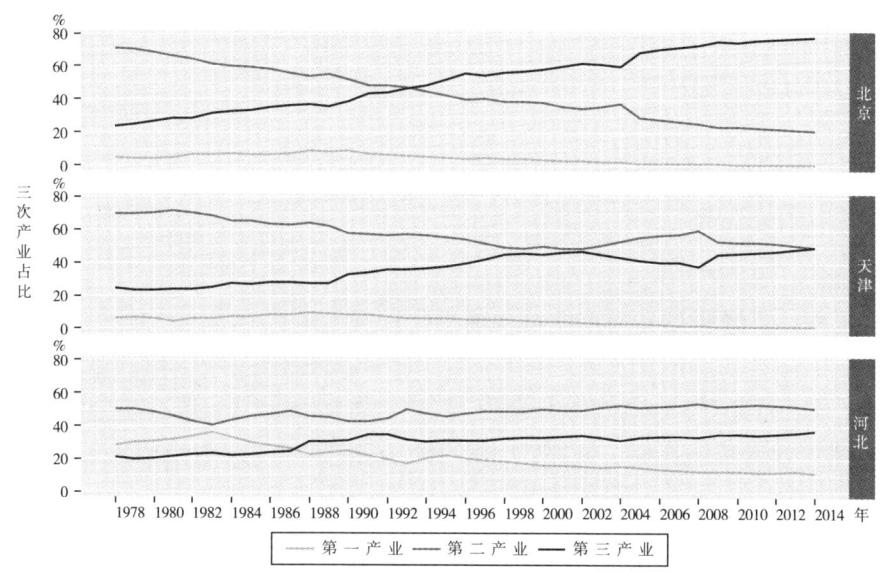

图 10-1 京津冀三省市产业结构占比

北京市"三二一"产业格局稳固。自 1995 年起,北京市的三次产业结构开始由"二三一"型结构转变为"三二一"型结构,是我国为数不多的几个真正达到产业结构高级阶段的地区之一,消费型城市特点较明显。

天津市第二产业占 GDP 比重逐步下降。2008 年以来,第三产业比重与第二产业比重之间的差距逐渐缩小,其产业结构正逐渐由"二三一"型结构转变为"三二一"型结构。2014 年,天津市三次产业的比重分别为 1.3%、49.4%、49.3%。其中,第一产业完成增加值 201.53 亿元;第二产业完成增加值 7765.90 亿元,仍是推动天津市经济增长的主要力量,对全市经济增长的贡献率稳定在 60% 左右;第三产业增加值 7755.03 亿元,其占比与第二产业占比仅相差 0.1 个百分点。

从河北省情况看,第一产业比重呈逐年下降趋势,但第一产业增加值的绝对值仍然较大,约为京津第一产业增加值总和的10倍。河北省第二、第三产业占GDP比重基本处于稳中趋升的态势,2014年第二产业占GDP比重比第三产业比重高近14个百分点,该差距较前几年有了较大幅度下降,可以预计在未来相当长的一段时期内第二产业仍将在河北省国民经济中占据主要地位。

二、京津冀三地产业结构升级情况

(一) 京津冀三省市产业结构高级化情况

产业结构高级化指标主要包括产业结构变动度指标、霍夫曼比例指标、高技术产业密集度指标、新兴产业产值比重指标等,这些指标从不同角度对产业结构高级化进行了刻画。考虑数据可得性,我们选取产业结构变动度指标和高技术产业密集度指标,衡量京津冀三地产业结构高级化情况。

表10-1　　　　　　　　　京津冀产业结构变动度

年份	北京	天津	河北
2000	1.53	0.91	0.67
2001	1.67	0.95	0.69
2002	1.79	0.97	0.69
2003	1.72	0.89	0.65
2004	1.60	0.81	0.60
2005	2.34	0.75	0.64
2006	2.55	0.70	0.65
2007	2.69	0.71	0.64
2008	2.85	0.63	0.61
2009	3.21	0.85	0.68
2010	3.13	0.88	0.66
2011	3.29	0.88	0.65
2012	3.37	0.91	0.67
2013	3.57	0.95	0.68
2014	3.64	1.00	0.73

数据来源:Wind数据库。

表 10-2　　　　　　　　　　京津冀高技术产业密集度

年份	北京	天津	河北
2000	9.95	10.45	1.04
2001	8.30	11.18	1.19
2002	7.53	13.38	1.22
2003	7.94	9.11	1.23
2004	7.36	12.67	0.89
2005	5.87	10.62	0.92
2006	6.21	13.67	0.89
2007	5.97	12.05	0.99
2008	26.57	28.93	3.48
2009	22.69	25.27	3.65
2010	21.21	24.3	4.13
2011	20.47	23.85	4.25
2012	19.97	27.35	4.53
2013	19.62	29.53	4.88

数据来源：《中国高技术产业统计年鉴》，其中，2000~2010 年根据高技术产业增加值计算，2010~2013 年根据高技术产业主营收入计算，由于 2006~2008 年前后高技术产业增加值数据存在出入，导致该指标存在较大幅度的变化，但不影响比较京津冀三地之间产业结构高级化的差距。

根据表 10-1 和表 10-2 可知，京津冀三地产业结构高级化程度整体呈现向好趋势，但河北与京津之间的差距仍十分明显。尤其在高技术产业密集度方面，天津国民经济中高技术产业增加值比重最高，河北与京津均不在同一数量级上。这说明河北省产业多为劳动密集型、资金密集型，技术密集型产业占比很少。

（二）京津冀三省市产业结构合理化情况

泰尔指数又称泰尔熵，最早由 Theil 和 Henri（1967）提出，干春晖等（2011）在前人研究的基础上对泰尔指数进行重新定义，并用以研究产业结构变动对经济增长的影响。修改后的泰尔指数计算公式如下：

$$TL = \sum_{i=1}^{n}\left|\frac{Y_i}{Y}\ln\left(\frac{Y_i}{L_i}\bigg/\frac{Y}{L}\right)\right|$$

其中，Y 表示产值，L 表示就业人口，i 表示产业，n 表示产业部门数。该指数考虑了产业的相对重要性，保留了结构偏离度的理论基础和经济含义，因此是一个很好的度量产业结构合理化的指标。根据古典经济学假设，经济处于均衡状态时，$TL=0$，如果泰尔指数不为0，表明产业结构偏离了均衡状态，产业结构不够合理。图10-2展示了京津冀三省市产业结构合理化指标趋势。

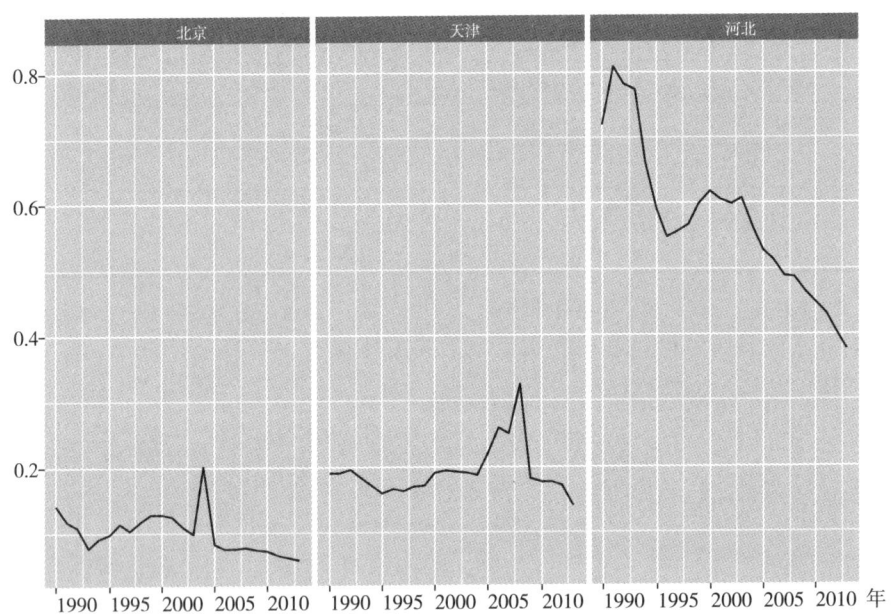

图10-2 京津冀三省市产业结构合理化指标

根据图10-2可知，北京市的产业结构最为合理，2000年以来，北京市的泰尔指数均小于0.1（2004年除外），且呈现逐年下降趋势，越来越接近均衡状态。天津市产业结构相对较为合理，除2004~2008年产业结构有所恶化，其余时间泰尔指数稳定在0.17上下，产业结构合理化程度没有明显变化。河北省产业结构在三省市中最不合理，与京津两市差

第十章　金融协同支持京津冀区域经济发展路径——助力产业结构升级

距非常明显。虽然近年来，河北省产业结构合理化状况得到持续改善，但距离产业结构合理化的均衡状态仍有较大差距。由泰尔指数计算过程可知，河北省第一产业占比大、劳动生产率低是造成产业结构合理化不足的重要原因之一。因此，通过增强农业产业化经营水平和农业组织化程度，提高农业综合竞争力和整体产出效益，是促进河北省产业结构合理化调整的重要方向之一。

（三）京津冀三省市产业结构协同化情况

目前，京津冀区域内各地均竞相发展同一产业，从而出现产业结构趋同和基础设施重复建设。各城市甚至各工业园区在招商引资、产业发展等方面展开激烈竞争。京津冀都市圈没有形成明显的城市产业链，仅有的几个产品产业链十分单薄，缺少区域合作意识。从某种程度上讲，区域产业结构趋同可以看做是区域产业竞争和冲突的结果。它既可能会产生消极的负面影响，也可能带来积极的正面作用。近年来，部分学者把区域产业结构趋同看成是一种客观经济规律（石康、齐援军，1999），或者指出区域产业结构趋同并不必然导致产业分工的弱化（魏后凯，2007）。但学术界的主流观点认为，区域产业结构趋同可能会造成地区间的恶性竞争，产生投资浪费和效率损失，形成严重的重复建设和生产能力过剩，进而可能抑制区域经济的规模效应、阻碍产业技术升级和核心竞争力的提高，造成区域经济非周期性波动（韩保江，2001；罗水清、李明生，2004）。

因此，我们利用产业结构同构指标作为产业结构协同化的间接度量。常用的产业结构同构指标包括：结构相似系数、Krugman 结构差异度指数、结构差异度指数和产业相对熵指数。何大义等（2014）根据北部湾城市群的数据，验证了上述四种指标的相似度非常高，并不存在本质区别。因此，本书使用结构相似系数计算京津冀产业结构同构程度。

以 2013 年为例，京津冀三省市产业结构同构情况详见表 10-3。根据计算结果，北京与天津、河北的产业结构同构程度较低，分别为0.68和0.35；而天津与河北的产业结构同构程度相对较高，达到了0.93。由此可知，津冀之间产业重合度较高，若缺乏合理的产业规划，容易造成政府间的恶性竞争；而京冀之间产业重合度偏低，难以形成有效的产业链条。

表10-3　　　　　　　　京津冀产业结构同构指数

	北京	天津	河北
北京	1.00	0.68	0.35
天津	0.68	1.00	0.93
河北	0.35	0.93	1.00

综上所述，河北省产业结构从高级化、合理化和协同化三方面均与京津两市存在明显差距。虽然京津冀协同发展规划的出发点是解决北京人口增长过快、"大城市病"凸显等问题，但如何促进河北省产业结构升级则是实现《纲要》发展目标的重要着力点。

专栏10-1

河北省产能过剩行业转型升级情况

2014年2月20日，为贯彻落实《国务院关于化解产能严重过剩矛盾的指导意见》（国发〔2013〕41号）精神和大气污染防治的决策部署，河北省政府印发了《化解产能过剩矛盾实施方案》，提出要结合落实《河北省大气污染防治目标责任书》和钢铁、水泥、平板玻璃三个产业结构调整方案，大力推进"6643"工程，通过改善产品结构、优化产业布局等方式，不断促进河北工业经济的转型升级。据测算，2014年GDP增速受此影响下降约1.75个百分点。

一、压缩产能规模，降低工业能源消耗

2014年，河北省通过提高淘汰标准、实行压减产能奖补、加强差别

第十章 金融协同支持京津冀区域经济发展路径——助力产业结构升级

政策倒逼和环保执法、实施集中行动等措施，累计压减炼铁产能1500万吨、炼钢产能1500万吨、水泥产能3918万吨、平板玻璃产能2533万重量箱，超额完成年度淘汰任务。同时，节能降耗取得明显成效，2014年煤炭消费总量减少1500万吨，首次实现负增长；2015年1~4月，河北省规模以上工业能耗同比下降2.65%，规模以上工业单位增加值能耗同比下降6.93%。

二、技术改造升级，推动产品结构优化

河北省加大对传统行业技术改造的支持力度，印发了《河北省企业技术改造升级计划》，并组织实施了"十百千"工程和千项技改计划。近三年来，河北省财政累计在钢铁、水泥、玻璃行业的专项技术改造资金达到2.5亿元，有效带动了三大行业的技术改造投资，产品结构有所改善。2014年，粗钢、生铁等初级产品产量同比小幅下降，粗钢、生铁产量分别为18530.34万吨、16932.57万吨，同比分别下降0.6%、0.99%。同时，高科技含量、高附加值钢材产量同比均实现不同幅度增长，产品结构渐趋优化，如冷轧薄板306.61万吨，同比增长34.52%；特厚板10.27万吨，同比增长44.49%；冷轧窄钢带325.54万吨，同比增长37.69%。

三、加快产能转移，优化产业空间布局

一是引导钢铁产能向沿海临港和有资源优势的地区转移。截至2015年4月，《河北省钢铁产业结构调整方案》中的5项重大布局结构调整项目已有3项取得实质性进展，其他2项正处于前期准备阶段。二是鼓励优势产业过剩产能境外转移。2014年，河北省先后出台了《河北省钢铁水泥玻璃等优势产业过剩产能境外转移工作推进方案》、《关于主动融入国家"一带一路"战略促进我省开放发展的意见》等文件，鼓励钢铁、水泥、玻璃等产能相对过剩、具有比较优势的企业，到境外建设生产基地，带动装备、技术、资本及劳务输出。截至2015年4月，已完成境外转移的产能包括：钢铁企业3家，年产能175万吨；水泥企业2家，年产

能140万吨；玻璃企业1家，年产能85万重量箱。目前仍有一批在建、在谈项目，如河北钢铁集团在南非年产能500万吨的钢铁项目、冀东发展集团在南非和赞比亚年产能228万吨的水泥项目、耀华玻璃机械制造公司在哈萨克斯坦年产350万重量箱浮法玻璃项目等，以此实现2017年全省转移境外钢铁产能500万吨、水泥产能500万吨、玻璃产能300万重量箱的目标，前景比较乐观。

四、发展相关产业，延长产业链条

一是大力发展下游产业。如唐山迁安市积极引导民营资本建设耗钢项目，着力发展钢铁深加工产业集群，不断加快产业结构转型升级步伐。2014年，实施建设总投资82.2亿元的装备制造及钢铁深加工项目26个，竣工后可新增耗钢能力600万吨。二是发展非钢产业。2014年，河北省钢企非钢产业比重已超过15%。其中，河北钢铁集团是多元化发展的典型代表，先后成立了采购、销售、国贸三大经营公司和矿业、国际物流、财务等专业公司，控股宣工，并购南非PMC、瑞士德高，壮大财达证券，初步形成了矿山资源、现代物流、金融证券、钢铁贸易、装备制造五大产业板块，实现了非钢产业与钢铁主业的协同发展，在2014年主营业务收入下降10.88%的情况下净利润增长500.10%。

三、京津冀地区产业转移情况

京津冀协同发展意欲通过产业转移，为北京高端产业赢得物理空间，同时部分解决交通拥堵等问题，而天津和河北则可以通过产业承接，带动产业结构升级。目前，关于产业转移对欠发达地区产业结构升级的效应，学术界仍然存在不同意见。一方面，承接产业转移对欠发达地区的产业结构升级具有积极的促进作用，其作用机制主要有如下两个：技术溢出和产业关联。具体表现为：转移产业的技术标准和管理经验，依托技术转移、扩散和创造等方式，促进产业承接地的企业进行技术创新，

第十章　金融协同支持京津冀区域经济发展路径——助力产业结构升级

从而实现产业结构高级化发展；转移产业借助模仿、竞争和协作效应，通过产业链接直接带动当地相关产业发展，或者通过关联机制带动上下游相关产业发展，促进产业承接地产业升级（许树辉、王利华，2015）。另一方面，产业转移并不必然带来产业承接地区的产业结构升级和调整。Hunya（2002）研究了罗马尼亚的制造业，由于跨国公司优势能力转移不足，其转移效应并不总是正面的。发达地区的产业转移并不必然意味着先进技术产业的转出，因此产业转移不一定能够推动欠发达地区的技术进步，反而有可能拉大产业转出地与欠发达地区之间的技术差距。此外，产业承接地区可能会因为产业转移而成为高污染、高耗能产业的集中地，对当地生态、社会造成巨大破坏。

综上所述，承接发达地区的产业转移既可能促进相关产业发展、提升产业技术水平，实现产业结构高级化调整，也可能有引致产业结构畸形化、破坏生态环境等消极效应。如何推进京津冀地区的产业布局，实现产业结构优化升级仍将是三地政府需要协调的重点。

北京市产业发展的目标是严格限制"两多三高"行业发展、有序退出劳动密集型业态、疏解区域性物流基地和专业市场。从已经落地的产业转移项目来看，北京向天津和河北转移的多为传统制造业和资源消耗型产业，集中在钢铁业、纺织业、食品加工业、有色金属冶炼业等。如首都钢铁公司炼钢厂和北京焦化厂等；向邯郸武安市迁移的北京凌云建材化工有限公司；向沧州黄骅转移的北汽旗下汽车制造厂；向邯郸成安县、鸡泽县转移的锻铸造产业；向石家庄行唐县转移的家具产业；向唐山转移的石材行业；向津冀转移的北京动物园服装批发市场、大红门服装批发市场、北京新发地农产品批发市场等。对于河北和天津的经济发展来说，这些产业的转移虽然能够在短期内拉动地区生产总值，但从长期来看，对促进津冀两地产业结构优化升级作用不大。

专栏 10-2

曹妃甸承接京津产业转移

曹妃甸工业区因其独特的区位优势、资源优势和政策优势,将成为京津冀协同发展的重要产业转移支撑区。

一、曹妃甸工业区的基本情况

曹妃甸紧依京津,区位优越,与京津连接的交通体系日益发达,北方海陆交通枢纽地位已显现;深水大港的开发规模和吞吐量居全国十大港口之列,正加快打造世界级综合贸易大港;土地存量大,燃气、电力资源丰富,能够有效降低企业生产成本,是央企等大型企业理想的落脚地。此外曹妃甸工业区还拥有国家级经济技术开发区、国家级循环经济示范区、国家级信息化与工业化融合实验区、河北省首个综合保税区等,享受财税方面的优惠政策。

2014 年 7 月 31 日,京冀双方签署《北京市人民政府、河北省人民政府共同打造曹妃甸协同发展示范区框架协议》,共涉及七大方面的合作:一是在曹妃甸工业区北侧规划 100 平方公里,共同建设北京(曹妃甸)现代产业发展试验区。二是共同建设曹妃甸中关村高新技术产业基地。三是共同打造大型石化产业基地。四是共同打造资源能源储备供应基地。五是共同打造宜居宜业的现代化新城。六是共同推进港口建设和功能完善。七是共同推进交通一体化建设。经过近十年建设,曹妃甸工业区已累计完成投资 4000 亿元,路、水、电、讯等基础服务功能完善,具备承接京津等地更多临港型产业、研发型机构及人才转移落户的有利条件和坚实基础。

二、曹妃甸承接京津产业转移情况

曹妃甸以积极承接北京高端产业制造环节和一般制造业转移为重点,积极引导北京加工制造业向该地转移。曹妃甸从建立承接平台入手,以推动协议落实、产业落地为目标,大型项目呈现汇聚之势。2014 年以来,

第十章　金融协同支持京津冀区域经济发展路径——助力产业结构升级

曹妃甸已承接京津产业转移项目19个，2015年重点推进的亿元以上项目达到152个，总投资2876亿元，签约、投资、入驻曹妃甸的世界500强企业24家，首钢京唐钢铁厂一期、中石油LNG项目、中石化原油码头及仓储项目等已经完工。

首钢集团是在曹妃甸承接京津企业搬迁方面的先行者。自搬迁至曹妃甸以来，首钢京唐公司安置北京地区停产职工8000人，招收河北高校毕业生4000人。北京钢铁行业相关的设备维检、备件制作、信息化运行维护等一批企业随之转移到曹妃甸，带动生产性服务业1.2万人就业，进一步推动了地方房地产、交通运输、现代服务业的发展，有力促进了区域经济社会发展。

京冀双方共建曹妃甸协同发展示范区以来，河北省先后与北京市发改委、经信委、国资委、农委、商务委、卫计委、科委、中关村管委会和多家行业协会进行广泛对接联系，到曹妃甸实地考察调研的企业200多家，达成了一批投资和合作意向，为进一步交流与合作奠定了坚实基础。截至2015年4月，共推进项目67个，其中前期洽谈项目34个，续建项目14个，计划开工项目19个。

三、金融支持曹妃甸承接产业转移情况

随着京津冀协同发展战略的推进，金融机构加快了在唐山市和曹妃甸区的布局，金融业务迅速扩张。截至2014年8月，唐山市金融机构累计向曹妃甸区提供各类资金支持1700多亿元，各项贷款余额800多亿元，占唐山市银行机构贷款余额的20%。另外，曹妃甸资金洼地效应日趋显现，共吸收国际开发银行、北京银行、中德证券等域外金融机构资金支持500亿元。在支持承接京津产业方面，曹妃甸区的金融机构加强与地方政府相关部门的联动配合，积极调整信贷政策，明确信贷支持曹妃甸建设投向，重点对连接京津的铁路公路、港口物流、承接北京钢铁、化工等产业转移项目，以及供给北京的海水淡化、天然气等项目加大信贷支持力度。如中国银行唐山分行2014年上报和储备对接项目19个，项

目总投资 766 亿元，授信 124 亿元。

第三节　金融协同支持区域产业结构升级的模式及国际经验

一、金融协同支持区域产业结构升级的不同模式

按照市场主体的不同，金融协同支持区域产业结构升级的模式可分为市场主导型模式和政府主导型模式两种。其中，市场主导型模式利用市场化的价格机制调节产业资源分配，主要包括以资本市场为主导和以商业银行为主导两种模式。政府主导型模式主要是指政府对信贷供给和信贷价格进行干预，从而引导信贷资金的产业配置，又称为政策性金融主导模式。上述三种模式的差异在于资本市场和信贷市场对于产业融资的相对重要性，以及信贷市场上的价格形成机制。

（一）商业银行主导的模式

商业银行主导模式是指以信贷市场作为产业中长期融资的主要来源，并且信贷市场的主要价格由市场供求关系决定。在这种模式下，信贷资金是金融协同支持区域产业结构调整的主导力量和基本路径之一，企业的流动资金和固定资产等融资需求主要通过银行信贷得以满足，信贷资源的配置伴随着产业结构调整，在一定程度上反映了产业结构调整的整体方向。该模式的典型代表包括德国、意大利、葡萄牙、芬兰、挪威、以色列等。

商业银行主导的金融体系主要通过支持产业技术创新，促进产业结构的高级化调整。商业银行的经营目标是预期收益率最大化，其信贷资

金更偏向于技术创新实力较强的企业,而对于盈利能力差、发展前景不理想、创新实力弱的企业则因风险问题而不愿放贷。因此,技术创新实力越强的企业越有能力获得技术创新所需的信贷资金,技术创新成果越多,盈利能力越有保障,从而更有利于企业的技术创新项目获得金融支持。通过这种支持方式,一方面企业创新能力增强,盈利水平不断提高,偿还贷款能力逐步提升,对产业发展的影响越来越大。另一方面,成功支持技术创新项目对其他企业起到某种示范作用,有利于促进企业间技术创新的良性竞争,有效改善产业的技术结构,从而真正实现间接金融对产业结构升级的目标。

对于区域产业结构合理化,商业银行主导的金融体系通过调整金融资源的配置结构,在产业动态增量和产业存量转换两个方面促进区域产业结构向合理化方向调整。一是在产业动态增量方面,商业银行利用其在信息收集等方面的优势,对企业预期盈利和潜在风险进行理性评估,从而引导资金在产业间合理配置。二是在产业存量转换方面,商业银行按照市场机制调节信贷资金流动和投资方向,使信贷资金从低效益产业退出并进入高效益产业,实现产业间金融资源配置结构的调整变化,促进产业结构合理化。

(二)资本市场主导的模式

在资本市场主导模式中,企业将股票、债券等证券工具作为产业长期融资的主要来源,并且资本市场中的各类价格由竞争性的供求关系确定。在这种模式下,由于存在完善的股票和债券市场,企业无需借助商业银行信贷发展长期项目,商业银行主要为企业提供短期信贷支持。资本市场通过证券市场的一级发行市场和二级流通交易市场,为从事主导产业的优势企业募集资金,并通过市场机制调节资金投向,实现资金有效配置。这一模式的典型代表国家有美国、英国等。

证券市场的一级市场主要通过证券发行为企业募集资金,使所筹集的资金流向具有发展潜力的企业。未达到上市要求的企业不能获得资本市场的支持，但为了实现持续经营和扩大盈利能力，只能选择进行产业转型，从而实现产业结构合理化调整。证券市场的二级市场主要通过股权转让的形式实现企业间的参股、控股、兼并和重组，达到资源优化配置。资本市场为资金实力雄厚而处于劣势行业的企业提供了向优势产业快速转型的可能，通过兼并重组实现经营业务转型，快速实现盈利能力提升。

资本市场对高新技术企业的支持，体现了对产业结构高级化调整的促进作用。高新技术企业的起点是在技术、服务模式或经营模式上的创新，资金是确保创新能够进行商业化运作的关键要素。一方面，由于存在多层次的资本市场体系，高新技术企业可以通过专业性的资本市场进行产业融资，满足其项目发展的资金需求。另一方面，资本市场上的企业并购是高新技术企业获得资金支持的重要途径，推进了高新技术产业的快速发展，促进了产业结构的高级化调整。

（三）政策性金融主导的模式

政策性金融主导模式主要是以信贷市场为基础，信贷市场上的价格受到政府的行政干预，资本市场被政府用作项目筹资的渠道，但对企业融资需求的支持作用十分有限。在这种模式下，政府通常将信贷市场上的价格维持在较低的水平上，导致信贷资金供不应求，因此需要政府利用行政手段对信贷资金进行选择性配给。这一模式的关键不在于政府干预是否影响到金融资源的分配，而在于谁控制了信贷资金分配的过程以及如何控制。这一模式的典型代表国家有日本、法国等。

在政策性金融支持区域产业结构调整升级过程中，一方面，政府可以通过制定相应的金融政策和产业发展政策，引导商业性银行信贷投向。比如实行差别化的利率政策，扶持落后区域产业发展；以政府财政补贴的方式，鼓励银行信贷对技术创新型项目设置低利率；出台相关政策对高污染、高耗能、低效益的产业进行融资限制，倒逼这些产业进行技术改造升级，加强技术研发与创新。另一方面，政府可以通过成立一些官方的政策性金融机构，比如我国设立的中国农业发展银行、国家开发银行、中国进出口银行等政策性银行，专门扶持国民经济发展中一些重点行业或薄弱环节。通过政策性金融机构的金融支持，可以使国家重点产业、新兴产业，以较低的成本获得贷款，实现规模化生产。与此同时，由于政策性银行对于产业的支持往往反映了国家产业结构调整升级的意图，且以政府信用担保，对项目风险进行了过滤，因而会产生极大的引导效果，带动金融系统和社会资本向上述产业倾斜，产生资金集聚效应，推动重点产业和新兴产业快速发展，最终推动产业结构升级。

综上所述，受企业或产业所处经济阶段、社会发展、资源配置等因素的影响，金融协同支持区域产业结构升级的三种模式对金融资源的产业配置、风险分担及企业治理等方面发挥不同的作用。因此，选择哪种模式支持产业结构升级以及各模式的具体实现路径，要根据产业发展所处的经济发展阶段以及各种模式采用时的交易成本大小决定。下面，以美国、德国、日本作为三种金融支持产业结构升级模式的典型代表，深入分析三种模式下金融资源产业配置的特征。

二、金融协同支持产业结构升级模式的典型案例

（一）美国：以资本市场主导金融资源的产业配置

美国以资本市场为主的市场主导型金融主要体现在以下方面：第一，实现了融资的市场化。企业无论是从商业银行融资，还是从资本市场融资，都成为了一个市场选择过程，这与完善的美国金融业监管体系密不可分。第二，美国直接融资占绝对优势，其中债券融资所占份额最大。第三，建立了多层次资本市场体系，除了全国性交易所之外，还建设了

区域性证券交易所和各种场外交易场所，最大程度地满足了各种融资主体的资本需求。

1. 减少行政干预，鼓励金融创新。美国一直奉行经济自由的产业政策，主要以市场手段对金融资源进行配置，推进产业结构的合理化和高级化。金融支持产业结构调整的方式在于，支持高新技术产业以及支柱企业实现集团化发展，同时合理运用市场力量和政府行政手段支持中小企业发展。政府主要通过实行比较宽松的金融监管政策，积极鼓励金融体系进行金融创新，大力推进金融结构优化，不断为区域产业结构升级提供更为丰富的融资渠道和风险管理工具，促进不同类型产业发展与金融支持的良性结合和循环发展，进而实现金融支持产业结构升级的目标。

2. 利用风险投资推进高新技术产业。风险投资是金融市场中的一种制度创新，它在美国产业转型升级过程中发挥了十分重要的作用。在推进风险投资方面，美国首先通过政府立法、实行贷款担保和财政税收优惠等手段，为风险投资业的发展创造了良好的制度环境。其次，通过扩大风险资本来源保证风险投资的可持续性，比如美国政府曾鼓励退休基金进入创业资本领域，使创业资本得到大规模、长期化的稳定资金来源，并降低创业资本收益税，促进新型产业发展。最后，通过建立创业板市场，为风险资本退出创造条件，极大地促进了风险资本的良性循环发展。美国风险投资 60%~70% 集中于知识密集型和技术密集型产业，因此，这种投资结构能促进美国产业结构的转型升级。

3. 资本市场并购重组，促进产业组织合理化。美国政府不直接干预各类产业的进入和退出及产业组织结构，而是充分发挥资本市场的力量，使相关利益主体在资本市场竞争中，实现企业自身的最佳规模选择和产业内企业组织结构的合理化。创业板市场适应了美国高新技术产业发展的融资需求，为美国不同规模和风险的企业提供了重要资金支持，分散了风险，促进了美国中小企业和高新技术产业的发展。

4. 利用政策性金融弥补金融市场失灵。美国的政策性金融主要是为了缩小不同区域间经济发展差距、扶持弱势产业和中小企业发展,弥补市场性金融带来的区域性金融缺失现象。一是政府可以通过预算进行放贷,或直接对民间借贷进行担保,比如在对中小企业贷款中,政府的直接政策性贷款规模较少,而是向中小投资公司、风险投资公司等发放优惠贷款,然后由其采用低息贷款、购买或担保公司证券等方式向中小企业提供资金。二是通过政策性金融机构支持产业发展,比如房利美和房地美等主要为住房抵押贷款提供担保,从而促进美国房地产业发展。

(二) 日本:以政策性金融主导金融资源的产业配置

日本是国际上典型的政府主导型的发达市场经济国家。第二次世界大战后,日本经济发展的资金缺口较大,但又缺乏良好的市场经济基础和完善的金融市场体系。日本的产业发展和产业结构升级,只能依靠政府的干预和政策性金融引导民间资金投入。在此基础上,日本形成了完善的政策性金融体系,成为实行赶超经济的后起工业国家中金融体制的典型代表。日本战后经济实现了快速复苏和增长,可以说与其政策性金融体系密切相关。

1. 依法建立大规模的政策性金融体系。为了加快产业结构升级,日本依法成立了专门化的政策性金融机构,即著名的"二行九库",具体包括日本输出入银行、日本开发银行、日本国民金融公库、住宅金融公库、农林渔业金融公库、中小企业金融公库、北海道东北开发公库、公营企业金融公库、环境卫生金融公库、冲绳振兴开发金融公库、中小企业信用保险公库。这些政策性金融机构因其有完备的法律作为保障,能够更好地贯彻国家产业政策,加快了日本产业结构升级调整。

2. 实施低利率等信贷倾斜政策。日本银行通过"窗口指导"对商业银行贷款投向进行引导,并对商业银行实行超额贷款政策,从而保证优先发展部门的资金需要,有力支持了政府的产业发展政策。20世纪50～70年代,日本为促进出口、扶植基础产业和重化工业化发展,实行了人为的低利率政策,将官定利率定在4.25%～6.25%,进一步降低了企业融资成本,激励投资增长,满足了产业发展的资金需求,使产业结构快速由农业、轻工业向重化工业转变。

3. 政府主导银企关系提供融资便利。日本积极构建政府主导下的银企关系,通过建立"主银行制度"使银行与大企业订立关系型融资契约,进行相互持股,从而极大地满足了大规模企业经营扩张对资金的需求,促进了企业集团化发展。在中小企业发展方面,日本一方面以政策性金融形式提供低息贷款,并由政府出资建立中小企业信用担保机构进行担保。另一方面,设立创业板市场为高风险企业和中小企业上市服务,并设立中小企业柜台市场为非上市中小企业提供融资便利,极大地拓宽了日本中小企业的融资渠道,促进了中小企业快速发展,带动产业结构优化升级。

4. 构建法律制度确保金融均衡发展。在政策性金融与市场性金融支持产业结构调整过程中,日本以系列化法律形式确定了商业性金融与政策性金融在资金分割、市场分割等方面的总体协调均衡;确定政策性金融的信贷投放重点,最大限度地支持国家发展战略的实施;确定了各政策性金融机构在各自独特领域以独特方式向特殊对象开展金融业务的分工与合作的均衡结构,利用专业化政策性金融业务制度实现投资结构及产业结构协调发展。

(三) 德国:以商业银行主导金融资源的产业配置

德国的金融体系同样以信贷为基础,但与日本模式不同,德国政府没有对各金融市场的价格进行干预,金融资源按照自由浮动的价格信号进行分配。全能银行制度是德国产融结合的重要特征,在其战后重建和产业扩张期间发挥了积极作用。全能银行不仅能够开展商业银行的所有业务,还可以开展投资银行的所有业务。因此,德国全能银行主要通过两种渠道参与产业发展,一是掌握产业资金来源的信贷市场和证券市场入口（发放贷款、发行股票和债券），参与企业融资。二是通过持有企业股份、人事渗透、代理投票等方式，参与公司治理并在其中发挥重要作用。

一方面，企业的融资来源决定了银行在德国金融市场上的独特地位。德国银行处于企业融资系统的中心，不仅为企业提供长短期信贷支持，还是企业进入资本市场的关键渠道。另外，长期的信贷联系是银行与产业之间关系的主要基础，是企业得以发行股票和债券的重要前提。但是由于德国银行业存在高度竞争，其银行集中度小于英法等国，降低了任何一家银行在信贷市场上的重要性。随着大型公司能够直接进入国际资本市场融资，在一定程度上削弱了银行的垄断性，但由于资本市场重要性的相对有限，银行仍然处于产业外部融资体系的中心。

另一方面，德国银行在公司业务经营及治理结构中具有重要地位。德国银行在参与产业事务的发展过程中形成了具有德国特色的主持银行模式，通常主持银行对持有公司的股票很少交易出手，并在企业兼并重组中发挥积极作用，因而银企之间能够建立长期稳定的交易关系。一是银行在参与公司管理过程中，企业能够分享银行在金融等专业领域的技术优势，推动企业自身决策的科学化程度。二是通过间接或直接参与企业重大决策，银行可以更广泛深入地收集企业内部信息，从而对公司经营与管理进行有效指导和监督，减少由于银企信息不对称造成的逆向选择问题，有助于实现最优贷款安排。

三、金融协同支持产业结构升级模式的比较分析

一国金融体系模式与其政府行政力量的强弱、产业结构调整的模式密切相关。不同的金融体系模式留给政府产业调整模式的选择空间不尽相同；政府行政体制的不同决定了其干预金融系统的能力；产业调整模式进一步影响与之相适应的金融体系模式。下面结合美国、日本、德国

的政府行政体制和产业结构调整模式对三种金融体系模式进行比较分析。

在美国模式中,高度发达的资本市场为产业发展提供长期资金;商业银行的专业化发展,使其经营活动局限于短期贷款,限制了商业银行参与产业调整的程度;金融体系和政府之间存在广泛而分化的相对独立性,金融机构与产业部门之间的市场关系也保持着距离。美国政府的组织结构、司法系统和金融体系均限制了政府对经济活动的直接干预。美国政治的核心特征是权力的分化与分散,官僚机构往往受到商业集团的影响或直接渗透,因此美国的产业发展政策反映了社会压力之间的平衡,而不是中央行政机构的意愿。司法机构是处于商业集团和政府间的第三方,能够阻止行政机构系统地、有目的地干预经济,使商业集团和政府处于某种敌对关系,从而维护美国产业的独立性,以及产业和政府官员之间的距离。美国金融支持产业结构升级是在高度发达的市场经济体制下进行的,由市场自发进行金融资源调节和配置。分权化的金融体系和完善的证券市场使得企业能够保持自身和决策的独立性。

在战后,日本形成了政府主导的金融支持模式,其特征为:金融体系以信贷为基础、主要是政府为产业发展提供资金而设计组建的、关键市场上的价格由政府决定。该金融系统通过政府影响力和行政政策分配金融资源。日本政府作为市场参与者,对日本合理的产业结构有自己的看法,并为实现这一目标而努力。战后日本的产业政策旨在为高附加值的产业创造比较优势,为投资提供资金和税收优惠,通过营造国内市场的激烈竞争促进产业发展。日本的例子说明了,以信贷为基础、价格受到管制的金融体系是国家促进产业结构调整的基本战略要素。

在德国商业银行主导金融支持模式中,金融体系的特征是以信贷为基础,政府既没有从数量上也没有从价格上对信贷资源分配进行干预,对产业资金的供给和拥有企业大量股票并代表其他股东投票使银行在产业事务中具有重要影响力。战后德国产业结构以出口为导向,非常适应战后繁荣时期的市场条件,所以德国进行的产业结构转型最少。在这种

第十章 金融协同支持京津冀区域经济发展路径——助力产业结构升级

情况下,自由经济得以在德国蓬勃发展,避免了政府保护和限制等干预措施。事实上,德国政府并未完全信奉古典自由主义的教义,由于产业结构变迁可能导致社会成本和政治成本,德国政府对煤炭、造船业等进行政策干预,这种选择性干预与福利国家建设共称为社会市场体系(Social – Market System)。历史上被称为产业保姆的德国银行处于企业融资系统的中心,德国银行的影响力主要依赖于法律制度而不是市场结构,法律环境促使银行通过行使股票表决权影响产业发展,银行在产业中所占股份没有任何限制,但对银行资产在企业间的分配则有要求,从而保证了银行在产业事务中的重要性。

不同金融体系模式的弊端也应引起足够重视。对于资本市场主导型,以市场机制为基础的收购和兼并行为,在一定程度上加剧了企业运作的不稳定性。股东中对企业经营业绩不满意的投资者容易出售股权,在短期内不利于推进产业结构升级调整。对于政策性金融主导型,以政府行为代替市场机制进行资源配置,难以规避"政府失灵"。具体而言,政府通过直接或间接途径干预产业发展,主导社会资本的积累和使用,左右资源配置和产业选择,为政府寻租和官员腐败留下隐患。政策性干预还可能引发投机和非理性经营行为,并从微观企业传导到整个产业链,导致产业结构和市场、技术脱节,阻碍传统产业和新兴产业正常发展。

第四节 京津冀区域金融协同支持产业结构升级的模式选择

在上一节中,我们从资金供给方的角度出发,讨论了金融协同支持产业结构升级的不同模式。下面,我们将结合京津冀产业融资需求特点和金融结构特征,探讨京津冀地区金融协同支持产业结构升级的模式选择问题。

一、京津冀产业结构调整的融资需求特征

（一）国家主导的产业调整模式

京津冀协同发展是国家主导的产业调整模式，政府以参与者的身份设计、实施这项区域经济发展战略。一是明确了京津冀地区产业发展的指导思想、基本原则和发展目标，对产业结构的动态调整和产业结构调整后的效果均有明确定位。二是为了实现上述目标，制定详细可行的组织实施方案，从组织领导、重点工作、责任分工和舆论引导等方面，对产业结构调整的资源进行组织分配。三是将京津冀地区的区域经济政策与深化经济体制改革相结合。

作为一项重大国家战略，京津冀协同发展受到中央政府和京津冀三省市政府部门的重视。2015年4月30日，中央政治局会议审议通过的《京津冀协同发展规划纲要》，对京津冀协同发展进行了顶层设计，研究制定了具体的实施方案细则和路线图。《纲要》的通过标志着中央牵头打破壁垒，优化重组，京津冀协同发展这一国家战略将加速落地。三地政府均召开专门会议，传达学习纲要精神，工信部等部门研究制定了京津冀产业转移指导目录。作为京津冀协同发展过程中的重点和难点，产业升级转移是率先突破的领域之一。在国家主导的产业调整模式中，金融体系是国家配置产业资本、实现产业调整目标的重要手段。

政府积极推进产业调整的政策，意味着政府必须帮助产业获得投资资金，维持企业现金流以保障其正常经营，协助开发市场保证稳定需求。因此，政府需要掌握某种能够影响金融机构分配资源的工具或手段。为促进产业协同发展目标的实现，政府干预下的资金分配应是京津冀金融支持模式的重要特征。

（二）京津冀地区国有经济比重高

我国改革开放的次序是从南向北，南方的非国有经济比重远高于北方地区，再加上北京、天津作为直辖市从中央政府获得了大量国家投资项目，国有企业比重高于长三角和珠三角地区。京津冀国有经济比重过高，国有企业资产总额占全国的比重高达60%以上。严格来讲，国有企业不是真正意义上的市场主体，对市场和价格信号反应不灵敏，对区域经济一体化要求不强烈，对地方政府之间区域合作的压力不大。而且地方政府对国有经济控制力强，对国有企业干预程度高，有地方保护主义倾向。京津冀地区民营经济发展程度偏低，造成区域市场主体和结构缺陷。这些都造成京津冀区域合作的困难。

但由于中央企业在北京的占比更高、中央政府对央企的控制力更强，中央企业可以成为中央政府推进京津冀协同发展战略的重要工具，而实施效果取决于中央政府推进该战略的决心和手段。2015年7月，国资委率87家中央企业与河北省政府进行对接，开展了"推动京津冀协同发展——央企进河北"活动，这是中央政府贯彻京津冀协同发展国家战略的一次重大行动。国资委要求中央企业主动落实国家战略，紧紧抓住重要战略机遇期，谋划实施项目布局，以实际行动推动京津冀协同发展。会上，河北省与部分中央企业签署69项合作协议，涉及重大产业项目329项，双方签署意向总投资超1.6万亿元，涉及战略新兴产业、现代服务业、治理大气污染等多方面。

（三）产业园区建设为重要载体

产业园区建设是京津冀地区产业转型升级的重要载体。2015年7月15日，中国共产党河北省第八届委员会第十一次全体（扩大）会议审议通过了《中共河北省委、河北省人民政府关于贯彻落实〈京津冀协同发展规划纲要〉的实施意见》，指出建设一批现代化产业园区是贯彻落实

《纲要》的关键之一。在京津冀产业对接合作方面,北京(曹妃甸)现代化发展试验区将依托曹妃甸区位和港口优势,利用北京产业基础和科技创新资源;北京新机场临空经济区定位为区域协同发展创新示范区;重点建设曹妃甸工业区、渤海新区、中关村与有关市合作的园区以及其他国家级高新区和开发区等,做好京津科技成果转化和产业转移承接;重点抓好津冀涉县天铁循环经济示范区和安国现代中药、安平丝网等一批特色产业园区。当然,如何避免产业园区效率低下、重复建设、资源浪费等问题,是政府相关部门前期应该重点研究和规划的。

产业园区的资金需求主要包括:基础设施建设长期资金需求和流动性短期资金需求。其中,基础设施建设是产业园区建设融资的重点和难点,基础设施项目通常具有投资规模大、建设周期长的特点,需要长期资金。尤其是河北省在京津冀协同发展的过程中基础设施建设融资需求更大,但其融资能力弱,资金缺口大。目前融资渠道主要包括:政府部门作为投资主体,通过财政专项资金预算拨款,商业银行与政府及其所控股企业间的"政治关系"获取长期、低利率且金额更大的贷款额度,股票、债券、信托产品等金融工具以不同的方式和期限为产业园区基础设施建设提供中长期资金,缓解财政压力。

(四)区域间分工协作能力差

京津冀地区是跨省级的大都市圈,行政分割加剧了利益冲突和对区域内有限资源的竞争。北京、天津、河北三地之间分工协作程度低,依存度不强。北京和天津间相互制约,没有发挥中心城市对周边的辐射作用,并且京津采取明显的地方保护主义措施,导致周边城市经济发展速度与本身的资源优势不匹配,难以实现优势互补和京津冀地区的协调发展。

另外,京津冀地区缺乏有效的区域领导主体。在区域内各城市的竞争大于合作,没有一个平等的区域领导主体在合作中进行制约和协调,

第十章 金融协同支持京津冀区域经济发展路径——助力产业结构升级

影响了区域经济发展。由于一直缺少从区域经济、大城市群角度进行的产业规划以及区域规划,京津冀制造业长期盲从发展,产业分工协作能力差,制造业结构雷同,没有充分发挥当地特色,浪费资源。京津冀没有形成明显的产业链,只有电子、轻工、生物制药等少数产业形成联系,且这些联系仅表现在企业研发总部在北京,而生产基地在天津与河北,最终导致区域缺乏经济发展的原动力。

二、京津冀区域金融结构特征

科技金融、大数据服务等新技术发展为京津地区金融机构进一步向外拓展业务创造了条件。京津地区优势金融资源扩散的需求与河北省积极吸引金融资源的需求相结合,将进一步推动京津冀区域金融合作和协同发展,提升京津冀地区金融资源分配的有效性,实现京津冀地区产业结构的优化调整。

(一)地方政府与商业银行的关系

国有商业银行是我国信贷市场上的绝对主力。在传统计划体制下,政府、企业和银行组成利益共同体,金融机构作为这个共同体的工具,在政府指导和指定下,为企业提供源源不断的低成本资金。在过去的三十余年里,中国银行业改革的一个重要内容就是打破政府、金融机构和企业三位一体的关系,使政企分离、政银分离、银企分离,加强金融机构的商业性和独立性。尤其是目前国有商业银行在各省市不设置法人机构,地方政府不能对其业务进行行政干预,导致地方政府缺乏影响信贷资金的工具。地方政府与国有商业银行的关系属于战略合作关系,通过签订合作协议的方式进行合作,必要时需要省市政府出面与国有商业银行总行协调,争取对辖区的金融支持。

（二）利率市场化的影响

2005年10月24日，中国人民银行不再对商业银行和农村合作金融机构设置存款利率上限，标志着历经20余年的利率市场化改革基本完成。利率市场化以后，市场将在利率的形成和变动中发挥决定性作用，中央银行失去了对信贷市场利率的行政管制手段，对于利率的调控将更加依赖于公开市场操作等市场化工具。这削弱了政府对于信贷市场利率的管控能力，增加了调控利率的难度和不确定性。中央银行调控利率的有效性，将取决于货币政策传导机制是否通畅、政策利率培育等因素，并对其市场流动性预测、金融基础设施建设、货币政策透明度提出更高要求。

（三）金融市场分割现象明显

由于我国行政力量在资源配置方面的作用仍十分明显，以市场机制主导的资源分配尚待完善，加之北京的首都政治优势，京津冀地区资本等生产要素市场一体化建设滞后于长三角、珠三角地区，京津对河北资金、人才等资源的"虹吸效应"明显，妨碍了生产要素在京津冀地区的自由流动和优化配置。以银行业为例，由于银行业的地区分治模式和地方行政区划管理，京津冀三省市的金融资源存在显著差异。2014年，京津冀三省市资金支持实体经济的使用效率存在差异，存贷比分别为53.60%、93.73%和64.10%，占GDP比重分别为2.52%、1.48%、0.95%。

三、金融协同支持京津冀产业结构调整的模式选择

结合上文分析，本小节探讨金融协同支持京津冀产业结构调整的模式。由于日本以信贷市场为基础的产业金融模式有利于政府实施产业政策，并且京津冀协同发展是国家主导的产业调整模式以及京津冀地区国

第十章 金融协同支持京津冀区域经济发展路径——助力产业结构升级

有经济比重较高,因此,为了推进京津冀协同发展这一国家战略,政策性金融的参与不可或缺,需要政府对金融市场进行干预引导,保证京津冀协同发展规划中的产业项目得到资金支持。从政府对利率的管控情况来看,随着利率市场化进程的推进,我国已缺乏日本和法国模式中利用行政手段维持信贷市场低利率的条件。因此,督促国有商业银行履行国企责任,调动信贷市场对京津冀地区产业结构调整的支持力度,充分发挥资本市场、社会资本的补充作用,将是金融协同支持京津冀产业结构调整模式的重要着力点。从地方政府与国有商业银行的关系、京津冀地区的金融市场分割等特征来看,地方政府之间存在强烈的利益博弈动机,中央层面的财政金融支持显得尤为重要,不仅能够降低地方政府间的协商成本,加快产业结构调整进程,而且能对信贷市场、资本市场和社会资本起到很大的引导作用,拓宽京津冀产业结构调整的融资渠道。

下面,分别从商业银行、资本市场和政策性金融等方面,探讨政府干预下的以信贷市场为基础的金融协同支持产业结构调整模式的可行性。

商业银行方面。商业银行信贷仍是京津冀产业转移升级的重要资金来源之一。目前,京津冀协同发展蕴含着大量的融资需求,吸引着众多银行蜂拥而入。中国农业银行制定了《关于支持京津冀协同发展的信贷政策》,指出对京津冀区域内国家级重点项目、京津冀协同发展重点项目、产业转移客户加大支持力度;中国银行与海关合力推进京津冀海关区域通关改革,2014年完成首笔京津冀一体化通关业务,为客户备案电子保函金额2000万元;中国工商银行和中国建设银行的河北省分行也分别设立了京津冀协同发展工作小组,推进工作开展。各银行业金融机构应在信贷规模、贷款审批和产品创新顶层设计等方面给予倾斜,争取对协同发展支持的重点项目给予信贷规模单列,缩短业务办理链条,提高办理效率。在风险可控前提下,建立京津冀协同发展项目储备库,采取名单制管理,细化服务方案。按照商业可持续原则,通过回收再贷、贷款重组、发放并购贷款以及推动低效企业兼并重组等方式,提高资金使用效率，加大资金供给力度。

资本市场方面。2014年，河北辖区2家公司首发登录创业板，12家公司再融资，融资总额达132.32亿元。截至2014年底，河北省已有上市公司50家，新三板挂牌公司23家，区域股权交易市场挂牌公司105家。市场交易日趋活跃，全年累计证券交易金额2.63万亿元，同比增长56.5%；证券托管市值2074.59亿元，同比增长64%；期货保证金23.10亿元，同比增长63.71%。河北在中国香港上市公司共有20家，其中包括3家国有企业，17家民营企业，总市值超过2000亿港元。这些企业经营业绩良好，股价表现优异，已经初步形成国际投资者认可的"河北板块"。但资本市场发展程度与京津等发达地区还有较大差距。企业利用资本市场发展意识不足，直接融资比重偏低，资产证券化率偏低。河北省资本中介机构不发达，法人机构少，证券分公司业务拓展尚处于起步阶段，券商仅有财达证券1家，而且受净资本等制约，其综合实力与行业龙头仍差距尚远。资本市场发展不足和金融生态环境欠缺不仅严重制约了河北的经济社会发展，同时也给京津冀协同发展整体战略带来障碍，目前难以成为京津冀产业结构优化调整的融资主导。

政策性金融方面。京津冀地区的基础设施和重大项目建设资金来源主要有三个方面：一是财政资金、财政拨款。二是银行或金融资本以及资本市场的资金。三是社会资本。基础设施项目中，部分纯公益性的项目可能要依赖于财政投资；部分具有盈利能力的项目由于其投资周期长、盈利预期差等特点，商业性金融的参与积极性不高，政策性金融应充分发挥中长期投融资领域的优势，秉持差异化竞争战略，把主要金融资源投放到京津冀重点领域、薄弱环节上。国家开发银行以在京津冀地区9532亿元的本外币贷款余额成为支持京津冀协同发展的先行军。截至2015年4月末，国开行在京津冀地区的本外币贷款余额占同期全行的11.9%。其中，中长期贷款余额7787亿元，占京津冀地区本外币贷款余额的82%。因此，政策性金融应在京津冀地区的基础设施和重大项目等

第十章 金融协同支持京津冀区域经济发展路径——助力产业结构升级

方面发挥融资主力军的作用。

第五节 促进区域产业结构升级的政策建议

目前，我国进入经济新常态阶段，京津冀地区产业结构调整方式也呈现出新的特点，由过去增量发展向存量调整转变，即由过去依靠农村劳动力转移促进产业结构调整，变为依靠资金等生产要素在产业间的重新配置、提高劳动生产率实现产业结构升级。本节将从财政资金、金融系统和社会资本等方面，对协同京津冀金融资源优化配置、促进区域产业结构调整提出若干建议。

一、制定金融协同的战略规划

中央层面的顶层设计是京津冀地区金融协同发展、支持区域产业结构调整的必要条件，因此，要结合《纲要》中产业转移升级的融资需求，出台金融方面的配套规划和政策安排。坚持利益共享原则，破除区域间资金流动中的行政壁垒，制定覆盖北京、天津、河北3省市的金融合作规划，建立区域金融政策、金融监管和金融资源的协同机制。在实现跨区域合作过程中，形成多方联动的局面，由"一行三会"等监管部门牵头组织，政府机构全面配合，金融机构主动介入，搭建京津冀政银企对接平台，避免项目落地后因各方支持不到位影响项目进展。建立符合"大市场"要求的区域金融竞争、合作规则，北京、天津、河北3家一级分行授权一体化机制，实行评级、分类、准入一体化机制，建立授信额度统一管理机制和异地信贷业务管理机制，有效促进三地金融业务一体化。北京、天津的高端金融资源应与河北的产业融资需求有效对接，利用京津的金融政策优势，发挥其辐射和带动作用，整体提升河北省金融发展层次，使金融业能够更好地支撑产业结构升级调整。另外，在京津冀金融协同发展过程中，要坚持产融结合原则，使金融更好地服务实体经济，避免脱离产业发展实际，盲目引进金融资源，避免金融资源的无序竞争和同质发展。

二、发挥政策性金融的引导作用

一是加强政策性金融机构的支持力度。因为政府干预下的信贷市场是金融协同支持京津冀产业结构调整的融资模式，政策性金融机构不可或缺。目前，国家开发银行各地方分行的力量通常相对较弱，不足以完全承担起对当地发展的政策性金融支持。国家开发银行总行可成立京津冀事业部，发行专用于京津冀地区的债券；中央和京津冀三省市可出资设立京津冀开发银行，相较于商业银行，可以成为推进京津冀协同发展的重要融资来源，更好地实现政府投资意图。二是建立京津冀地区产业发展相关基金。国家层面的京津冀协同发展基金、京津冀产业结构调整基金、科技成果转化创业基金等，各省市层面的基础设施、旅游、扶贫开发基金等。依照棚户区改造模式，对于投资大、周期长、风险高的产业和项目，集中利用三地金融资源，支持水源涵养、风沙治理、文化旅游、小微企业、"三农"、扶贫开发等重点领域或薄弱领域，发展普惠金融，缩小区域差距，实现协同发展。三是根据产业发展需求搭建专门的担保平台。由政府提供资金建立担保基金或担保机构。政府担保通过相关法律制度的安排，可为京津冀协同发展规划的产业项目提供融资担保，降低其获得信贷资金的难度。例如，为了促进京津冀区域产业结构高级化发展，可搭建专门服务科技型中小企业的融资担保平台，缓解科技型中小企业融资难、融资贵问题。

第十章　金融协同支持京津冀区域经济发展路径——助力产业结构升级

三、加强金融系统的支撑作用

一是金融机构要创新产品，提升市场服务能力。鼓励金融机构参与产业基金、基础设施建设项目，解决政府急需的项目资本金需求，发挥整体带动作用。加大对京津冀协同发展合作项目的信贷投放力度。针对有稳定现金流的基础设施和公用设施等项目，推动企业资产证券化，帮助企业盘活现金流。二是配合京津冀区域产业整合升级中的业务需求，做实做深做透并购类投资银行业务。三是利用资本市场，设立产业协同发展基金。充分利用保险资金，将其投入到重大基础设施、产业转型升级等重点领域。充分利用境内外多层次资本市场，加强与银行间市场交易商协会、中债公司、各类证券交易所、北京股权交易所、天津股权交易所，以及担保公司、信用评级公司等中介机构的合作，积极加强企业直接融资信息库建设，大力推进具备条件的企业，特别是中小企业通过上市、发债等方式进行直接融资，提高直接融资对产业发展的支持作用。四是建立平台，加强风险管控。推动相关部门建立京津冀三地客户信息查询及预警信息发布平台，可及时查询京津冀三地客户基本信息、股东信息、财务信息等各类信息，方便金融机构进行风险管控。五是加强区域协调合作，三地分行要加强沟通，建立信息共享机制，定期交流区域客户和项目信息，全面掌握跨区域客户情况，加强互相支持。

四、鼓励社会资本的积极参与

鼓励和引导社会资本积极参与京津冀产业结构调整升级，对政策性金融、信贷市场和资本市场形成有益补充。探索社会资本发起设立自担风险的民营银行、消费金融公司、金融租赁公司等金融机构，完善银行业组织体系，提高金融服务水平。结合京津冀产业转型升级项目的收益特点，合理确定使用社会资本的具体形式：对一定期限内经营收入能平衡建设和经营成本，并能产生合理利润的经营性项目，要依法放开建设和经营市场，积极推行投资运营主体招商，推进市场化运作；对一定期限内虽有一定经营收入但无法完全收回建设和经营成本，或是虽可基本实现"保本微利"但前期投入较大、投资回收期较长的准经营性项目，要合理选择BT、BOT、PPP、股权投资等方式，并通过建立投资、补贴与价格的协同机制，为投资人获得合理回报创造条件；对基本无经营性收入的非经营性项目，可以采取BT方式，也可在建立政府购买服务等机制后采取BOT、TOT等方式，还可采取综合开发方式引入投资人组织捆绑实施。鼓励设立天使投资，拓展创业企业的融资渠道，为创业企业的早期发展奠定坚实的资金基础；鼓励设立风险投资，为创新型企业提供急需的大量资金，从而保证创业对资金需求的连续性，促进研究成果的商业化、市场化、扩大化；鼓励私募股权投资等创投基金。

五、实现金融与产业有效对接

按照京津冀产业转移指导目录，津冀需要承接八类重点产业，分别是信息技术、装备制造、商贸物流、教育培训、健康养老、金融后台、文化创意、体育休闲。从河北省来看，2014年上半年，河北省重新规范和整合了开发区布局，形成了196个省级开发区平台，用于承接北京的产业转移。另外，河北现有三大高端装备制造业基地、三大新能源汽车基地、四大电子信息产业基地、六大新材料基地、九大新能源基地和九大生物工程基地对接北京天津的产业转移，已为全面的京津冀产业布局做好准备。但是在产业对接过程中，存在一些问题，具体工作落实环节还需加强协调。

首先，要尽快实现金融对接。在京津相关产业向河北疏解、转移和整合的过程中，会产生大量的新增金融服务需求，河北的金融机构要密

第十章　金融协同支持京津冀区域经济发展路径——助力产业结构升级

切跟踪企业转移进展，了解和摸清企业需求，为转入企业及时提供所需的金融服务，减少其对迁出地金融机构的依赖。从已有的转移项目来看，金融对接没有同步跟进。一般来说，项目前期建设资金由企业总部统一调配，近3年迁入企业与当地金融机构一般只发生结算业务，很少发生信贷业务。因此银行在项目转移、后续服务方面应快速跟进，从经营理念、产品创新、服务能力、结算渠道等方面提升河北承接产业转移的金融服务能力，提高京津产业转移意愿和速度。加快三地清算结算系统建设，尽快实现异地存储、异地支付等异地业务即时结算，提高三地资金流动效率。

其次，加强政银企沟通协调。搭建银行同业间、银行与政府各职能部门间的业务交流平台，定期发布京津冀协同发展各项产业规划、政策指导、项目进展等各类信息，方便金融机构及时深入了解政府最新的政策与项目信息。地方政府相关职能部门要建立健全信息沟通反馈机制，定期或不定期深入银行机构、重点区域、重点企业进行调研，掌握产业转移进度及实际困难，及时与相关部门进行沟通协调，解决具体问题。

最后，确保投资项目建设进度。要按照年初制定的省、市重点项目推进计划，坚决抓好推进落实，确保项目按时开工建设，形成投资增量。加快推进已下达投资计划的基础设施项目建设进度。对于2014年以来已下达投资计划的城镇基础设施、地下水超采综合治理、保障性住房、农村饮水安全工程、农村中小学校舍改造等公共基础设施项目，进一步加大督导力度，促其加快投资进度。加快2015年省、市级预算内资金及配套资金支出进度。对于2015年国家、省下达的预算内项目资金和市级财政配套资金，要尽快拨付到位，发挥财政资金对产业发展的撬动作用。

专栏 10-3
河北省沧州市承接京津产业转移项目运行情况

沧州市地处环渤海经济圈,是京津冀产业聚集的最佳地区之一。2014年,沧州与北京合作项目达到460项,项目总投资1260亿元;与天津合作项目432项,项目总投资358亿元,实际到位资金104.5亿元。中钢、中国一重、中石油、中石化、中海油、中国航天科技等一批央企项目落户沧州,建立合作关系的央企有26家,合作项目54个,计划总投资达2934亿元。同时,与京津的教育、科技、人才、医疗等方面合作也取得了丰硕成果。

一、承接重大产业转移部分项目运行情况

(一)北汽集团华北(黄骅)汽车产业基地

北汽集团华北(黄骅)汽车产业基地位于黄骅经济开发区,总投资100亿元,分两期建设。一期工程投资50亿元,总建筑面积46万平方米,设计年产整车20万辆,现已竣工,目前生产车型包括越野车、皮卡、商用车三个系列;二期投资50亿元,建设水箱、内饰件、发动机等配套设施,最终实现40万辆整车生产能力。全部建成后,年销售收入可达400亿元。

北汽的投产,不仅带动了沧州近千家汽车零部件及整车改装企业的转型升级,而且吸引着更多大项目落户。2015年5月,总投资40亿元的北京汽车国际发展有限公司黄骅出口基地项目等四个项目落户沧州,北汽集团表示,北京汽车制造厂有限公司的整车生产、零部件配套、物流基地、出口基地等将全部转移至黄骅。

(二)北京现代沧州工厂

北京现代沧州工厂是北京现代首次在京外地区投建的工厂,占地面积191万平方米,工厂及配套项目总投资120亿元,2015年4月3日正式开工建设,预计2016年底落成。建成后,整车年生产能力将达到30万

第十章　金融协同支持京津冀区域经济发展路径——助力产业结构升级

辆,发动机年生产能力将达到20万台,预计年销售收入360亿元,税收45亿元。

北京现代沧州工厂将采用国际先进的汽车制造设备和技术,积极推进"三大基本战略",即建设绿色工厂、品质工厂、智能工厂。在打造绿色工厂方面,沧州工厂将有效降低能源消耗,注重清洁生产与环境保护,实现"三废"(即废气、废水、废弃物)的绿色排放与回收利用,同时实现绿色物流;在打造品质工厂方面,沧州工厂将通过多种现代化管理体系,实现对品质的全程把控,力争生产质量零缺陷的标准;在打造智能工厂方面,沧州工厂将在冲压、焊接、涂装、总装四大工艺配备全新自动化工艺设备,构建柔性生产体系。

(三)华北石化千万吨大型炼油项目

2010年,中国石油华北石化千万吨炼油质量升级与安全环保技术改造项目在河北省任丘市奠基,并于2014年全面开工建设。该项目是中国石油在华北地区建设的首个大型炼油项目,也是推进炼化业务布局和结构战略性调整的一项重要举措,确保北京市场汽油质量升级项目,计划总投资109.5亿元。截至2015年6月,已累计完成投资34.5亿元。项目总体部署已编制完成,两套催化烟气脱硫、北装车场搬迁、三泥及碱渣(液)焚烧、S-Zorb及系统配套6个项目完成并投产;蜡油加氢裂化装置、渣油加氢装置、油品罐区等项目正抓紧施工,争取2016年上半年建成投产。同时,加快推进PX项目前期工作,争取与千万吨炼油项目同步建成。

二、当前项目运行存在的主要问题

(一)工业经济下行压力较大,企业生产经营困难

据沧州市工信部门对80家重点工业企业的调查情况看,企业总体产能仅维持在60%左右,基本没有5月之后的订单,且均反映用工成本不断上升,约在4%~11%,利润空间进一步压缩。部分企业为维持技术工人队伍的稳定,在低于成本价竞标,亏损保持生产线的运转。效益一直

较好的渤海新区新启元公司、信诺立兴煤化工均出现亏损。在中国人民银行统计部门掌握的305家规模以下样本企业中，关、停、转产的达到66家，占21.6%。同时，流动资金紧张也是企业生产中存在的突出问题，部分企业的应收账款占到主营业务收入的80%以上，资金周转不畅。

（二）项目建设形势不容乐观

受国内外经济下滑、市场需求低迷影响，订单减少、销路变窄、生产成本提高，部分既有企业开工不足，业主普遍采取缓建或观望态度，对项目投资欲望降低，造成扩建或新建项目建设进度缓慢或项目开工延期，项目进度放缓。沧州市2015年第一季度计划新开工53个市重点项目（全年120个），但1~3月实际新开工项目34个，开工率为64.1%。

（三）要素制约愈加凸显

部分项目融资渠道单一，部分企业因流动资金周转问题，挤占建设资金，影响项目建设；土地占补平衡指标不足的矛盾日益凸显，市开发区、肃宁县、青县、河间市等县（市、区）均存在占补平衡指标不足问题；在环保压力方面，除铸造、建材等行业受环保影响外，渤海新区浅海、鑫海等石化项目因环保问题已停工。土地、资金和环保节能等容量指标成为影响项目投资进度的主要因素。

附 录

附表1　　　　　2005~2013年京津冀银行贷款利率浮动情况

单位:%

年份	北京		天津		河北	
	上浮	下浮	上浮	下浮	上浮	下浮
2005	19.8	52.1	42.1	26.8	64.1	19.9
2006	18.8	58.8	44.1	30.4	65	18.3
2007	13.16	65.79	34.3	36.3	66.3	17
2008	16.9	57.5	39.67	27.46	57	21.4
2009	13.5	65.4	21.62	48.35	50.9	24.6
2010	12.5	68.8	26.9	34.1	53.7	25.3
2011	36.9	28.2	53	9.3	67.5	11.6
2012	30.9	46	57.8	8.6	68.6	5.9
2013	31.3	46.3	54	9.8	69.9	7.5

数据来源：2005~2013年北京、天津、河北金融运行报告。

指标说明：表中上浮指标是指执行上浮利率的贷款业务笔数占全部贷款业务笔数的比例，下浮指标是指执行下浮利率的贷款业务笔数占全部贷款业务笔数的比例。

附表2　　　　　1981~2014年京津冀金融机构存贷款情况

单位：亿元

年度	北京		天津		河北	
	存款	贷款	存款	贷款	存款	贷款
1981	220	91	53	108	120	131
1982	279	109	68	113	136	141
1983	321	149	76	125	170	165
1984	376	174	96	139	213	229
1985	411	250	114	191	218	295

续表

年度	北京		天津		河北	
	存款	贷款	存款	贷款	存款	贷款
1986	509	299	129	224	279	378
1987	611	346	156	260	385	482
1988	610	416	176	296	458	573
1989	718	487	203	342	576	670
1990	894	573	263	416	754	824
1991	1244	736	337	487	939	979
1992	1528	895	468	625	1162	1181
1993	1873	1128	586	769	1445	1461
1994	2677	1429	801	927	1905	1755
1995	3527	1779	1080	1114	2506	2121
1996	4379	2083	1399	1357	3164	2577
1997	5228	2721	1635	1503	3791	3149
1998	6667	3327	1861	1629	4465	3674
1999	8267	4008	2060	1825	5029	4177
2000	11526	6408	2282	1864	5543	4134
2001	14109	7612	2563	2160	6124	4540
2002	17438	9704	3018	2519	6855	5038
2003	20476	12058	4034	3426	7970	5654
2004	23781	13578	4750	3839	9250	6152
2005	28970	15336	5716	4458	10765	6415
2006	33793	18132	6564	5183	12552	7412
2007	37700	19861	7930	6241	14356	8398
2008	43981	23011	9606	7383	17709	9453
2009	56960	31053	13549	10645	22361	13124
2010	66585	36480	16143	13112	26099	15756
2011	75002	39661	17198	15242	29564	18144
2012	84837	43190	19676	17392	34257	21317
2013	91661	47881	22685	19453	39444	24423
2014	100096	53651	24778	23223	43455	27594

数据来源：2013年北京、天津、河北统计年鉴，2005～2013年北京、天津、河北金融运行报告。

附表3　　　　　　　　　1981~2014年京津冀三地存贷比情况

单位:%

年份	北京	天津	河北
1981	41	202	109
1982	39	165	103
1983	47	165	97
1984	46	146	107
1985	61	167	136
1986	59	174	135
1987	57	166	125
1988	68	168	125
1989	68	168	116
1990	64	158	109
1991	59	145	104
1992	59	134	102
1993	60	131	101
1994	53	116	92
1995	50	103	85
1996	48	97	81
1997	52	92	83
1998	50	88	82
1999	48	89	83
2000	56	82	75
2001	54	84	74
2002	56	83	73
2003	59	85	71
2004	57	81	67
2005	53	78	60
2006	54	79	59
2007	53	79	58
2008	52	77	53
2009	55	79	59
2010	55	81	60
2011	53	89	61
2012	51	88	62
2013	52	86	62
2014	54	94	63

数据来源:2013年北京、天津、河北统计年鉴,2005~2013年北京、天津、河北金融运行报告。

附表4　　　　　2001~2014年京津冀金融发展水平

年份	京津冀平均水平	北京	天津	河北
2001	3.33	5.86	2.46	1.93
2002	3.57	6.29	2.57	1.98
2003	3.74	6.50	3.16	1.97
2004	3.48	6.19	2.76	1.82
2005	3.43	6.36	2.60	1.72
2006	3.48	6.40	2.63	1.74
2007	3.29	5.85	2.70	1.67
2008	3.28	6.03	2.53	1.70
2009	4.00	7.24	3.22	2.06
2010	3.98	7.30	3.17	2.05
2011	3.74	7.06	2.87	1.95
2012	3.85	7.16	2.87	2.09
2013	3.92	7.05	2.92	2.25
2014	4.10	7.21	3.05	2.44

数据来源：2013年北京、天津、河北统计年鉴，2005~2011年北京、天津、河北金融运行报告。

附表5　　　　　2001~2014年京津冀区域金融发展水平差异

年份	基尼系数	泰尔指数
2001	0.2969	0.1334
2002	0.2847	0.1458
2003	0.3159	0.1464
2004	0.3208	0.1567
2005	0.3506	0.1778
2006	0.3404	0.1760
2007	0.3279	0.1604
2008	0.3473	0.1649
2009	0.3449	0.1594
2010	0.3574	0.1616
2011	0.3804	0.1673
2012	0.3601	0.1545
2013	0.3245	0.1348
2014	0.2990	0.1239

附表6　　　　2014年京津冀、长三角金融发展差异水平比较

地区	金融发展水平	区域金融发展水平方差	区域金融发展水平基尼系数	区域金融发展水平泰尔指数
北京	7.21	4.52	0.299	0.123
天津	3.05			
河北	2.44			
上海	5.17	0.82	0.148	0.036
江苏	2.98			
浙江	3.75			

附表7　　　　京津冀三省市产业结构合理化指标

年份	北京	天津	河北
1990	0.1420	0.1914	0.7193
1991	0.1182	0.1904	0.8086
1992	0.1093	0.1956	0.7819
1993	0.0777	0.1839	0.7738
1994	0.0916	0.1718	0.6624
1995	0.0981	0.1600	0.5895
1996	0.1132	0.1656	0.5481
1997	0.1028	0.1621	0.5573
1998	0.1170	0.1699	0.5680
1999	0.1282	0.1720	0.5985
2000	0.1284	0.1906	0.6177
2001	0.1248	0.1949	0.6053
2002	0.1095	0.1928	0.5993
2003	0.0978	0.1907	0.6073
2004	0.2003	0.1874	0.5615
2005	0.0819	0.2191	0.5279
2006	0.0760	0.2595	0.5132
2007	0.0750	0.2502	0.4882
2008	0.0773	0.3251	0.4874
2009	0.0737	0.1814	0.4645
2010	0.0721	0.1763	0.4484
2011	0.0646	0.1776	0.4316
2012	0.0617	0.1708	0.4028
2013	0.0577	0.1407	0.3778

参 考 文 献

[1] 薄文广，陈飞．京津冀协同发展：挑战欲困境［J］．南开学报（哲学社会科学版），2015，（1）．

[2] 从屹，王焱．协同发展、合作治理、困境摆脱与京津冀体制机制创新［J］．改革，2014，（6）．

[3] 窦宗军．京津冀区域经济一体化发展模型研究［D］．天津大学博士学位论文，2006．

[4] 刘敏，王海平．京津冀协同发展体制机制研究——基于世界六大城市群的经验借鉴［J］．现代管理科学，2014，（12）．

[5] 李曼．京津冀区域经济一体化发展研究［D］．天津大学博士学位论文，2005．

[6] 彭荣胜．区域经济协调发展的内涵、机制与评价研究［D］．河南大学博士学位论文，2007．

[7] 伞锋．推进京津冀三地协同发展［J］．宏观经济管理，2014，（5）．

[8] 孙晶．中国区域金融发展论［D］．南京师范大学博士学位论文，2013．

[9] 孙久文，原倩．京津冀协同发展战略的比较和演进重点［J］．经济社会体制比较，2014，（5）．

[10] 魏进平，刘鑫洋，魏娜．京津冀协同发展的历程回顾、现实困境与突破路径［J］．河北工业大学学报（社会科学版），2014，（6）．

[11] 王景武．中国区域金融发展与政府行为：理论与实证［M］．北京：中国金融出版社，2007．

[12] 王力年．区域经济系统协同发展理论研究［D］．东北师范大学博士学位论文，2012．

[13] 魏清．金融资源流动与长三角金融一体化研究［D］．苏州大学博士学位论文，2009．

[14] 尹优平. 中国区域金融协调发展研究［D］. 西南财经大学博士学位论文, 2007.

[15] 支大林. 中国区域金融研究［D］. 东北师范大学博士学位论文, 2002.

[16] 张军洲. 中国区域金融分析［M］. 北京：中国经济出版社, 1995.

[17] 安虎森, 彭桂娥. 区域金融一体化战略研究：以京津冀为例［J］. 天津社会科学, 2008, (6).

[18] 鲍建慧. 中国区域金融发展的收敛性分析——基于非参数估计与 Dagum 基尼系数方法［D］. 山东财经大学硕士学位论文, 2014.

[19] 崔光庆, 王景武. 中国区域金融差异与政府行为：理论与经验解释［J］. 金融研究, 2006, (6).

[20] 崔巍. 我国区域金融发展的差异性研究——基于社会资本的视角［J］. 经济学动态, 2013, (3).

[21] 才泽. 金融助推京津冀一体化［J］. 视角, 2014, (6).

[22] 戴宏伟, 张艳慧. 京津冀金融业发展与协作路径分析［J］. 河北经贸大学学报, 2013, (9).

[23] 冯佺光. 公共选择下的山区农村经济协同发展问题研究［D］. 西南大学博士学位论文, 2012.

[24] 樊晓乐. 京津冀区域金融合作发展研究［D］. 天津师范大学硕士学位论文, 2012.

[25] 郭红玉, 王力, 黄晓薇. 北京金融产业发展的比较优势、风险及建议——基于与沪津深渝产业政策比较视角［J］. 北京社会科学, 2013, (3).

[26] 河北省金融学课题组. 关于推进京津冀区域金融一体化的现实思考［J］. 河北金融, 2008, (4).

[27] 贺灵. 区域协同创新能力测评及增进机制研究［D］. 中南大学博士学位论文, 2013.

[28] 贺晓波, 邓杰. 京津在环渤海区域金融合作中的定位与发展［J］. 未来与发展, 2009, (9).

[29] 贾若伦. 京津冀协同发展：发挥金融资本作用推动产业升级［J］. 国际融资, 2014, (5).

[30] 金雪军, 田霖. 我国区域金融成长差异的态势：1978~2003 年［J］. 经济理论与经济管理, 2004, (8).

[31] 阚景阳. 强化京津冀金融合作助推河北三大战略的政策建议［J］. 领导之友,

2012, (8).

[32] 刘芳超. 基于资本流动视角的京津冀经济一体化研究 [D]. 河北工业大学硕士学位论文, 2013.

[33] 李敬, 冉光和, 万广华. 中国区域金融发展差异的解释——基于劳动分工理论与Shapley值分解方法 [J]. 经济研究, 2007, (5).

[34] 李文哲. 京津冀区域经济一体化中的金融合作问题探析 [J]. 工业技术经济, 2007, (11).

[35] 李文哲, 齐艳霞. 京津冀区域金融合作的机制创新及切入点 [J]. 改革与战略, 2012, (6).

[36] 李文增. 京津冀的经济金融协同发展战略研究 [J]. 环渤海经济瞭望, 2014, (6).

[37] 李文增. 京津冀区域经济金融协同发展协调机制研究 [J]. 求职, 2014, (6).

[38] 李文增. 京津冀金融协同发展的对策建议 [J]. 港口经济, 2014, (5).

[39] 李文增. 天津: 关于京津冀协同发展战略背景下应对首都功能问题的研究 [J]. 探索, 2015, (4).

[40] 刘妍. 京津金融一体化发展研究 [D]. 首都经济贸易大学硕士学位论文, 2014.

[41] 孟祥林. 京津冀金融一体化: 以设立京津冀银行为切入点的思路分析 [J]. 青岛科技大学学报 (社会科学版), 2010, (3).

[42] 冉光和, 李敬, 熊德平, 温涛. 中国金融发展与经济增长关系的区域差异——基于东部和西部面板数据的检验和分析 [J]. 中国软科学, 2006, (2).

[43] 史长俊. 辽宁沿海经济带与沈阳经济区协同发展研究 [D]. 吉林大学博士学位论文, 2012.

[44] 田菁. 中国区域金融发展: 差异、特点及政策研究 [J]. 财经问题研究, 2011, (2).

[45] 王景武. 金融发展与经济增长: 基于中国区域金融发展的实证分析 [J]. 财贸经济, 2005, (10).

[46] 王琰. 京津冀区域金融协同发展的构想与建议 [J]. 华北金融, 2014, (7).

[47] 王琰, 张鑫. 深化京津冀金融协同发展 [J]. 中国金融, 2014, (20).

[48] 王友田, 曾嘉文. 基于经济区视角下的区域金融发展与经济增长关系的实证研究——以京津冀经济区为例 [J]. 特区经济, 2012, (6).

[49] 胥嘉国. 我国区域金融发展差距以及对经济增长影响的实证研究 [J]. 当代经济科学, 2006, (11).

[50] 谢太峰．金融资源空间整合：北京金融中心建设的模式选择［J］．首都经济贸易大学学报，2008，（6）．

[51] 修伟聪．京津区域金融合作研究［J］．首都经济贸易大学硕士学位论文，2009．

[52] 张璟，沈坤荣．地方政府干预、区域金融发展与中国经济增长方式转型——基于财政分权背景的实证研究［J］．南开经济研究，2008，（6）．

[53] 周立，胡鞍钢．中国金融发展的地区差距状况分析（1978~1999）［J］．清华大学学报（哲学社会科学版），2002，（2）．

[54] 祝尔娟．推进京津冀区域协同发展的思路与重点［J］．经济与管理，2014，（5）．

[55] 赵伟，马瑞永．中国区域金融发展的收敛性、成因及政策建议［J］．中国软科学，2006，（2）．

[56] 郑志刚，邓贺斐．法律环境差异和区域金融发展—金融发展决定因素基于我国省级面板数据的考察［J］．管理世界，2010，（6）．

[57] 干春晖，郑若谷，余典范．中国产业结构变迁对经济增长和波动的影响［J］．经济研究，2011，（5）．

[58] 何大义，李冉，黄启．基于信息熵的产业结构同构化程度的度量研究［J］．资源与产业，2014，（5）．

[59] 罗水清，李明生．我国地区产业结构趋同的成因及对策［J］．长沙铁道学院学报（社会科学版），2004，（4）．

[60] 钱水土，周永涛．金融发展、技术进步与产业升级［J］．统计研究，2011，28（1）．

[61] 史忠良．中国经济资源配置的理论与实践［M］．北京：中国财政经济出版社，1998．

[62] 沈丽珍，黎智辉，陈香．产业链视角下工业区产业空间布局方法研究——以盘锦船舶工业区为例［J］．经济地理，2009，29（7）．

[63] 石康，齐援军．产业结构趋同符合客观经济规律［J］．经济经纬，1999，（1）．

[64] 苏东水．产业经济学［M］．北京：高等教育出版社，2000．

[65] 许树辉，王利华．区域产业转移与欠发达地区产业结构升级研究综述［J］．热带地理，2015，35（2）．

[66] 魏后凯．大都市区新型产业分工与冲突管理——基于产业链分工的视角［J］．中国工业经济，2007，（2）．

[67] 张冬梅．产业经济学［M］．北京：社会科学文献出版社，2013．

[68] 戈德史密斯. 金融结构与金融发展 [M]. 上海：上海三联书店、上海三联出版社，1990.

[69] 马经. 粤港澳金融合作发展研究 [M]. 北京：中国金融出版社，2008.

[70] 陈广汉，梁庆寅. 珠三角区域发展报告（2004）[M]. 北京：中国人民大学出版社，2014.

[71] 王振. 长三角经济发展报告 [M]. 上海：上海社会科学院出版社，2014.

[72] 中国人民银行沈阳分行课题组. 东北区域经济金融协调发展研究 [M]. 北京：经济科学出版社，2013.

[73] 王鹤. 欧盟经济概论 [M]. 北京：中国社会科学出版社，2014.

[74] 王雅梅. 欧洲一体化进程中的欧盟区域政策 [M]. 成都：四川大学出版社，2013.

[75] 喻峰. 治理视野下的欧盟区域协调发展研究 [D]. 武汉大学博士学位论文，2009.

[76] 乔海曙. 树立金融生态观 [J]. 生态经济，1999，(5).

[77] 白钦先等. 金融可持续发展研究导论 [M]. 北京：中国金融出版社，2001.

[78] 梅新. 营造金融生态，推进金融中心建设 [J]. 上海综合经济，2002，(10).

[79] 周小川. 完善法律制度，改进金融生态 [N]. 金融时报，2004–12–07.

[80] 易宪容. 利率市场化的金融生态 [J]. 互联网周刊，2004，(12).

[81] 高新才. 营造金融生态环境，推动西部经济发展 [J]. 甘肃金融，2004，(1).

[82] 杨子强. 优化金融生态环境，促进地方经济发展 [J]. 济南金融，2005，(5).

[83] 徐诺金. 论我国金融生态环境问题 [J]. 金融研究，2005，(11).

[84] 李扬. 中国城市金融生态研究——初步研究 [J]. 福建金融，2005，(7).

[85] 李扬，王国刚，刘煜辉. 中国城市金融生态环境评价 [M]. 北京：人民出版社，2005.

[86] 徐小林. 区域金融生态环境评价方法 [J]. 金融研究，2005，(11).

[87] 中国人民银行广州分行课题组. 广东区域金融生态实证研究 [J]. 南方金融，2006，(11).

[88] 胡滨. 区域金融生态环境评价方法与实证研究 [J]. 经济管理，2009，(6).

[89] 段福印，李方. 城市金融生态比较与上海金融生态改善 [J]. 上海金融，2011，(5).

[90] 董贻利，赵静. 对区域金融生态环境建设的思考 [J]. 山东经济战略研究，2005，(10).

[91] 李德. 京津冀一体化中的金融支持策略 [J]. 金融与经济，2014，(11).

[92] 刘国宏. 基于金融生态视角的区域金融中心建设研究 [D]. 南开大学博士学位论文, 2012.

[93] 李嘉晓. 区域金融生态环境: 理论阐析、优化价值与优化对策 [J]. 哈尔滨工业大学学报, 2007, (5).

[94] 曹亚廷. 社会信用体系中的公共信息与征信系统 [J]. 征信, 2015, (2).

[95] 李艳杰. 金融生态环境与北京金融中心建设 [J]. 特区经济, 2011, (1).

[96] 黎和贵. 区域金融生态环境差异与经济增长效率研究 [J]. 河南金融管理干部学院学报, 2007, (2).

[97] 夏伟亮. 个人金融信息保护工作现状与建议 [J]. 中国征信, 2015, (3).

[98] 吴朝平. 互联网金融领域消费者权益保护问题探讨 [J]. 征信, 2015, (2).

[99] 郑杨. 论金融生态环境建设与金融法制化 [J]. 上海金融, 2006, (4).

[100] 曹凤岐. 改革和完善中国金融监管体系 [J]. 北京大学学报, 2009, (7).

[101] 苗青. 论我国金融消费者权益保护的司法困局及监管完善 [J]. 经济法论坛, 2012, (11).

[102] 国家统计局: 2014 年国民经济和社会发展统计公报.

[103] 北京市统计局: 2014 年国民经济和社会发展统计公报.

[104] 天津市统计局: 2014 年国民经济和社会发展统计公报.

[106] 河北省统计局: 2014 年国民经济和社会发展统计公报.

[106] 上海市统计局: 2014 年国民经济和社会发展统计公报.

[107] 浙江省统计局: 2014 年国民经济和社会发展统计公报.

[108] 江苏省统计局: 2014 年国民经济和社会发展统计公报.

[109] 人民银行北京营业管理部: 北京市金融稳定报告 2015.

[110] 人民银行天津分行机关: 天津市金融稳定报告 2015.

[111] 人民银行石家庄中心支行: 河北省金融稳定报告 2015.

[112] 郑向阳. 环渤海区域金融发展与经济增长实证分析与比较——基于河北视角 [J]. 华北金融, 2009, (11).

[113] 爱德华·肖. 经济发展中的金融深化 [M]. 上海: 上海三联书店, 1988.

[114] 艾洪德, 徐明圣, 郭凯. 我国区域金融发展与区域经济增长的实证分析 [J]. 财经问题研究, 2004, (7).

[115] 陈晓荣. 长三角金融互动的实现形式 [J]. 集团经济研究, 2006, (2).

［116］窦尔翔，何炼成．论西部经济发展的金融协调［J］．重庆工商大学学报，2004，16（4）．

［117］丁竹君．区域金融发展差异测度及成因检验——以甘肃省为例［J］．财经视线，2012，(30)．

［118］韩廷春．金融发展与经济增长：基于中国的实证分析［J］．经济科学，2001，(3)．

［119］胡亮．金融深化与区域经济发展［D］．吉林大学博士学位论文，2006．

［120］胡鞍钢．我国通货紧缩的特点、成因及对策［J］．管理世界，1999，(3)．

［121］吉洪．搭建泛珠三角区域商业银行合作发展平台［J］．南方金融，2006，(7)．

［122］李敏．区域经济发展中的金融支持研究［D］．武汉理工大学硕士学位论文，2006．

［123］李靖宇，于艳．东北区域金融业协调发展的现实论证［J］．财经问题研究，2005，(7)．

［124］娄荣民，王维强．关于建立金融监管协调合作机制的若干问题［J］．上海金融，2004，(9)．

［125］林毅夫，姜烨．经济结构、银行业结构与经济发展——基于分省面板数据的实证分析［J］．金融研究，2006，(1)．

［126］谈儒勇．中国的金融发展与经济增长的实证研究［J］．经济研究，1999，(10)．

［127］沈军，白钦先．金融结构、金融功能与金融效率——一个基于系统科学的新视角［J］．财贸经济，2006，(1)．

［128］宋慧媛．辽宁省金融发展与经济增长的相关性研究［D］．辽宁大学硕士学位论文，2013．

［129］麦金农．经济发展中的货币与资本［M］．上海：上海三联出版社，1998．

［130］汤小青．区域性经济发展、金融深化与监管优化：论科学的金融发展观［J］．金融研究，2004，(4)．

［131］腾春强．金融企业集群：一种新的集聚现象的兴起［J］．上海金融，2006，(5)．

［132］田霖．金融地理学视角下的区域金融成长差异研究［D］．浙江大学博士学位论文，2005．

［133］王爱俭．建立金融稳定协调机制的理论框架［J］．财经科学，2005，(1)．

［134］杨德勇．区域金融发展问题研究［M］．北京：中国金融出版社，2006．

［135］周好文，钟永红．中国金融中介发展与地区经济增长：多变量VAR系统分析［J］．金融研究，2004，(6)．

[136] 姚勇. 从货币分析到金融分析——金融可持续发展观的理论基础和理论意义 [J]. 城市金融论坛, 1999, (3).

[137] 于文静. 长江经济带区域经济发展差异及协调度的定量分析 [D]. 华东师范大学硕士学位论文, 2009.

[138] 周立, 胡鞍钢. 中国金融发展的地区差距分析: 1978~1999 [J]. 清华大学学报 (哲学社会科学版), 2002, (2).

[139] 周立, 王子明. 中国各地区金融发展与经济增长实证分析: 1978~2000 [J]. 金融研究, 2002, (10).

[140] 周立. 金融发展促进经济增长的理论综述 [J]. 经济学动态, 2003, (9).

[141] 赵振全, 薛丰慧. 金融发展对经济增长影响的实证分析 [J]. 金融研究, 2004, (8).

[142] 赵振全, 于震, 杨东亮. 金融发展与经济增长的非线性关联研究——基于门限模型的实证检验 [J]. 数量经济技术经济研究, 2007, (7).

[143] 郑长德. 当代西方区域金融研究的演进及其对我国区域金融研究的启示 [J]. 西南民族大学学报 (人文社科版), 2005, (11).

[144] 郑长德. 中国区域金融问题研究 [M]. 北京: 中国财经经济出版社, 2007.

[145] 郑长德. 区域金融学刍议 [J]. 西南民族大学学报 (人文社科版), 2005, (9).

[146] 赵慧. 长江三角洲地区金融一体化研究 [D]. 华东师范大学硕士学位论文, 2011.

[147] 张杰. 中国金融制度的结构与变迁 [M]. 太原: 山西经济出版社, 1998.

[148] 张军洲. 中国区域金融分析 [M]. 北京: 中国经济出版社, 1995.

[149] 张凤超. 港粤金融一体化理论与模式研究 [D]. 东北师范大学博士学位论文, 2003.

[150] 张春妮. 河北区域金融差异实证研究 [D]. 河北经贸大学硕士学位论文, 2011.

[151] 张颖熙. 区域金融发展与金融一体化问题研究——基于中国的实证与分析 [J]. 中央财经大学学报, 2007, (5).

[152] 张晨. 京津金融一体化的实施基础、制约因素及发展路径研究 [D]. 首都经济贸易大学硕士学位论文, 2014.

[153] 孙久文. 区域经济学 [M]. 北京: 首都经济贸易大学出版社, 2006.

[154] 张志恒. 改革开放以来西藏外生金融发展的性质分析 [J]. 广西社会科学, 2006, (9).

[155] 冯涛，崔光庆. 我国金融风险与政府投资行为：理论与实证分析［J］. 金融研究，2007，（10）.

[156] 张波. 中国地方政府行为与区域金融发展关系研究［D］. 郑州大学硕士学位论文，2011.

[157] 周立. 渐进转轨、国家能力与金融功能财政化［J］. 财经研究，2005，（2）.

[158] 《关于中关村国家自主创新示范区建设国家科技金融创新中心的意见》（京政发〔2012〕23号）.

[159] 《关于促进银行业金融机构在中关村国家自主创新示范区核心区设立为科技企业服务的专营机构的指导意见》（中科园发〔2009〕51号）.

[160] 《中关村国家自主创新示范区小微企业信贷风险补偿资金管理办法（试行）》（中示区组发〔2013〕5号）.

[161] 《中关村国家自主创新示范区债务性融资机构风险补贴支持资金管理办法》（中科园发〔2014〕59号）.

[162] 《中关村国家自主创新示范区中小微企业银行信贷创新融资支持资金管理办法》（中科园发〔2014〕50号）.

[163] 《中关村国家自主创新示范区中小微企业担保融资支持资金管理办法》的通知.

[164] 《中关村国家自主创新示范区中小微企业小额贷款支持资金管理办法》（中科园发〔2014〕49号）.

[165] 《金融支持中关村国家自主创新示范区中小科技型企业投标承接重大建设工程项目的若干措施》（中科园发〔2014〕47号）.

[166] 《关于支持中关村国家自主创新示范区"瞪羚"重点培育企业发展的若干金融措施（修订）》（中科园发〔2014〕46号）.

[167] 《中关村"展翼计划"工作方案》.

[168] 《关于加快推进中关村国家自主创新示范区知识产权质押贷款工作的意见》（中示区组发〔2010〕19号）.

[169] 《中关村国家自主创新示范区企业信用星级评定管理办法》（中科园发〔2010〕47号）.

[170] 《中关村国家自主创新示范区小额贷款保证保险试点办法》（中科园发〔2014〕17号）.

[171] 《关于支持中关村互联网金融产业发展的若干措施》（中示区组发〔2013〕4号）.

[172]《关于进一步加强中关村国家自主创新示范区信用体系建设的意见》(中科园发〔2015〕13号).

[173]《中关村国家自主创新示范区企业改制上市和并购支持资金管理办法》(中科园发〔2014〕27号).

[174]《中关村国家自主创新示范区天使投资和创业投资支持资金管理办法》(中科园发〔2014〕41号).

[175] 天津市人民政府公报. 中国(天津)自由贸易试验区管理办法, 2015.

[176]《天津市人民政府办公厅关于加快我市融资租赁业发展的实施意见》.

[177]《关于支持中关村示范区中小微企业利用中关村股权交易服务集团创新发展的意见》(中科园发〔2015〕11号).

[178] 尼尔·保尔森. 组织边界管理——多元化观点[M]. 北京: 经济管理出版社, 2005.

[179] 唐旭, 王广谦. 中国金融机构改革: 理论、路径与构想[M]. 北京: 中国金融出版社, 2008.

[180] 王爱俭. 20世纪国际金融理论研究: 进展与评述[M]. 北京: 中国金融出版社, 2013.

[181] 吴占权. 农村新型金融组织业务创新研究[M]. 北京: 冶金工业出版社, 2012.

[182]《国务院关于加快发展现代保险服务业的若干意见》(国发〔2014〕29号).

[183] 朱玲玲, 胡日东. 我国农村金融的现状、问题及对策研究[J]. 浙江金融, 2006, (7).

[184] 彭文平, 肖继辉. 新金融中介理论书评[J]. 当代财经, 2002, (2).

[185] 邢桂君. 我国金融控股公司监管研究[J]. 金融与经济, 2008, (6).

[186] 陈建华. 长三角、珠三角经济金融合作对京津冀金融协同发展的启示[J]. 华北金融, 2015, (7).

[187] 姜文军. 江苏金融发展与经济增长研究[D]. 南京航空航天大学硕士学位论文, 2007.

[188] 李洪慈. 东北区域金融阶段性发展战略问题研究[D]. 东北财经大学博士学位论文, 2007.

[189] 胡育波. 企业管理协同效应实现过程的研究[D]. 武汉科技大学硕士学位论文, 2007.

[190] 白列湖. 协同论与管理协同理论 [J]. 甘肃社会科学, 2007, (9).

[191] 刘欣. 珠江三角洲金融一体化政策问题研究 [D]. 华中师范大学硕士学位论文, 2014.

[192] 刘秀兰, 郑向阳. 环渤海周边省市金融发展差异对比分析 [J]. 改革与开放, 2009, (2).

[193] 陈建华. 京津冀一体化与金融合作 [J]. 中国金融, 2014, (2).

[194] 蒋海玲, 胡杰. 论我国中小企业发展的区域金融环境 [J]. 现代金融, 2009, (12).

[195] 张波. 中国地方政府行为与区域金融发展关系研究 [D]. 郑州大学硕士学位论文, 2011.

[196] 王仁智, 唐婧. 中关村中小微企业信贷产品体系发展与启示 [J]. 经济研究导刊, 2014, (7).

[197] 周小川. 全面深化金融业改革开放 加快完善金融市场体系 [N]. 人民日报, 2013-11-28.

[198] 王辉. 我国农地使用制度改革探索及创新发展 [J]. 理论界, 2015, (6).

[199] 陈柳钦. 农村土地制度改革涉及问题研究 [J]. 价格与市场, 2014, (4).

[200] 魏静靓. 京津冀经济一体化下的产业协作研究 [J]. 商品与质量, 2012, (2).

[201] 吴安平. 金融支持对重庆市优化产业结构的影响 [D]. 西南大学硕士学位论文, 2010.

[202] 王玉亮, 戴绍志. 北京现代沧州工厂项目正式开工 [N]. 河北日报, 2015-04-04.

[203] 蒋世苹. 云南省城镇化基础设施建设 PPP 投资模式探索 [D]. 云南大学硕士学位论文, 2014.

[204] Adrian, Tobias, Shin, H. Song. Financial intermediaries, financial stability and monetary policy, *Federal Reserve Bank of New York*, 2008, 346.

[205] Akinlo, A. E., Egbetunde. T. Financial development and economic growth: The experience of 10 Sub - Saharan African countries revisited, *The Review of Finance and Banking*, 2010, (1): 17 - 28.

[206] Alfaro, L., Chanda, A., Kalemli - Ozcan, S., Sayek, S. FDI and economic growth: The role of local financial markets, *Journal of International Economics*, 2004, 64: 89 - 112.

[207] Allen, F., QianJ., QianM. J. Law, finance and economic growth in China, *Journal of Financial Economics*, 2005, 77 (1): 57–116.

[208] Ang, J. B. Financial development, liberalization and technological deepening, *MONASH University Business and Economics Development Research Unit Discussion Paper DEVDP*, 2007.

[209] Antonios, A. Financial development and economic growth a comparative study between 15 European Union Member States, *International Research Journal of Finance and Economics*, 2010, 35: 143–149.

[210] Anwar, S., Sizhong Sun. Financial development, foreign investment and economic growth in Malaysia, *Journal of Asian Economics*, 2011, 22: 335–342.

[211] Aoki, M., Patrick, H. The Japanese main bank system: Its relevance for development and transforming economics, *Oxford University Press*, 1994.

[212] Arrow, K. J. The economic implications of learning by doing, *The Review of Economic Studies*, 1962, 29 (3): 155–173.

[213] Batuo, M. E., Guidi, F., Mlambo, K. Financial development and income inequality: Evidence from African countries, *MPRA Paper*, 2010, 25658.

[214] Beck, T. Demirguc-Kunt, Levine, R. Law and finance why does legal origin matter?, *World Bank Policy Research Working Paper*, 2002, 2904.

[215] Bencivenga, V. R., Smith B. D., Starr R. M. Equity markets, transactions costs and capital accumulation: An illustration, *The World Bank Economic Review*, 1996, 10 (2): 241–265.

[216] Bensten, G. A transaction cost approach to the theory of financial intermediation, *Journal of Finance*, 1976, 31: 215–231.

[217] Bittencourt, M. Financial development and economic growth in Latin America: Is Schumpeter Right?, *Proceedings of German Development Economics Conference*, 2011, 13.

[218] Bodie, Z., Merton, R. C. Finance Preliminary Edition, Prentice Hall, 1998.

[219] Bojanic, A. N. The impact of financial development and trade on the economic growth of Bolivia, *Journal of Applied Economics*, 2012, 9 (1): 51–70.

[220] Boone, L., Girouard, N., Wanner, I. Financial marker, liberalisation, wealth and consumption, *OECD Economics Department Working Papers*, 2001, 308.

[221] Bruce D. S., John H. B., The evolution of debt and equity markets in economic development, *Economic Theory*, 1998, 12 (3): 519 – 560.

[222] Carlino, G. The differential regional effects of monetary policy: Evidence from the U.S. States, *Journal of Regional Science*, 1999, 39 (2): 339 – 358.

[223] Chinn, M. D., Ito, H. Capital account liberalization, institutions and financial development: Cross country evidence, *NBER Working Paper*, 2002, 8967.

[224] Clausen, V., Hayo, B. Asymmetric monetary policy effects in EMU, *Applied Economics*, 2006, 38 (10): 1123 – 1134.

[225] Demirguc – Kunt, Levine, R. Stock market development and financial intermediaries: Stylized facts, *The World Bank Economic Review*, 1996, 10 (2): 291 – 321.

[226] Demirgue – Kunt, Levin, R. Bank – based and market – based financial systems: Cross – country comparison, *World Bank Policy Paper*, 1999.

[227] Dewatripont, M., Miskin, M. Credit and efficiency in centralized and decentralized economics, *Review of Economics Studies*, 1995, 62: 541 – 556.

[228] Diamond, D. W., Dybvig, P. H. Bank Runs Deposit Insurance and Liquidity, *Journal of Political Economy*, 1983, 91: 401 – 419.

[229] Edwards, S., Capital mobility and economic performance: Are emerging economies different?, *NBER Working Paper*, 2001, 8076.

[230] Eita, H., Jordaan, A. C. A causality analysis between financial development and economic growth for Botswana, *University of Pretoria Department of Economics Working Paper Series*, 2007, 22.

[231] Fama, E. F. Banking in the theory of finance, *Journal of Monetary Economics*, 1980, 6: 39 – 58.

[232] Fase, M. M. G., Abma, R. C. N. Financial environment and economic growth in selected Asiancountries, *Journal of Asian Economics*, 2003, 14 (1): 11 – 21.

[233] Friedman, M., Schwartz, A. A monetary history of the United States, *Princeton University Press*, 2008.

[234] Giacinto, V. D. Differential regional effects of monetary policy: A geographical SVAR approach, *International regional science review*, 2003, 26 (3): 313 – 341.

[235] Gilles, S. P. Technological choice, financial markets and economic development, *Europe-

an Economic Review, 1992, 36 (4): 763 – 781.

[236] Goldsmith, R. Financial structure and development, *Yale University Press*, 1969.

[237] Gregorio J., Guidotti, P. E. Financial development and economic growth., *World Development*, 1995, 23: 433 – 448.

[238] Gurley, J. G., Shaw, E. S. Financial intermediaries and the saving investment process, *Journal of Finance*, 1956, 11: 257 – 276.

[239] Gurley, J. G., Shaw, E. S. Money in a theory of finance, *The Brookings Institution*, 1960.

[240] Haken, H. Synergetics are cooperative phenomena governed by universal principles? *Naturwissenschaften*, 1980, 67: 121 – 128.

[241] Hasan, I., Wachtel, P., Zhou, M. Institutional development, financial deepening and economic growth: Evidence from China, *BOFIT Discussion Papers*, 2006, 12.

[242] Hassan, M. K., Sanchez, B., Jung – Suk Yu. Financial development and economic growth: New evidence from panel data, *The Quarterly Review of Economics and Finance*, 2011, 51: 88 – 104.

[243] Ivo, J. M. A., Evert, B. V. Regional effects of monetary policy in the Netherlands, *International Journal of Business and Economics*, 2002, 1 (2): 123 – 134.

[244] Ivo, J. M. A. The regional effects of monetary policy in Europe, *Journal of Economic Integration*, 2001, 16 (3): 399 – 420.

[245] Jeanneney, S. G., Kpodar, K. Financial development and poverty reduction: Can there be a benefit without a cost? *Journal of Development Studies*, 2011, 47 (1): 143 – 163.

[246] Joaquin M., Juan Fernandez De Guevara. Regional financial development and bank competition: Effects on firms' growth, *Regional Studies*, 2007, 7: 1 – 41.

[247] Keynes, J. The general theory of employment, interest and money, *Palgrave Macmillan*, 1936.

[248] King, R. G., Levine, R. Financial Intermediation and Economic Development, *Cambridge University Press*, 1993.

[249] Levine, R. Financial development and economic growth: Views and agenda, *The Journal of Economic Literature*, 1997, 35 (2): 688 – 726.

[250] Levine, R. Law, finance and economic growth, *Journal of Financial Intermediation*, 1999, 8 (1 – 2): 8 – 35.

[251] Levine, R., Zervos, S. Stock markets, banksand economic growth, *The American Economic Review*, 1993, 88 (3): 537 – 544.

[252] Lucas, R. E. On the mechanics of economics development, *Journal of Monetary Economics*, 1988, 22 (1): 3 – 42.

[253] Mckinnon, R. I. Money and capital in economic development, *The Brookings Institution Press*, 1973.

[254] Michael B. D., Smith, G. W. International risk sharing and economic growth, *International Economic Review*, 1994, 35 (5): 35 – 550.

[255] Michael C. J., Murphy, K. J. CEO Incentives: It's not how much you pay, but how, *Journal of Applied Corporate Finance*, 1990, 3 (3): 36 – 49.

[256] Misati, R. N., Nyamongo, E. M. Financial development and private investment in Sub – Saharan Africa, *Journal of Economics and Business*, 2011, 63: 139 – 151.

[257] Mundaca, B. G. Remittances, financial market development and economic growth: The case of Latin America and the Caribbean, *Review of Development Economics*, 2009, 13 (2): 288 – 303.

[258] Naceur, S. B., Ghazouani, S. Stock markets, banks and economic growth: Empirical evidence from the MENA region, *Research in International Business and Finance*, 2007, 21: 297 – 315.

[259] Odhiambo, N. M. Financial deepening, capital inflows and economic growth nexus in Tanzania: A multivariate model, *Journal of Social Science*, 2011, 28 (1): 65 – 71.

[260] Pagano, M. Financial markets and growth: An overview, *European Economic Review*, 1993, 37 (2 – 3): 613 – 622.

[261] Patrick, H. T. Financial development and economic growth in underdeveloped countries, *Economic Development and Cultural Change*, 1965, 14 (2): 174 – 189.

[262] Patrick, H. T. Financial development and economic growth in under – developed countries, *Economic Development and Cultural Change*, 1966, 16: 174 – 189.

[263] Peersman, G., Smets, F. The industry effects of monetary policy in the Euro area, *The Economic Journal*, 2005, 115 (503): 319 – 342.

[264] Rachdi, H., Mbarek, H. B. The causality between financial development and economic growth: Panel data cointegration and GMM System Approaches, *International Journal of E-*

conomics and Finance, 2011, 3 (1): 143 – 151.

[265] Rajan, R. G., Zingales, L. Financial systems, industrial structure and growth, *University of Chicago Working Papers*, 1999.

[266] Ross, M. Financial fragility and economic performance in developing economies: Do capital controls, prudential regulation and super vision matter?, *IMF Working Paper*, 1999, 99 (66).

[267] Schumpeter, J. A. Business cycles: A theoretical, historical, and statistical analysis of the capitalist process, *McGraw – Hill*, 1939.

[268] Shahbaz, M., Islam, F. Financial development and income inequality in Pakistan: An application of ARDL approach, *MPRA Paper*, 2011, 28222.

[269] Shaw, E. S. Financial deepening in economic development, *Oxford University Press*, 1969.

[270] Shun – Jen Hsueh, Yu – Hau Hu, Chien – Heng Tu. Economic growth and financial development in Asian countries: A bootstrap panel Granger causality analysis, *Economic Modelling*, 2013, 32: 294 – 301.

[271] Solow, R. M. A contribution to the theory of economic growth, *Quarterly Journal of Economics*, 1956, 70 (1): 65 – 94.

[272] Solow, R. M. Neoclassical growth with fixed factor proportions, *The Review of Economic Studies*, 1966, 33 (2): 79 – 115.

[273] Simons, H. C. A positive program for laissez faire: Some proposals for a liberal economic policy, *The University of Chicago Press*, 1934.

[274] Tansley, A. G. The use and abuse of vegetational concepts and terms, Ecology, 1935, 16 (3): 284 – 307.

[275] Tsoukas, S. Firm survival and financial development: Evidence from a panel of emerging Asian economies, *Journal of Banking and Finance*, 2011, 35 (7): 1736 – 1752.

[276] Xu, Z. H. Financial development, investment and economic growth, *Economic Inquiry*, 2000, 38 (2): 331 – 344.

后　记

2014年初，京津冀协同发展上升为重大国家战略，中国人民银行石家庄中心支行随即开展了大量调研及跟踪研究，相继完成了《京津冀协同发展亟需金融融合》、《关于河北省金融支持京津冀协同发展情况的调查》以及《京津冀金融支持三地协同发展亟需配套政策及机制引导》等一系列调研报告，对三地金融支持京津冀协同发展进行了初步探索。

2014年下半年，陈建华行长在深入调研的基础上，紧紧围绕当前经济热点及发展方向，提出将京津冀金融协同发展确定为全行的重点课题。随后，行内各主要业务处室结合自身特点，进一步加强了京津冀金融协同发展研究，形成了一系列既有理论深度又有实践价值的研究成果。2014年11月，石家庄中心支行整合系统资源，成立了金融支持京津冀协同发展研究小组：由陈建华行长任组长，文洪武副行长任副组长，行内有关业务处室主要负责人及辖内各市中心支行行长为成员，办公室设在金融研究处。

2015年初，石家庄中心支行召开京津冀协同发展座谈会。陈建华行长从历史的角度回顾了京津冀区域实体产业和金融机构的布局、演进与发展，指出自京津冀协同发展上升为重大国家战略后，京冀和津冀都加快了合作步伐，交通、环保、产业作为三个率先突破的领域已经取得一定成效，中心支行要明确金融支持京津冀协同发展的历史使命和重要意义，争取做出具有较高理论水平和实际价值的研究成果。座谈会特邀首都经贸大学金融学院专家对相关研究工作进行了交流。由此，石家庄中

后　记

心支行京津冀金融协同发展研究工作正式启动。为保证研究工作顺利有序开展，金融研究处牵头负责，制定了详细的研究计划。

2015年1月至6月，各写作小组按照分工，在做好本职工作的同时，发扬积极奉献精神，加班加点进行京津冀协同发展专题学习和研究，投入了大量的时间和精力，付出了艰辛的劳动。在此期间，石家庄中心支行先后四次召开课题调度会。会上，文洪武副行长和李晶玲副巡视员针对课题研究进展情况，提出了相关要求。文洪武副行长要求小组成员继续加强学习，充分交流，要重点关注京津冀协同发展的相关文件，吃透文件精神，增强研究成果的实用价值。李晶玲副巡视员希望小组成员认真学习、刻苦钻研、勇于拼搏、攻克难关，要开动脑筋，稳扎稳打，按时完成课题任务。课题初稿完成后，各写作小组又按照行领导要求，多次进行精心修改，于2015年10月底完成了近30万字的书稿。

课题的顺利完成与行领导的高度重视和悉心指导密不可分。全书最终由陈建华行长亲自定稿，卢钦副行长、文洪武副行长和李晶玲副巡视员统稿。在整个写作过程中，陈建华行长推荐了多本相关著作，办公室王京辉主任、货币信贷处郑雪然处长、调查统计处郑向阳处长、支付结算处付先军处长、时任科技处陈锡堃处长、征信管理处刘旭处长、国际收支处张军辉处长、资本项目处翟丽处长以及跨境办李英主任给予了大力支持，为写作小组成员提供了多方面的帮助和便利。全书由金融研究处贾怀德副处长、张双英副调研员和赵天奕博士总纂，谢瑞芬科长在统稿过程中做了大量的协调工作。

全书大纲由金融研究处赵天奕博士拟定，各章节写作成员如下：赵天奕（第一章、第二章）；王峰（第二章）；李文娟、谢瑞芬、吴强（第三章）；贾稚云、吴洋（第四章）；门超、王治宇（第五章）；温振华、郭彦峰、应明（第六章）；孙刚强、黄艳霞（第七章）；高东胜、王超（第八章）；胡艳芳、魏伟（第九章）；刘圣、谢瑞芬（第十章）。

同时该书的出版，还得到了河北省委宣传部社科规划办的鼎力支持，获准立项为 2015 年度河北省社会科学基金项目《京津冀金融协同发展研究》，项目批准号：HB15YJ045。此外，《中国金融》杂志赵雪芳主任、中国金融出版社陈翎主任及其同事们也为本书的出版给予了热情帮助。在此一并表示衷心的谢意。